高校安全管理手边书

尚子扬　秦华礼　主编

东北大学出版社

·沈　阳·

图书在版编目（CIP）数据

高校安全管理手边书 / 尚子扬，秦华礼主编.

沈阳：东北大学出版社，2024. 8. -- ISBN 978-7-5517-3573-5

Ⅰ. G647.4-62

中国国家版本馆 CIP 数据核字第 20246Z2N30 号

出 版 者：东北大学出版社
　　　　　地址：沈阳市和平区文化路三号巷11号
　　　　　邮编：110819
　　　　　电话：024-83683655（总编室）
　　　　　　　　024-83687331（营销部）
　　　　　网址：http://press.neu.edu.cn
印 刷 者：辽宁一诺广告印务有限公司
发 行 者：东北大学出版社
幅面尺寸：185 mm × 260 mm
印　　张：19.75
字　　数：456千字
出版时间：2024年8月第1版
印刷时间：2024年8月第1次印刷
责任编辑：汪彤彤
责任校对：石玉玲
封面设计：潘正一
责任出版：初　茗

ISBN 978-7-5517-3573-5　　　　　　　　　　　　　　　定价：80.00元

高校安全管理手边书
编委会

主　编： 尚子扬　秦华礼

副主编： 裴悦路　曾觉吾　李精华

编　委： 刘　东　许云翔　刘晋军　李建强　严晓鸣

　　　　　苑　靖　王荣坤　张庆功

前　言

习近平总书记强调："安全是发展的前提，发展是安全的保障，安全和发展要同步推进。"这一重要论述阐明了安全和发展的内在统一关系，指明了将二者统筹起来的内涵要义，彰显了马克思主义唯物论和辩证法思想。近年来，我国安全生产形势总体平稳，但安全生产形势依然严峻复杂，安全管理工作面临严峻挑战。面对挑战，我们应坚定不移贯彻总体国家安全观，以时时放心不下的责任感，认真履好职、尽好责，着力补短板、堵漏洞、除隐患，落实落细各项安全防范应对措施，不断提高公共安全治理水平。

高校是培养国家未来建设者的重要领域和前沿阵地，作为人群聚集多、人口密度大、社会关注度高的机构单位，其安全稳定工作的成效直接影响到高校的发展、社会的和谐。当前高校安全形势总体向好，但随着经济社会的快速发展，特别是互联网技术的发展应用，影响高校安全工作的因素越发复杂，不安全因素增多、安全意识不强、缺乏有效预警机制，校园诈骗、交通消防、食品卫生、实验室安全等各类公共突发事件层出不穷，涉及学生伤亡事故接连发生。在2018年9月10日召开的全国教育大会上，习近平总书记特别强调指出，各级党委和政府要为学校办学安全托底，解决学校后顾之忧，维护老师和学校应有的尊严，保护学生生命安全。面对各类风险挑战，是疲于应付、被风险牵着鼻子走，还是化危为机、谋划安全稳定工作新格局，考验着各高校安全稳定工作部门的应对能力和应变智慧。

为落实习近平总书记给东北大学全体师生重要回信精神，立足岗位助力辽宁振兴新突破，为学校安全工作治理决策提供理论指导和可行方案，我们精心策划组织编写了《高校安全管理手边书》。本书分为机制体制建设、安全管理标准化建设和专项安全治理三大版块共20个问题，写作体例遵循"问题提出—解决方案或操作规范—相应示例"的体系。本书从建立安全管理工作责任体制和风险预测预警预防体系入手，坚持问题导向，注重分类指导，对不同层次、不同方面安全问题进行系统分析和综合归类，加强风险预测预警预防理论研究与顶层设计。

本书编委长年奋战在高校安全管理工作一线，有较高的理论水平和丰富的安全管理工作经验。主编尚子扬系东北大学安全管理委员会办公室主任，曾任东北大学人事处副处长，分管安全生产工作近二十年。2016年起，担任学校新成立的安全管理委员会办公室主任，具有丰富的安全管理实践经验。主编秦华礼为教授级高工，国家安全产业协会副主任委员，国家职业安全健康协会专家，国家安全评价委员会特聘金牌讲师，国家一级安全评价师，国家注册安全工程师，曾获国家科技进步三等奖1次，主持完成科研项目100余项，安全评价项目1000余项，发表论文50余篇。参加执法检查400余次，培训政府监管部门企业人员近10万人。

本书的20个问题及其解决方案，由东北大学安委办以及督查组同志负责前期的材料搜集及文案编写，其中裴悦路负责问题1~4和7，10~11，曾觉吾负责问题5和9，刘东负责问题6，8和16，许云翔负责问题12，刘晋军负责问题13~15，李建强负责问题17~18，严晓鸣负责问题19~20。本书由苑靖、王荣坤和张庆功负责编写材料的收集和整理工作，最后由刘东、裴悦路、曾觉吾和李精华负责统稿，尚子扬和秦华礼负责审定。本书在编写过程中，得到东北大学出版社向阳编审和石玉玲副编审的大力支持，就本书的逻辑结构和行文方式等，多次提出非常宝贵的意见和建议。

本书为安全管理实战读本，可作为高校安全管理培训的通用教材，适合高校安全责任人、安全管理员、实验室管理员等作为工作手册和参谋助手。

本书参考了《中华人民共和国安全生产法》《企业安全生产标准化基本规范》《突发事件应急预案管理办法》等国家和行业的法律法规和标准，在此向相关作者一并致谢！

本书尚属国内高校安全管理领域专门图书首次出版。在编写过程中，没有太多的比照参考。由于时间比较仓促，加上水平有限，本书中难免存在一些不足和疏漏之处，敬请广大读者和专家不吝提出中肯的意见和建议，以便我们再版时加以改进，日臻完善。

编　者

2024年5月

目　录

一、如何建立"党政同责、一岗双责""管行业必须管安全、管业务必须管安全、管生产必须管安全""横向到边、纵向到底"的高校安全管理体系？

解决方案：制定并下发《XX大学安全管理责任制》，建立"大中小微"网格化责任体系，实现"党政同责、一岗双责""横向到边、纵向到底"的高校安全管理体系。

1. 通过制定《XX大学安全管理责任制》，明确校级领导的主要职责、有关部门的主要职责以及各部门安全管理人员的主要职责等，构建"大中小微"网格化责任体系，实现"党政同责、一岗双责""横向到边、纵向到底"的高校安全管理体系。具体详见附件1.1《XX大学安全管理责任制》和附件1.2"大中小微"网格化责任体系图。

2. 成立校级安全管理委员会及各专项安全工作领导小组等议事协调机构，搭建以1+9安全管理议事协调机构为主的综合、专项、区域、网格管理体系。明确安全管理委员会的主要工作职责，主任由学校党委书记和校长担任，下设办公室，加强学校安全综合监督管理工作，建立信息畅通、运转协调、联动高效、监督有力的安全监管机制，推动各项工作落地落实落好。针对高校特点和实际，安全管理委员会下设消防安全工作领导小组，交通安全工作领导小组，食品和饮用水安全工作领导小组，危化品、设备和生物安全工作领导小组，实习实训安全工作领导小组，环境安全工作领导小组，校园设施（水、电、暖、气、特种设备及校舍）及施工安全工作领导小组，传染病及职业病防控工作领导小组等。通过制定《XX大学安全管理委员会议事规则》，各专项安全工作领导小组根据《XX大学安全管理责任制》及相关上位法要求，分别制定《各专项安全工作领导小组议事规则》，将"党政同责、一岗双责""管行业必须管安全、管业务必须管安全、管生产必须管安全"落地落实落好。具体详见附件1.3《关于成立XX大学安全管理委员会的通知》、附件1.4《安全管理委员会及其下设各专项安全工作领导小组》、附件1.5《XX大学安全管理委员会议事规则》、附件1.6《XX大学消防安全工作领导小组议事规则》。

3. 成立各二级部门安全工作领导小组并明确各级网格责任人，报学校备案，学校建立安全管理体系名册并进行动态调整，实现全员参与安全管理。各级各类岗位对照责任清单，照单履行安全管理职责，尽职免责、失职追责。具体详见附件1.7部门安全管理委员会（领导小组）名单表、附件1.8XX大学部门安全管理领导小组汇总表、附件1.9部门安全管理网格化清单表。

附件1.1

XX大学安全管理责任制

第一章 总 则

第一条 为建立健全学校安全管理责任体系，明确各有关职能部门和各级各类相关岗位在安全管理工作中的责任，根据国家、省、市等法律法规和相关要求，按照"分级管理，分线负责，横向到边、纵向到底"的原则，结合学校实际，制定本制度。

第二条 学校各有关职能部门和各级各类人员履行安全管理职责，必须坚持"安全第一，预防为主，综合治理"的方针和"管业务必须管安全"的原则，严格执行国家、地方和上级主管部门关于安全管理的法律、法规、政策和制度，切实做好安全管理工作。

第二章 校级领导的主要职责

第三条 校长是学校安全管理的第一责任人，对学校的安全管理工作全面负责。其主要职责是：

（一）建立健全学校安全管理责任制；

（二）组织制定学校安全管理规章制度和操作规程；

（三）组织制定并实施学校安全教育和培训计划；

（四）保证学校安全投入的有效实施；

（五）组织建立并落实安全风险分级管控和隐患排查治理双重预防工作机制；

（六）组织制定并实施学校安全事故应急救援预案；

（七）组织召开学校安全管理委员会会议，听取汇报、分析形势和解决安全重大问题；

（八）及时、如实报告安全事故。

第四条 按照"党政同责"的要求，党委书记与校长均是学校安全管理的第一责任人，对学校的安全管理工作全面负责。其主要职责是：

（一）组织贯彻执行国家安全管理法律、法规和方针政策，以及上级党委、政府关于加强安全管理工作的重大决策部署和重要指示精神；

（二）督导同级行政领导贯彻落实上级党委、政府对安全管理工作的部署，及时了解掌握情况、指导工作；

（三）组织研究部署安全管理工作重大事项；

（四）组织落实安全管理干部队伍建设；

（五）将安全管理工作纳入领导干部考核内容，并组织实施；

（六）将安全宣传教育工作纳入党的宣传思想工作和干部培训内容。

第五条 学校副职领导对分管业务范围的安全管理工作承担领导责任。其主要职责是：

（一）按照"谁主管谁负责"的原则，做好分管业务范围的安全管理工作；

（二）负责分管业务范围内安全管理法律法规、方针政策和决策部署的贯彻落实；

（三）定期研究部署分管业务范围内的安全管理工作，重大事项及时提请学校研究解决；

（四）组织开展分管业务范围内的专项安全监督检查和整治行动，推动重大事故隐患治理；

（五）负责分管业务范围内安全事故的应急救援指挥和善后处理工作；

（六）承担校长、书记交办的有关安全管理方面的其他工作。

第六条 分管安全管理工作的副职领导除履行副职领导职责外，还应承担以下职责：

（一）协助校长、书记组织制定学校安全管理规章制度、操作规程、教育培训计划、工作计划等；

（二）受校长、书记委托，负责学校安全管理委员会的日常领导工作，协调解决安全管理工作中的突出问题；

（三）负责学校安全管理工作的综合协调，指导、督促、检查各有关职能部门和各二级部门安全管理工作；

（四）受校长、书记委托，协调、支持、配合其他副职领导做好分管业务范围内的安全管理工作。

第三章　有关部门的主要职责

第七条 综合安全监督管理部门

学校安全管理委员会办公室作为学校安全管理委员会的日常办事机构，负责全校安全综合监督管理工作，主要职责是：

（一）组织制定学校安全管理工作规划和年度工作计划；

（二）建立健全学校安全管理制度体系、完善监督管理运行机制、组织制定综合和专项应急预案；

（三）监督检查、指导协调专项安全管理职能部门和二级部门的安全管理工作；

（四）组织综合安全监督检查工作；

（五）组织制定、督促协调落实重大安全隐患整改方案；

（六）负责生产安全和特种设备专项安全监督管理工作；

（七）督促检查安全管理委员会决定事项的落实情况，承办安全管理委员会交办的事项。

第八条 专项安全监督管理部门

（一）纪律检查委员会办公室

负责学校安全监督管理责任落实的督促推进和执纪问责工作。

（二）研究生院

负责研究生安全专项监督管理工作。

（三）教务处

负责本科生实习安全专项监督管理。

（四）科学技术研究院

负责科研项目安全风险辨识专项监督管理工作。

（五）学生工作处

负责本科生安全专项监督管理工作。

（六）国际教育学院（留学生工作办公室）

负责留学生安全专项监督管理工作。

（七）资产与实验室管理处

负责实验室技术安全专项监督管理工作，包括实验室环境安全、设备安全、化学品安全和生物安全等。

（八）公安处

1. 负责道路交通安全专项监督管理工作；

2. 负责消防安全专项监督管理工作；

3. 负责剧毒、易制毒、易制爆危险化学品的专项监督管理工作；

4. 负责学校大型活动安全专项监督管理工作；

5. 负责相关技防安全建设工作。

（九）后勤管理处

1. 负责核和辐射安全专项监督管理工作；

2. 负责水、电、暖、气等设施安全专项监督管理工作；

3. 负责化学品废弃物排放等环境安全专项监督管理工作；

4. 负责食品和水安全专项监督管理工作；

5. 负责外委施工安全专项监督管理工作；

6. 负责校舍安全专项监督管理工作。

（十）基建管理处

负责基本建设项目安全专项监督管理工作。

（十一）档案馆

负责文物安全专项监督管理工作。

（十二）医院

负责传染病和职业病防治等医疗卫生安全专项监督管理工作。

第九条 学校、职能部门等基层单位及区域安全监督管理部门

负责对本部门公房使用范围内的安全监督管理工作；其中负责公共区域服务的部门对本部门服务的公共区域安全实施管理。

第四章 各部门安全管理人员的主要职责

第十条 各部门主要负责人是本部门区域（中网格）安全监督管理的第一责任人，对本部门的安全工作全面负责。其主要职责是：

（一）组织或者参与拟订本部门安全生产规章制度、操作规程和生产安全事故应急救援预案；

（二）组织或者参与本部门安全生产教育和培训，如实记录安全生产教育和培训情况；

（三）组织开展危险源辨识和评估，督促落实本部门重大危险源的安全管理措施；

（四）组织或者参与本部门应急救援演练；

（五）检查本部门的安全生产状况，及时排查生产安全事故隐患，提出改进安全生产管理的建议；

（六）制止和纠正违章指挥、强令冒险作业、违反操作规程的行为；

（七）督促落实本部门安全生产整改措施；

（八）及时、如实报告安全事故。

第十一条 按照"党政同责"的要求，分党委书记同是相关行政部门安全管理的第一责任人，对部门的安全管理工作全面负责。其主要职责是：

（一）组织贯彻落实学校党委和学校关于加强安全管理工作的决策部署和指示精神；

（二）督导同级行政领导贯彻落实学校党委和学校对安全工作的部署，及时了解掌握情况、指导工作；

（三）组织研究部署安全管理工作重大事项；

（四）将安全宣传教育工作纳入党的宣传思想工作和干部培训内容。

第十二条 部门副职领导对分管业务范围的安全管理工作承担领导责任，其主要职责是：

（一）按照"谁主管谁负责"的原则，做好分管业务范围的安全管理工作；

（二）负责分管业务范围内安全法律法规、方针政策和决策部署的贯彻落实；

（三）定期研究部署分管业务范围内的安全管理工作，重大事项及时提请部门研究解决；

（四）组织开展分管业务范围内的安全监督检查和专项整治行动，推动重大事故隐患治理；

（五）负责分管业务范围内安全事故的应急演练组织以及应急救援指挥和善后处理工作；

（六）承担部门党政负责人交办的有关安全管理方面的其他工作。

第十三条 分管安全工作的副职领导对本部门的安全管理工作负直接领导责任，除履行副职领导职责外，还应承担以下职责：

（一）协助党政负责人组织制定部门安全管理规章制度、操作规程、工作计划等；

（二）受党政负责人委托，负责部门安全管理委员会（或安全管理工作领导小组）

的日常领导工作，协调解决安全管理工作中的突出问题；

（三）负责部门安全管理工作的综合协调，指导、督促、检查基层部门安全管理工作；

（四）受党政负责人委托，协调、支持、配合其他副职领导做好分管业务范围内的安全管理工作。

第十四条 部门专（兼）职安全员的主要职责：

（一）负责本部门安全管理规章制度和操作规程的管理工作；

（二）负责本部门安全教育和培训记录的归档工作；

（三）负责督促、检查本部门的安全管理工作，并做好检查记录的归档工作；

（四）负责特种设备和危险化学品等台账的管理工作；

（五）负责部门安全事故应急救援预案演练的资料保管工作；

（六）负责安全隐患整改完成的资料记载工作；

（七）负责各类信息统计报送工作。

第十五条 小网格和微网格负责人（科、办、室、中心等小网格和房间、设备等微网格）的主要职责：

（一）负责网格化区域内的安全管理；

（二）负责本区域的安全风险辨识与管控工作；

（三）发现和消除隐患（周查、日查记录）；

（四）不能消除的隐患书面上报上级管理岗位或部门，并在消除隐患前做好相应防护措施；

（五）对进入本区域的人员进行安全教育（教育记录）；

（六）做到"我要安全"，并提醒身边人员也要安全。

第五章　附　则

第十六条 本制度自印发之日起施行，由学校安全管理委员会负责解释。

一、如何建立"党政同责、一岗双责""管行业必须管安全、管业务必须管安全、管生产必须管安全""横向到边、纵向到底"的高校安全管理体系？

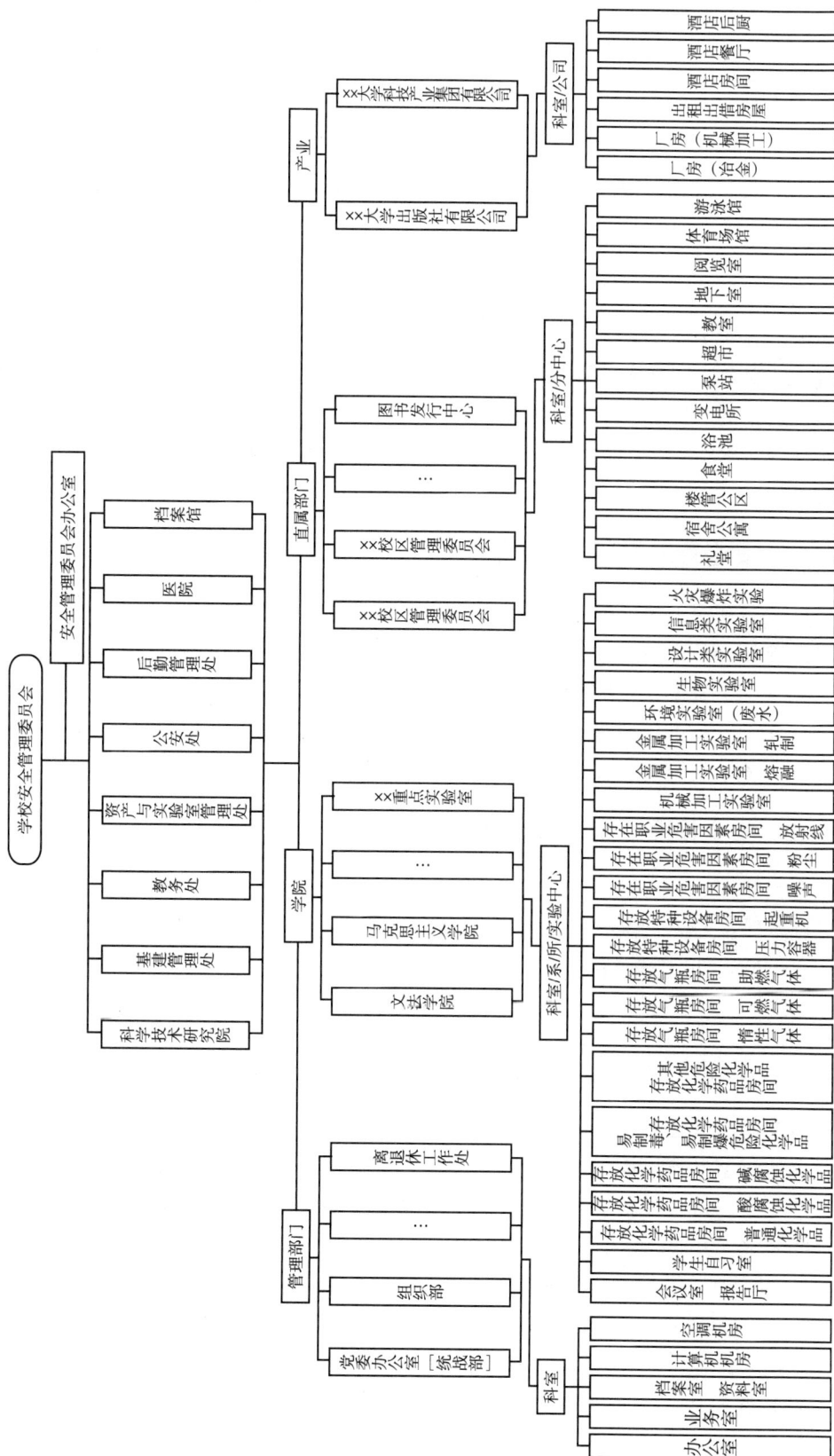

附件1.2

"大中小微"网格化责任体系图

学校安全管理委员会 — 安全管理委员会办公室

安全管理委员会办公室：科学技术研究院　基建管理处　教务处　资产与实验室管理处　公安处　后勤管理处　医院　档案馆

管理部门：党委办公室［统战部］　组织部　…　离退休工作处
　科室：办公室　业务室　档案室　资料室　计算机机房　空调机房

学院：文法学院　马克思主义学院　…　××重点实验室
　科室系/所实验中心：
　会议室/报告厅　学生自习室
　存放化学药品房间（普通化学品）
　存放化学药品房间（酸腐蚀化学品）
　存放化学药品房间（碱腐蚀化学品）
　存放易制毒易制爆药品危险化学品房间
　存放其他危险化学品房间
　存放气瓶房间（惰性气体）
　存放气瓶房间（可燃气体）
　存放气瓶房间（助燃气体）
　存放特种设备房间（压力容器）
　存放特种设备房间（起重机）
　存在职业危害因素房间（粉尘）
　存在职业危害因素房间（噪声）
　存在职业危害因素房间（放射线）
　机械加工实验室
　金属加工实验室（锻造）
　金属加工实验室（轧制）
　环境实验室（废水）
　生物学实验室
　设计类实验室
　信息类实验室
　火灾爆炸类实验

直属部门：××校区管理委员会　××校区管理委员会　…　图书发行中心
　科室分中心：礼堂　宿舍公寓　楼管公区　食堂　浴池　变电所　泵站　超市　教室　地下室　阅览室　体育场馆　游泳馆

产业：××大学出版社有限公司　××大学科技产业集团有限公司
　科室/公司：厂房（合金）　厂房（机械加工）　出租出借房屋　酒店房间　酒店餐厅　酒店后厨

附件1.3

关于成立XX大学安全管理委员会的通知

各部门：

为了加强学校安全综合监督管理工作，建立信息畅通、运转协调、联动高效、监督有力的安全生产综合监管机制，全面落实"安全第一、预防为主、综合治理"的方针，创建和谐、稳定、平安的校园环境，为学校改革发展提供安全保障，经学校研究决定，成立XX大学安全管理委员会，原学校安全生产委员会职能并入安全管理委员会。

一、安全管理委员会主要职责

1. 负责研究部署、指导协调全校安全管理工作；
2. 定期分析学校的安全形势，研究、解决安全管理工作中的重大问题；
3. 审核、批准学校的安全管理制度、安全管理工作规划和年度工作计划；
4. 审核、批准学校重大事故应急救援预案，组织、协调事故的应急救援工作；
5. 讨论、决定对相关部门安全管理工作的奖惩。

二、安全管理委员会人员构成

主　　任：XX　XX

副主任：XXX　XXX ……

成　　员：（以姓氏笔画为序）

XXX ……

三、工作机构设置及其主要职责

学校安全管理委员会下设办公室，与人事处合署办公，办公室作为学校安全管理委员会的日常办事机构，负责全校安全综合监督管理工作，原安全生产委员会办公室的生产安全、特种设备安全和职业卫生安全等专项安全监督管理职能并入安全管理委员会办公室。其职能包括：

1. 组织制定学校安全管理工作规划和年度工作计划；
2. 建立健全学校安全管理制度体系、完善监督管理运行机制，组织制定综合和专项应急预案；
3. 监督检查、指导协调专项安全管理职能部门和二级部门的安全管理工作；
4. 组织综合安全监督检查工作；

5. 组织制定、督促协调落实重大安全隐患整改方案；

6. 负责生产安全和特种设备专项安全监督管理工作；

7. 负责职业卫生安全专项监督管理工作；

8. 督促检查安全管理委员会决定事项的落实情况，承办安全管理委员会交办的其他事项。

注：上述专项安全管理包括治安、消防、道路交通安全；剧毒、易制毒、易制爆危险化学品安全；环境、核与辐射安全；食品、水、电、暖、气、校车安全；房屋及设施安全；实验室设备及化学品安全；基建与施工安全；学生安全；实习安全；传染病等医疗卫生安全；生产安全、特种设备安全；职业卫生安全。

附件1.4

安全管理委员会及其下设各专项安全工作领导小组

XX大学安全管理委员会

主　任：党委书记、校长

副主任：校党委常委

委　员：工会、校长办公室、研究生院、教务处、科学技术研究院、人事处、学生工作处、计划财经处、资产与实验室管理处、公安处、后勤管理处、基建管理处、安委会办公室、国际教育学院（留学生办公室）、XX校区管委会、档案馆、医院、后勤服务中心负责人。

办公室设在安全管理委员会办公室。

下设消防安全工作领导小组，交通安全工作领导小组，食品和饮用水安全工作领导小组，危化品、设备和生物安全工作领导小组，实习实训安全工作领导小组，环境安全工作领导小组，校园设施（水、电、暖、气及校舍）及施工安全工作领导小组，传染病及职业病防控工作领导小组。

（一）消防安全工作领导小组

组　长：校长

副组长：分管安全保卫工作的校领导

成员部门：党委办公室、党委组织部、工会、校长办公室、研究生院、教务处、人事处、学生工作处、计划财经处、资产与实验室管理处、公安处、后勤管理处、安委会办公室、XX校区管委会、后勤服务中心。

办公室设在公安处。

（二）交通安全工作领导小组

组　长：分管安全保卫工作的校领导

副组长：公安处处长

成员部门：党委宣传部、工会、校长办公室、研究生院、人事处、学生工作处、计划财经处、公安处、后勤管理处、基建管理处、安委会办公室、XX校区管委会、后勤服务中心、科技产业集团。

办公室设在公安处。

（三）食品和饮用水安全工作领导小组

组　长：分管后勤工作的校领导

副组长：后勤管理处处长

成员部门：计划财经处、公安处、安委会办公室、XX校区管委会、医院、后勤服务中心。

办公室设在后勤管理处。

（四）危化品、设备和生物安全工作领导小组

组　　长：分管实验室工作、科学研究工作的校领导

副组长：资产与实验室管理处处长、科学技术研究院院长

成员部门：研究生院、教务处、公安处、后勤管理处、基建管理处、安委会办公室、XX校区管委会、后勤服务中心。

办公室设在资产与实验室管理处。

（五）实习实训安全工作领导小组

组　　长：分管人才培养工作的校领导

副组长：教务处处长

成员部门：教务处、学生工作处、公安处、安委会办公室、学生指导服务中心。

办公室设在教务处。

（六）环境安全工作领导小组

组　　长：分管后勤工作的校领导

副组长：后勤管理处处长

成员部门：计划财经处、资产与实验室管理处、公安处、基建管理处、安委会办公室、XX校区管委会、后勤服务中心。

办公室设在后勤管理处。

（七）校园设施（水、电、暖、气及校舍）及施工安全工作领导小组。

组　　长：分管基建、后勤工作的校领导

副组长：基建管理处处长、后勤管理处处长

成员部门：计划财经处、资产与实验室管理处、公安处、安委会办公室、XX校区管委会、后勤服务中心。

办公室设在基建管理处、后勤管理处。

（八）传染病及职业病防控工作领导小组

组　　长：分管卫生工作的校领导

副组长：医院院长

成员部门：党委宣传部、团委、校长办公室、研究生院、教务处、学生工作处、后勤管理处、安委会办公室、后勤服务中心。

办公室设在医院。

附件1.5

XX大学安全管理委员会议事规则

第一章　目的和依据

第一条　为实施依法治校，贯彻落实学校安全管理委员会（以下简称安委会）各项职责，确保科学、民主、依法决策，根据《中华人民共和国安全生产法》《辽宁省安全生产条例》《中共中央 国务院关于推进安全生产领域改革发展的意见》等法律法规和《XX大学安全管理责任制》等相关要求，特制定本议事规则。

第二章　机构职责及构成

第二条　安委会主要职责

（一）负责研究部署、指导协调全校安全管理工作；

（二）定期分析学校的安全形势，研究、解决安全管理工作中的重大问题；

（三）审核、批准学校的安全管理制度、安全管理工作规划和年度工作计划；

（四）审核、批准学校重大事故应急救援预案，组织、协调事故的应急救援工作；

（五）讨论、决定对相关部门安全管理工作的奖惩。

第三条　安委会构成

主　任：党委书记　校长

副主任：副书记和副校长

成　员：工会、校办、研究生院、教务处、科学技术研究院、人事处、学生工作处、计划财经处、资产与实验室管理处、公安处、后勤管理处、基建管理处、安委会办公室、国际教育学院（留学生办公室）、XX校区管委会、档案馆、医院、后勤服务中心。

第四条　按照"党政同责、一岗双责""管行业必须管安全、管业务必须管安全、管生产必须管安全"的原则和学校相关要求，安委会下设办公室和九个专项安全议事协调机构（专项安全工作领导小组）。

（一）消防安全工作领导小组；

（二）交通安全工作领导小组；

（三）食品和饮用水安全工作领导小组；

（四）危化品、设备和生物安全工作领导小组；

（五）实习实训安全工作领导小组；

（六）科研项目安全工作领导小组（与危化品、设备和生物安全工作领导小组合并议事）；

（七）环境安全工作领导小组；

（八）校园设施（水、电、暖、气及校舍）及施工安全工作领导小组；

（九）传染病及职业病防控工作领导小组。

第五条 按照"管业务必须管安全"的原则，相关安全工作领导小组可与其相应业务工作领导小组合并议事。各专项安全工作领导小组组长原则上由分管校领导担任，专项安全监管部门负责人担任副组长，各专项安全工作领导小组议事规程由各专项安全监管部门另行制定（内容包括目的和依据、机构职责和构成、议事规程等）。

第三章　议事规程

第六条 安委会是学校综合安全管理议事协调机构，其功能主要是议事和协调。经党委常委会会议或校长办公会议明确授权后，可以决定学校安全管理方面的事务，对未明确授权事项的议事和协调结果，应按规定报党委常委会会议或校长办公会议决策。

第七条 议事协调范围

（一）学校安全管理工作规划、技防建设规划、改革措施、规章制度、应急预案和年度工作计划等。

（二）高风险的安全问题，包括：高风险或长期不能整改的隐患（物的不安全状态）、高发生率的"三违"行为（人的不安全行为）和较为严重的安全管理隐患；

（三）对学校造成较大影响的安全事故（件）调查处理意见；

（四）其他需要研究确定的安全问题。

第八条 会议组织和议题确定

（一）安委会会议原则上每季度召开一次，遇有重大或紧急事项，经主任提出可随时召开。安委会会议由主任召集并主持，当有急需讨论的事项且主任不能出席会议时，可委托分管副主任召集并主持。

（二）安委会会议参加人员一般为安委会成员。会议必须有半数以上成员参加方能召开，议题相关部门负责人可以列席会议，涉及师生切身利益的重大议题可以邀请师生代表列席。安委会会议会务工作由安委会办公室负责。

（三）安委会会议的议题由主任提出，也可以由分管副主任提出，主任综合考虑后确定。对于专项安全工作领导小组可以解决或协商解决的工作，原则上不作为议题提交安委会会议讨论。

（四）会议议题主要包括如下三部分内容：

1. 专项安全工作汇报。

拟上会的专题由安委会办公室提前一个月告知专项安全监管部门，专项安全监管部门通过专项安全工作领导小组会议确定汇报内容，并于开会前一周将相关材料报送安委会办公室。安委会办公室负责填写安委会议题审批表，经专项安全工作领导小组组长签字后，报主管领导审阅，审阅通过后报安委会主任确定。

2. 综合安全监管部门申请的议题。

安委会办公室负责填写安委会议题审批表，经主管领导审阅通过后报安委会主任确定。

3. 其他专项安全监管部门申请的议题。

拟申请议题须经专项安全工作领导小组会议研究确定。相关专项安全监管部门负责填写安委会议题审批表，同时提供相关材料并经专项安全工作领导小组组长签字后，于开会前一周报送安委会办公室（临时召开的会议须开会前一天报送），安委会办公室汇总后报主管领导审阅，审阅通过后报安委会主任确定。

相关议题材料一般应提前送达参会人员审阅。会议议题形成前，安委会相关副主任应与主任充分沟通。

（五）安委会会议建立议事咨询机制，对拟研究讨论的重要事项，议题相关部门应深入开展调查研究，充分听取各方面意见，进行合法合规性审查和风险评估。议题为规章制度等规范性文件的，还须事先提交政策法规办公室审核。

（六）对已确定上会的议题，安委会相关副主任原则上应保证时间参加会议，因特殊情况确不能参会的，相关议题一般应缓议，如急需讨论的，经主任同意后可委托专项安全工作领导小组副组长汇报。安委会会议原则上不临时增加议题，确需紧急上会的议题，应会前征得主任同意。

第九条　议事程序

（一）安委会会议讨论议题时应一事一议，由提出议题的副主任汇报，提出建议意见供安委会会议研究。专业性、技术性较强的议题，可由相关专项安全监管部门负责人补充。

（二）参会人员应充分发表意见，进行认真讨论，对拟上报党委常委会会议或校长办公会议决策的事项应明确提出建议意见。

（三）安委会办公室负责安委会会议的记录和整理，并编发会议纪要。安委会会议记录应包括会议名称、时间、地点、出席人员、列席人员、缺席人员、议题、讨论过程、结论意见等，会议记录经记录人、安委会负责人签字后连同安委会议题审批表和议题材料一起存档备查。会议纪要一般应于会后一周内形成，相关副主任会签并报请主任签发后，分送安委会成员和相关部门，符合信息公开规定要求的要及时公开。

第十条　执行与监督

（一）安委会会议确定的事项，由分管副主任或相关部门负责组织实施。牵头部门应做出详细的实施计划和工作方案，确定时间表和路线图，按会议要求严格落实，确保按时完成。分管副主任要定期督促检查，并通过专项安全工作领导小组会议加强协调与合作。执行过程中遇有新的情况和问题，应及时向主任报告。如需变更、调整会议确定的事项，应根据本规则确定的议事程序重新提交议题进行复议。

（二）安委会办公室负责对会议确定的事项进行督办和检查，及时跟踪工作进展和落实情况，并向主任或分管副主任汇报。负责（牵头）部门应及时将落实执行情况和结果报安委会办公室。

（三）安委会会议讨论确定的事项，安委会成员、相关部门和个人应当及时落实；对落实不力的，将依照有关规定问责追责。

第十一条 会议纪律

（一）安委会会议参加人员应按时到会，因特殊情况不能到会的，应向会议主持人请假，对议题的意见或建议可用书面形式表达。

（二）对尚未正式公布的和需要保密的会议内容，与会人员不得外泄。个人对讨论结果有不同意见应当场提出，事项一旦确定，要坚决执行。

（三）安委会会议讨论和参会人员本人或其家属切身利益有关的议题时，本人应回避。

第四章 附 则

第十二条 本规则由安委会办公室负责解释。

第十三条 本规则自发布之日起施行，原相关安全管理议事协调机构撤销，职能划入相应专项安全工作领导小组。

附件1.6

XX大学消防安全工作领导小组议事规则

一、目的及依据

根据《中华人民共和国消防法》《高等学校消防安全管理规定》等法规文件，为进一步加强对消防工作的组织领导，全面提升学校消防安全管理水平，有效预防和遏制火灾事故的发生，结合学校实际，制定本规则。

二、构成（包括负责人、组成部门及日常办事机构）

组　长：党委书记　校长

副组长：分管安全保卫工作校领导

成　员：党委办公室、党委组织部、XX大学工会委员会、校长办公室、研究生院、教务处、人事处、学生工作处、计划财经处、资产与实验室管理处、公安处、后勤管理处、安委会办公室、XX校区管委会、后勤服务中心等部门负责人。

日常办事机构设在公安处。

三、工作职责

（一）贯彻国家消防工作方针政策、法律法规、规章制度和上级部门有关消防工作的指示精神；

（二）落实学校消防安全责任制，制定并落实学校消防安全管理制度、消防安全操作规程和应急预案，负责学校消防安全标准化管理工作；

（三）组织制定并批准实施学校及校内各单位消防安全年度工作计划，提供消防安全经费保障，定期召开学校消防安全工作会议；

（四）全面掌握学校消防安全的有关情况，定期分析研判学校消防安全形势，督促、指导内部机构和二级单位开展消防工作；

（五）安排部署防火检查、防火巡查和火灾隐患整改，促进消防科学研究和技术创新；

（六）组织开展消防宣传教育工作，将消防安全教育纳入学校安全教育活动统筹安排；

（七）建立志愿消防队、微型消防站，组织制定灭火和应急疏散预案，有针对性地进行消防演练；

（八）建立学校消防工作考核、奖惩机制；

（九）法律、法规规定的其他消防安全职责。

四、议事规程

（一）会议制度

消防安全工作领导小组原则上每半年召开一次消防工作会，由组长召集，消防安全工作领导小组全员参加，视情况增加列席人员。会议由副组长主持，重点围绕贯彻落实教育部、省、市各项会议精神和年度消防目标任务推进情况，表彰奖励先进典型，通报存在的问题，对消防工作进行安排部署。

可根据工作需要适时召开消防专题工作会议。由组长召集，消防安全工作领导小组成员视情况参加。会议由副组长主持，主要是按照上级部门要求，消防安全工作领导小组针对某项重点工作进行专题部署。此外，专题会议还应围绕消防设施维修、维护的近期任务和长远目标进行重点讨论，对于教育部、省、市和校级各级专项经费的申报与实施，应给出科学规范的指导意见。

消防安全工作领导小组成员部门应按时参会。因故不能参加的，应提前向组长或副组长请假，并指定本部门相同职级的领导参会。各成员部门或列席参加会议的人员，要及时向本部门主要领导报告会议精神，并督促本单位抓好工作落实。对会议研究决定的有关事项，如有不同意见可以保留，但在重新作出决定前应先执行。

（二）报告工作制度

消防安全工作领导小组每半年向学校报告消防安全形势分析、重点工作落实情况以及工作计划、建议，重要工作随时报告。消防安全工作领导小组每季度通报火灾事故四项指数（接报火灾数量、火灾死亡人数、火灾受伤人数、直接财产损失）以及各项消防工作任务推进情况。

消防安全工作领导小组成员部门应每半年向本部门报告消防安全责任制落实情况和消防工作推进情况。

（三）联络联动制度

消防安全工作领导小组应成立消防安全工作组并建立联络员制度，统筹指导、协调各成员单位的联动工作。消防安全工作领导小组对消防安全工作组开展经常性指导，及时掌握二级单位消防工作落实情况，协调公安处、安委会办公室等部门督查联动力量，解决遇到的困难和问题。消防安全工作领导小组组成单位的调整变更，须报经消防安全工作领导小组组长同意，由消防安全工作领导小组办公室印发通知；消防安全工作组人员如有变动，由所在单位的接任人员自然更替，并报消防安全工作领导小组办公室备案。

（四）督查督办制度

根据工作需要，经消防安全工作领导小组组长批准，消防安全工作领导小组办公室组织对消防工作方针政策贯彻落实、重要工作部署、领导指示批示、目标任务推进、火灾事故等事项开展综合督查、专项督查、巡查检查和督查督办。督查督办工作由消防安全工作领导小组副组长统筹，明确牵头人员，会同有关成员单位采取现场检查、挂牌督办、书面反馈等方式开展。

督查督办情况应及时向消防安全工作领导小组组长报告。对于第一次出现未按时完成督办事项的，由消防安全工作领导小组进行通报；对于二次出现未按时完成督办事项的，或发现工作存在重大问题、履职不到位的，或发生有影响火灾事故的，由消防安全工作领导小组进行约谈或提出问责处理意见。

（五）火灾事故责任调查制度

发生造成人员死亡或产生社会影响的火灾事故，根据《高等学校消防安全管理规定》，消防安全工作领导小组应在校领导的组织安排下，会同有关部门，牵头开展火灾现场勘验、走访调查、证据送检、责任追溯等工作，并根据事故认定结果向学校提出责任追究建议。

（六）奖惩制度

公安处负责起草消防责任书，报经消防安全工作领导小组组长审定同意后与二级单位签订。消防安全工作领导小组应定期组织对二级单位目标责任推进落实情况进行督查，并在年底组织考核。考核结果分为优秀、达标、不达标，优秀率不应高于30%。考核结果应提请学校通报，并纳入年终目标绩效实施奖惩；应抄送学校组织部和人事处，按照相关规定纳入领导干部考核和目标管理的内容。

对年度消防工作的先进单位和个人应当予以表彰。对年内发生较大以上或有社会影响火灾事故、未完成年度主要任务指标的，直接判定为不达标。

《XX大学交通安全工作领导小组议事规则》等议事规则，略。

附件1.7

部门安全管理委员会（领导小组）名单表

部门：（公章）   填表日期：   年   月   日

序号	职务	姓名	行政职务	办公电话	手机号码	备注
1	主任（组长）					
2	主任（组长）					
3	副主任（副组长）					主管负责人
4	副主任（副组长）					
5	专（兼）职安全员					
6	成员（组员）					

安全员：（签字）   部门负责人：（签字）

附件1.8

XX大学部门安全管理领导小组汇总表

序号	部门	职务	姓名	行政职务	办公电话	手机号码	备注
1		主任(组长)					
		副主任(副组长)					
		专(兼)职安全员					
2		主任(组长)					
		副主任(副组长)					
		专(兼)职安全员					
3		主任(组长)					
		副主任(副组长)					
		专(兼)职安全员					
4		主任(组长)					
		副主任(副组长)					
		专(兼)职安全员					
5		主任(组长)					
		副主任(副组长)					
		专(兼)职安全员					
6		主任(组长)					
		副主任(副组长)					
		专(兼)职安全员					
7		主任(组长)					
		副主任(副组长)					
		专(兼)职安全员					
8		主任(组长)					
		副主任(副组长)					
		专(兼)职安全员					
9		主任(组长)					
		副主任(副组长)					
		专(兼)职安全员					
10		主任(组长)					
		副主任(副组长)					
		专(兼)职安全员					

附件1.9

部门安全管理网格化清单表

部门：

序号	楼馆	房间号	安全责任人	备注
1				
2				
3				
4				
5				
6				
7				
8				
9				
10				

二、如何实现"守土有责、守土负责、守土尽责"?

解决方案：组织实施安全目标管理，制定学校（大网格）年度安全管理目标并通过签订《XX大学年度安全管理目标任务书》的方式将任务分解到各部门（中网格），充分发挥综合安全监管部门的"协调、指导、督促"作用和专项安全监管部门的"指导、督促"作用，实现大网格对中网格的安全监管，推动中网格"守土有责、守土负责、守土尽责"。

1. 学校结合实际，制定《XX大学安全目标管理办法》《XX大学安全管理目标考核与奖惩办法》，明确学校总体和年度安全管理目标（大网格任务清单），规范目标的制定、分解、实施、检查、考核等环节要求，并根据各部门职能，将目标分解为各二级部门指标（中网格任务清单），学校与相关重点二级部门签订《年度安全管理目标任务书》，并通过日常监督检查、中期评估和年底考核等方式，确保各项指标落实到位。具体详见附件2.1《XX大学安全目标管理办法》、附件2.2《XX大学安全管理目标考核与奖惩办法》、附件2.3《关于开展〈XX大学2024年部门安全管理目标任务书〉签订工作的通知》、附件2.4《XX大学年度安全管理目标任务书》。

2. 安委会办公室作为学校安全管理委员会的日常办事机构，根据《安全管理责任制》中明确的"协调、指导、督促"工作职能，开展全校安全综合监督管理工作。安委会办公室每年制定年度工作计划，推动学校安全管理体系和运行机制平稳、有序、高效运行。具体详见附件2.5《安委会办公室2024年工作计划》。

3. 学校成立安全督查组，进一步加大学校监督检查力度，督查组分为教学科研部门督查组及非教学科研部门督查组，各组每年制定并落实《年度督查工作计划》，通过日常随机抽查、专题督查、专项督查等方式，督促各级各类岗位履职尽责。具体详见附件2.6《关于聘用XXX等4名同志为安全督查员的决定》、附件2.7《年度督查工作计划（一组）》、附件2.8《年度督查工作计划（二组）》。

4. 各专项安全监管部门和二级部门，每年制定并落实部门安全管理工作计划，通过指导和督促，推动下一级网格（小网格）责任人履职尽责。

附件2.1

XX大学安全目标管理办法

第一条　为了明确安全管理任务，将安全管理融入日常工作中，提高师生员工的安全意识和责任意识，特制定本办法。

第二条　本办法适用于学校安全管理目标与指标的制定、分解、实施和考核。

第三条　职责

（一）安全管理委员会（以下简称"安委会"）

1. 负责组织制定和修改总体和年度安全管理目标；

2. 组织实施安全管理目标，并对安全管理目标实施情况进行考核。

（二）安全管理委员会办公室（以下简称"安委会办公室"）

1. 负责将年度安全管理目标分解到相关部门，并制定年度安全管理目标与指标实施计划和考核办法；

2. 负责相关文件的下发、宣传、教育和培训。

（三）专项安全监管部门

负责督促、检查、考核专项安全管理目标和指标的落实情况。

（四）各部门

1. 负责落实安全管理目标和指标；

2. 负责相关文件的下发、宣传、教育和培训。

第四条　安全管理目标的制定

总体和年度安全管理目标由安委会根据学校安全管理情况制定。年度安全管理目标应包括隐患排查治理、师生员工安全教育培训、作业规范、事故伤害等指标。安全管理目标的制定要体现持续改善的原则。

依据年度安全管理目标评估考核的结果，每年1月安委会应召开会议重新修订年度安全管理目标。总体和年度安全管理目标经学校批准后，以文件形式下发到各部门。

第五条　年度安全管理目标的分解

年度安全管理目标制定或修订后，安委会办公室负责将年度安全管理目标分解成安全指标，分配到各部门，并形成文件经学校批准后，下发到各部门。

第六条　安全管理目标与指标的实施

安委会办公室负责组织各专项安全监管部门制定学校年度安全管理目标与指标实施计划（专项安全监督管理工作计划），经学校批准后，连同年度安全管理目标与指标一起，下发到各部门。安委会办公室应依据实施计划组织评估考核，及时调整安全管理目标和指标实施计划，并形成文件印发和保存。

　　各部门负责制定本部门年度安全管理目标与指标实施计划。各部门应通过会议或"部门级"安全教育培训，向本部门师生员工宣传教育与本部门相关的安全管理目标和指标及其实施计划。部门负责人组织落实与本部门相关安全管理目标与指标实施计划。

　　第七条　安全管理目标与指标的评审和考核

　　安委会办公室每季度统计和监测各部门安全管理目标和指标完成情况，并向学校安委会汇报。安委会办公室在监测过程中若发现异常情况，可要求相关部门分析原因，制定整改措施及时整改，以防目标和指标产生过度偏差。安委会每半年进行一次小结，及时指出存在的问题，采取相应的整改措施。安委会每年组织对安全管理目标和指标及其实施计划进行考核和评估并进行奖惩，具体的奖惩办法详见《XX大学安全管理目标考核与奖惩办法》。

　　根据安全管理目标考核结果，若需要对安全管理目标和指标及其实施计划进行调整或修改，由安委会办公室下发到各部门，并重新组织宣传教育和培训。

　　第八条　本办法自公布之日起施行。

附件 2.2

XX大学安全管理目标考核与奖惩办法

第一条 为保障学校安全管理目标的有效实施，强化安全责任意识，促进我校安全管理工作，保障师生员工生命财产安全，特制定本办法。

第二条 考核对象为签订《XX大学年度安全管理目标任务书》的部门。

第三条 考核内容为《XX大学年度安全管理目标任务书》中的相关要求。

第四条 学校将根据各部门安全工作涉及危险因素种类和数量等具体情况进行分类考核。

第五条 学校成立由安委会办公室牵头、相关专项安全监管部门参与的考核工作组。

第六条 安全管理目标考核要坚持"实事求是、客观公正"的原则，严格按照考核的内容和要求进行，不得弄虚作假。

第七条 考核工作组通过听取汇报、调阅相关材料、现场抽查、专题会议等方式，对部门安全管理目标和指标完成情况进行考核，并根据考核情况确定考核结果。

第八条 安全管理目标分为"安全事故或事件"项和"安全管理"项。在"安全事故或事件"项各项指标均完成的基础上，"安全管理"项考核实行等级制，各等级比例按照学校发展核心指标安全稳定部分要求确定。如"安全事故或事件"项未全部完成，则安全管理目标考核结果为"不合格"。

第九条 考核结果为"优秀"等次的，部门奖励额度按照主要负责人及安全管理人员本人当年三个月基本工资计算；"良好"等次的，部门奖励额度按照主要负责人及安全管理人员本人当年两个月基本工资计算；"合格"等次的不奖不惩；"不合格"等次的，由学校根据部门安全管理履职情况，对主要负责人及相关管理人员进行责任追究，并根据实际情况予以扣发一定数量的校内津贴。

第十条 奖励具体额度由学校确定，所需经费由各部门自筹解决，并按学校关于自筹年终奖的有关要求执行。

第十一条 本办法自公布之日起施行。

附件 2.3

关于开展《XX大学2024年部门安全管理目标任务书》签订工作的通知

各相关部门：

为了进一步加强学校安全管理，坚持"安全第一、预防为主、综合治理"的方针，落实安全主体责任，进一步深入推进安全文化建设，根据上级部门相关要求和《XX大学安全目标管理办法》，在总结2023年安全管理工作基础上，经学校研究，决定开展《XX大学2024年部门安全管理目标任务书》签订工作。现将具体内容通知如下。

一、签订内容

《XX大学安全管理总体目标》《XX大学2024年度安全管理目标》详见附件一。各部门的分解指标详见《XX大学2024年度安全管理目标任务书》。

二、签订范围

签订《XX大学2024年部门安全管理目标任务书》的部门名单，详见附件二。

三、相关要求

1. 各相关部门须结合本部门安全管理目标与指标制定年度安全管理工作计划并组织落实，注意重点关注目标变化情况，把工作落实落细落好。

2. 各相关部门应通过会议或二级安全教育培训，向本部门师生员工或专项安全领域相关人员宣传本部门安全管理目标和指标及其实施计划。

3. 请各相关部门于1月11日前，将签好的《XX大学2024年部门安全管理目标任务书》（签订日期统一为2024年1月4日）报送安委会办公室。

4. 联系人：XXX，联系电话：XXXXXXXX。

附件一：《XX大学安全管理总体目标》和《XX大学2024年度安全管理目标》
附件二：签订《XX大学2024年部门安全管理目标任务书》的部门名单

附件2.4

XX大学年度安全管理目标任务书

项目	部门安全管理目标	考核标准	备注
安全事故或事件	1. 轻伤以上事故发生率为零（参照《人体损伤程度鉴定标准》）。 2. 给学校声誉造成一定及以上影响的非伤亡事件为零，主要包括： （1）火情事件（学校未能控制的燃烧）； （2）危化品泄漏事件； （3）食物中毒事件； （4）设备设施安全事件； （5）学生群体性踩踏事件； （6）公共卫生事件； （7）交通安全事件（本部门师生负主要责任）	（一）安全事故或事件全部指标均完成的，且安全管理考核为： 90~100分，考核结果为优秀； 80~89分，考核结果为良好； 70~79分，考核结果为合格； 70分以下，考核结果为不合格。 （二）未完成安全事故或事件全部指标的，安全管理目标考核结果如下： 1. 发生两起及以上安全事故或事件，安全管理目标考核结果为"不合格"，对相关责任人进行追责处理。 2. 发生一起安全事故或事件： （1）管理不到位的（安全管理考核70分以下），考核结果为"不合格"，对相关责任人进行追责处理； （2）管理基本到位的（安全管理考核70~90分），考核结果为"基本合格"； （3）管理到位的（安全管理考核90分以上），考核结果可定为"合格"	
安全管理	1. 安全管理标准化建设达标。 2. 安全文化建设取得显著成效。 3. 三级安全教育率100%。 4. "三违"行为发生率不高于2%。 5. 安全隐患整改率（含暂未整改但已制定整改方案并做好必要防护措施的安全隐患）100%。 6. 特种作业人员和特种设备操作人员持证上岗率100%		

奖 罚 规 定

按照学校《安全管理目标考核与奖惩办法》执行。

校领导签章 考核部门（章）

考核部门负责人（签字）

年　月　日 年　月　日

附件2.5

安委会办公室2024年工作计划

紧紧围绕学校安全管理工作目标，学深悟透笃行习近平总书记重要论述精神，坚持师生至上、生命至上，强化底线思维和红线意识，深刻汲取事故教训，严控重点领域安全风险，固本强基、攻坚克难、严厉打非治违、深查彻改隐患，下重手狠招消除物的不安全状态、人的不安全行为和履职不到位的管理隐患，拿出过硬措施提升隐患排查整治质效，切实维护好师生生命财产安全，为推动学校事业高质量发展提供强有力的安全保障。

一、主要工作

（一）夯实责任体系、压实安全责任

目标：

夯实"大中小微"安全责任体系，实现安全管理"横向到边、纵向到底"；严格落实"党政同责、一岗双责""三管三必须"等相关要求，做到"守土有责、守土负责、守土尽责"。

措施：

以持续开展安全目标管理为抓手，通过"年初签状、专项服务、中期评估、年底考核"，巩固安全管理标准化建设和安全文化建设成果，坚守安全红线，压紧压实安全责任，拧紧扣牢责任链条，以管理履职遏制安全事故发生。

（二）营造安全文化、提高安全意识

目标：

传播安全文化理念，用安全文化影响师生员工的思想观念，不断提升师生员工安全意识和各级各类安全管理者履职尽责能力，以校园安全文化促人人安全。

措施：

1. 以"安全生产月"活动为契机，持续提升校园安全文化建设水平。固化"安全生产月"品牌活动，创新活动方式，提升活动效果，不断提高师生员工参与度，通过传播"安全是福、共创共享"的安全文化理念，共同营造良好的校园安全文化氛围。

2. 完善四级安全教育和技能培训体系。固化一级安全教育培训平台，完善二级部门安全教育和培训计划，结合人员类别、可能引发安全事故风险等级和网格实际等，做细做实三、四级安全教育培训，不断提高师生员工安全意识和应急避险能力。

（三）完善制度体系、提升治理效能

目标：

健全安全管理制度体系，完善风险管控和隐患排查治理双重预防工作机制，不断提升师生员工对安全风险的辨识和管控能力，分级分类严控重要风险，坚决遏制重大安全事故发生。

措施：

制定并出台《XX大学安全风险辨识与分级管控办法》，通过专题培训进行宣贯，并组织全校范围内的风险再辨识、管控措施再落实，针对重要风险点，开展分级管控。

（四）推进应急体系、强化处突能力

目标：

系统指导专项应急预案、部门综合应急预案和现场处置方案的演练和改进工作，不断提升师生员工突发事件应急处置和避险能力。

措施：

通过开展"应急预案演练"专项行动，指导各级各类岗位针对本岗位涉及的应急预案或现场处置方案开展演练，持续提升预案有效性，不断提升师生员工突发事件应急处置和避险能力。

（五）发挥科技赋能、推进智慧安防

目标：

充分发挥科技赋能作用，持续系统推进智慧安防体系建设，不断提高安全监管效能。

措施：

进一步发挥"XX大学特种设备实时监控系统""XX大学食品安全实时监控系统"等智慧安防系统的作用，通过科技赋能，不断提高安全监管效能。

二、重点工作

（一）严厉打非治违、深挖彻查隐患、降低事故发生概率

目标：

坚持目标导向和问题导向，增强底线思维和红线意识，通过实施系列专项治理，持续消除物的不安全状态，通过开展系列监督检查，不断提升安全管理人员履职能力和隐患排查整治质效，有效降低事故发生概率。

措施：

1. 持续开展"人走断电""可燃物清理""24小时运行设备防控""易燃易爆有毒化学品防控""规范危险作业""食品安全对标治理"等系列专项治理行动，通过有效措施不断消除物的不安全状态，有效降低事故发生概率。

2. 坚持督查与指导结合、发现与解决并重，通过开展专题督查、专项督查和日常督查，将抽查发现的物的不安全状态和人的不安全行为列入系统管理，同时倒查管理履职情况，同步启动事前追责工作机制，对安全管理履职情况和检查中发现的典型

"三违"行为进行实名通报，不断提升隐患排查整治质效，以"严管即是厚爱"坚守安全红线。

（二）建机制、落责任，坚决遏制特种设备安全事故发生

目标：

特种设备安全领域零事故。

措施：

深入推进特种设备主体责任落实，建立健全"日管控、周排查、月调度"工作机制，持续开展特种设备安全管理标准化建设，充分发挥"特种设备实时监控平台"的作用，确保特种设备领域零事故发生。

附件2.6

关于聘用×××等4名同志为安全督查员的决定

各部门：

　　为进一步加强学校安全管理，加大监督检查力度，增强全校师生的安全意识，确保教学、科研等工作平稳有序开展，经学校研究，决定成立××大学安全督查组，首批聘请×××等4名同志为安全督查组成员。具体名单为：

　　×××　　×××　　……

附件2.7

年度督查工作计划（一组）

围绕学校安全工作中心任务，以"督查和指导"为重点，以推进安全管理文化建设和专项整治三年行动方案为主要内容，通过对专项安全监管部门和分管区域安全监管部门安全履职督查，不断提高相关部门安全管理能力和水平，确保食品、消防、用电、施工、大型活动安全，为学校的安全发展保驾护航。

一、重点工作

（一）安全管理专项整治工作

目标：进一步推进职能部门落实安全管理三年专项整治工作，做到整改责任落实，整改措施落实，整改时间明确。力求各专项均衡发展，完成排查整治阶段工作，进入集中攻坚阶段，各专项取得明显阶段性成果。

方案：

1. 食品安全专项，督促职能部门补充完善"两个清单"，开展联合检查，跟踪整改进度，适时与职能部门开展"回头看"联合检查。重点关注食堂安全管理制度建设、目标管理部位的安全管理进展以及食品加工薄弱环节的整改。

2. 消防安全专项，继续参与"人走断电"、消防设施、应急疏散设施、24小时运行设备、动火作业、防盗护栏等分项的督查与联合检查，跟踪整改进度，配合制定"两个清单"，完成安委会办公室安排的工作。

3. 施工安全专项，按照安委会办公室职责分工，联合相关部门（基建管理处、后勤管理处）启动专项，制定实施细则，开展联合检查，协助制定"两个清单"。关注中小规模施工企业现场安全规范化管理，着力推行挂牌施工，确保作业手续齐全，杜绝现场违章作业行为，减少安全隐患。

4. 配电室专项，按照安委会办公室职责分工，联合相关部门启动专项，梳理以往对配电室督查形成的材料，协助相关部门形成问题清单，开展联合检查。

（二）安全文化建设

目标：

按照《XX大学安全文化建设实施意见》的安排，以督查工作为抓手，促进各二级部门采取有效措施，推进安全文化建设，营造良好的安全氛围，提升安全管理水平。

方案：

1. 为二级部门安全文化建设达标工作提供咨询与服务，指导、督促二级部门推进安全文化达标考核工作；

2. 按照安委会办公室安排参加二级部门安全文化建设考核与评估工作；

3. 继续补充安全云课堂内容，如《相关方安全管理要点》等；

4. 按分工分阶段推进职能部门安全管理标准化建设工作；

5. 通过走访、交流等方式，促进二级部门持续完善安全管理标准化工作。

二、主要工作

（一）加强对高危风险部位的督查

目标：

在风险评估基础上，通过对高危风险部位的持续督查，及时发现管理和现场安全问题，督促相关部门采取措施，压缩安全隐患存在空间，最大限度减小事故发生的概率。

方案：

1. 每双月督查安全风险橙色部位（17处橙色），对未列入橙色但单项隐患较大部位要加强督查（如食堂的锅炉部位）；

2. 定期督查XX产业园博士公寓管理部门的履职情况，进行现场抽查；

3. 加强对新引进校园企业的安全管理履职的督查，包括物业外包企业、入校施工企业、商贸服务经营者等。

（二）完成各专门领域安全督查工作

目标：

分析各专门领域安全管理现状，找到安全管理的重点和薄弱环节，确定风险等级，精准施策，有针对性地开展督查工作，确保维修、大型活动、宿舍用电、企业生产等有序运行，不出现或少出现安全事故。

方案：

1. 维修与基建工地安全

按照安委会办公室安排，每两个月对维修施工现场安全管理进行抽查，重点督查作业手续和现场违章作业。基建工地重点督查生活区、办公区用火用电安全。

2. 大型活动安全

围绕各类考试、建党100周年活动、学业庆典、体育赛事等开展督查，重点督查大型活动应急预案的实用性与操演。

3. 宿舍用电安全

重点督查各校区宿管部门月查履职情况，适当安排现场抽查；

关注留学生宿舍用电月查执行情况；

督查未转交给物业公司的宿舍（如后勤公寓）"人走断电"月查执行情况。

4. 出租出借安全

重点督查各校区商业网点管理部门安全履职情况，包括月查与发现隐患的能力、治理措施、商户安全教育；

适时对新接手XX校区门市安全管理进行督查。

5. 生产安全

定期对XX工厂危化品的管理与高温作业管理进行督查。

三、其他工作

目标：

以督查为手段，助推安委会办公室2021年工作计划的落实。调整督查重点，改进督查方法，加强督查组的业务建设，持续推进督查工作质量和水平进一步提高。

方案：

1. 目标职责

调整督查重点，改进督查方法，通过督查职能部门履职、开展联合督查、督查二级部门安全管理等手段，提高督查工作的有效性。

配合安委会办公室完成年鉴编纂工作。

2. 制度管理

督查二级部门重点安全制度的完善与执行情况；

梳理督查所用安全管理制度，形成电子文档，进行督查档案整理。

3. 教育培训

关注二级部门安全教育培训计划与实施情况；

加强督查业务学习，探讨有效的督查工作方式、方法。

4. 现场管理

现场督查作业手续是否完备、特种作业人员是否具备资格，及时发现隐患，查处"三违"行为。

5. 安全风险管控及隐患排查治理

重点督查二级部门月查履职情况，发现问题的能力，隐患整改的力度。

做好季节性安全督查工作，如春季防火、夏季高温食品易腐、秋冬季安全用电等。

6. 应急管理

配合安委会办公室落实和推进职能部门、二级部门制定、完善各类应急预案。

7. 事故管理（略）

8. 持续改进

争取对安全管理责任不清、管理薄弱的部位有所突破，包括供暖区域安全责任的落实、XX荒草的清理、餐饮承包部位安全责任的落实等。

附件 2.8

年度督查工作计划（二组）

围绕学校安全工作中心任务，以"督查和指导"为重点，以推进安全管理文化建设和专项整治三年行动方案为主要内容，通过对专项安全监管部门和分管区域安全监管部门安全履职督查，不断提高相关部门安全管理能力和水平，确保危化品、特种设备、消防、用电等安全，为学校的安全发展保驾护航。

一、重点工作

（一）积极参与校园安全文化建设，使我校安全工作实现从"向管理要安全"到"向文化要安全"的跨越

目标任务：通过参与校园安全文化建设，用安全文化的影响力潜移默化地转变师生员工的思想观念，达到人、机、环境的和谐统一，从而营造安全稳定的校园环境。

具体措施：

1. 积极参加安委会办公室组织的安全文化建设培训会和交流会，提升自身安全文化水平，努力为二级部门安全文化建设提供指导与服务；

2. 参与安委会办公室组织的二级部门安全文化建设首批达标验收工作；

3. 协助做好所负责专项监管部门安全管理标准化建设工作，助力学校安全文化建设。

（二）参加重点领域安全专项治理，全面遏制安全事故发生

目标任务：通过对重点领域三年安全专项治理，狠抓治本、精准施策，以"钉钉子"精神，坚决遏制安全隐患"顽疾"，大幅降低隐患存量，杜绝安全事故发生。

具体措施：

1. 贯彻落实习近平总书记"从根本上消除事故隐患"的重要指示精神，进一步依据危化品安全、实验过程安全和危险废弃物安全专项治理实施方案，按照专项治理时间进度表，全力推进专项整治工作。

2. 通过指导交流全面掌握专项治理推进情况，依据专项监管部门的"安全隐患清单"，建立"安全隐患督办清单"（重点关注橙色及以上级隐患部位），推动实验室隐患治理工作。

二、主要工作

（一）参与专项安全监管部门的联合检查，指导相关部门工作

目标任务：通过参与资产与实验室管理处、后勤管理处的安全联合检查，进一步

促进"联合检查"各小组的检查工作标准化、规范化，履行好检查职责，重点加强对安全风险等级为橙色及以上的实验室的监管。

具体措施：

1. 与资产与实验室管理处制定《实验室安全"联合检查"工作规范》，统一各检查小组的检查步骤、方式、内容、标准、统计数据、上报途径、留痕存档等事宜。（3月底完成）

2. 实验室安全"联合检查"以风险等级为橙色、红色房间为重点，通过资产与实验室管理处全年4~6次联合检查和后勤管理处全年2~3次的联合检查，对"联合检查"所覆盖单位的98个橙色实验室、17个红色实验室的安全进行普查。

（二）独立现场检查工作

目标任务：通过独立现场检查工作，对在"联合检查"中未覆盖的二级部门的实验室安全情况进行督查，努力做到对全校二级部门所有风险等级为橙色及以上实验室安全检查全覆盖。

1. 重点对"联合检查"中未覆盖的二级部门的实验室安全进行独立检查，在检查中重点对13个橙色安全风险等级实验室做到全面检查。

2. 对在"联合检查"中存在安全隐患和"三违"行为的实验室进行复检。

三、其他工作

（一）按时参加安委会办公室召开的安委会办公室和督查组例会；

（二）梳理"联合检查"工作，制定《实验室安全"联合检查"工作规范》；

（三）参加学校举办的安全管理人员培训班，提高自身业务能力和水平；

（四）参加专项安全监管部门组织的（危化品、实验项目、危废物等）现场检查，及时消除隐患，降低"三违"行为发生率；

（五）加大对各实验室安全工作检查力度，重点检查安全文化、应急管理、现场安全检查等方面的留痕情况；

（六）建立督查二组月工作小结机制，努力提升自身的专业能力和水平。

三、如何实现各级各类安全管理者"尽职免责"？

解决方案：进行安全管理标准化建设，明确管理规范、细化规定动作，通过组织培训、经验交流和达标验收等方式，实现各级各类安全管理者懂安全、会管安全、能管好安全，以全员履职尽责保校园安全。

1. 学校出台《XX大学关于开展安全管理标准化建设的实施意见》，在全校范围内统一思想、统一管理规范，系统地搭建安全管理体制和运行机制，深入贯彻落实上级部门对学校安全管理工作的各项要求。具体详见附件3.1《XX大学关于开展安全管理标准化建设的实施意见》。

2. 通过出台《XX大学安全管理标准化检查规范》，建立"有制度、有标准、有检查、有反馈、有考核"的安全管理运行机制，实现"信息对称、标准统一、职责清晰、要求明确"。具体详见附件3.2《XX大学安全管理标准化检查规范》、附件3.3"安全管理标准化建设"架构图。

3. 学校通过培训、交流、指导、验收等方式，指导和督促各专项部门和各二级部门学会安全管理，明晰规定动作和自选动作，为提升学校安全管理水平奠定坚实的基础。具体详见附件3.4《关于举办安全管理标准化建设工作研讨会的通知》、附件3.5《关于安全管理标准化达标验收工作具体安排的通知》、附件3.6《关于公布首批安全管理标准化达标部门名单的通知》。

4. 各二级部门通过安全管理标准化建设，进一步推动小网格和微网格履职尽责，共同守护校园安全。

附件3.1

XX大学关于开展安全管理标准化建设的实施意见

各部门：

为深入贯彻落实上级部门对学校安全管理工作的各项要求，全面推进学校安全管理标准化建设工作，在结合我校自身安全管理特点基础上，提出以下实施意见。

一、指导思想、工作原则和工作目标

（一）指导思想

以习近平新时代中国特色社会主义思想为统领，坚持"安全第一、预防为主、综合治理"的方针，牢固树立以人为本、安全发展的理念，全面落实上级部门相关文件精神，以落实学校安全管理主体责任为主线，以创新安全监管体制机制为着力点，参考《企业安全生产标准化基本规范》（AQ/T 9006—2010），通过学校安全管理标准化建设，全面夯实安全管理工作基础，提高学校防范事故能力，提升安全管理水平，为推动学校事业发展提供安全保障。

（二）工作原则

1. 统筹规划，分步实施。合理确定阶段目标，分阶段分步骤实施。首先，重点推进制度建设、标准化管理和安全目标考核及奖惩工作；其次，推进对各部门全面开展安全管理标准化建设评审工作，确保所有部门安全达标。

2. 突出重点，分类指导。抓住重点专项安全领域和重点部门，加大工作力度，力争取得突破；区别不同类型部门，采取有效措施，创新达标途径，实现共同达标。

3. 典型引路，全面推进。树立典型部门，发挥榜样作用，创新体制机制；加强经验交流，以点带面，推动各部门全面达标。

4. 制度约束，政策引导。加强相关制度建设工作，以制度建设督促达标；完善考核制度，落实工作责任，以考核推进达标；建立有效激励机制，激发部门自觉性，以经济措施引导达标。

5. 学校牵头，部门落实。发挥学校制度引导和推动作用，调动各级各方面的积极性，共同推进安全达标工作。

（三）工作目标

1. 全面实现安全达标。全面开展安全管理标准化建设工作，实现安全管理标准化、作业现场标准化和操作过程标准化。力争三年内所有部门实现安全达标。

2. 安全状况明显改善。一般事故隐患能够及时排查治理，重大事故隐患得到整治或监控，师生员工安全意识和操作技能得到提高，"三违"现象得到有效遏止，学校安全管理水平明显提高，防范事故能力明显加强。

3. 各类事故明显下降。为学校安全形势根本好转创造条件、奠定基础。

二、明确安全管理标准化建设的主要途径

（一）加大培训工作力度

1. 加强安全管理标准化有关法规、标准的宣贯培训，把安全管理标准化的宣贯培训工作作为各级部门教育培训工作的一项重点内容，以培训促进安全管理标准化建设工作。

2. 加强部门培训。开展部门负责人、安全管理人员的培训，重点解决安全管理标准化建设的思想认识等关键问题。部门要开展各种形式的安全管理标准化培训，尤其是要加强基层教职工培训，提高教职工按照安全规程作业的意识和技能，促进岗位达标。

3. 要加强专项安全监管人员的培训。培训内容主要是安全管理标准化的内涵和意义、考评制度和程序等。

（二）发挥示范引领作用

1. 根据部门特点，确定开展部门安全管理标准化建设试点、示范部门。试点部门要大胆先行先试，进一步创新工作思路，创新达标模式，创新管理体制机制，建立一套切实可行的激励约束机制，为全校深入开展安全管理标准化建设工作积累经验，发挥示范引领作用。

2. 各专项监管部门可选择部分部门作为典型，为本专项领域有效开展安全管理标准化建设工作树立标杆和样板。

3. 各部门要结合本部门实际，积极创建安全管理标准化建设示范区，以点带面，推动安全管理标准化建设工作。

（三）推进安全达标建设

1. 各部门要按照《XX大学安全管理标准化基本规范》积极开展安全管理标准化建设工作，确保工作质量，防止搞形式、走过场。

2. 各部门要加强对安全管理标准化建设工作的领导，组织专门的力量对照《XX大学安全管理标准化基本规范》开展自查自纠，全面深入查找隐患和问题，认真加以整改，确保部门达到要求。

3. 在安全管理标准化建设过程中，要从基础、基层抓起，充分发挥科室、实验室、项目组的基础作用，切实加强基层安全建设，强化现场安全管理责任和措施落实，提高教职工安全操作技能，杜绝"三违"行为，实现岗位达标，以岗位达标推动部门达标。

4. 建立长效机制。要做到持续改进和升级，不断提高安全管理标准化建设水平。

三、落实安全管理标准化建设的保障措施

（一）加强组织领导

各部门要进一步提高对开展学校安全管理标准化建设工作重要性的认识，切实加

强组织领导，精心组织，明确职责，协调联动，落实经费，周密安排，科学实施。各级安全管理部门要落实人员，集中力量抓好部门安全管理标准化建设工作，以安全管理标准化建设带动其他各项安全管理工作。

（二）加强检查指导

1. 结合日常安全监管工作，加强对安全管理标准化建设工作的监督检查，督促工作方案的落实，加快部门安全管理标准化建设进度，及时掌握进展情况，提高进度和质量。

2. 通过举办培训班等方式，宣传辅导、答疑解惑，及时研究解决安全管理标准化建设工作中的新问题，为部门安全管理标准化建设提供有效的指导服务。

3. 适时组织召开不同形式的专题研讨会，交流经验，分析原因，制定对策，分类指导，推动安全管理标准化建设工作。

（三）建立约束机制

1. 把开展安全管理标准化建设工作列入部门年度目标考核工作中。

2. 将安全管理标准化建设工作纳入有关规章制度中，依规促进安全达标。

3. 通过强化安全监管促进安全达标。

（四）健全激励机制

研究制定推进安全管理标准化建设工作的激励机制等政策措施，将安全管理标准化建设与涉及部门利益和荣誉的事项挂钩。

（五）加强舆论宣传和监督

1. 要采取多种形式，加强对安全管理标准化思想内涵、目的意义的宣传，使师生员工达成共识，形成良好的社会氛围。

2. 对达标部门，要正面宣传，使达标部门为全校所了解，带动其他部门做好安全达标工作。

附件 3.2

XX大学安全管理标准化检查规范

一级指标	二级指标	检查项目	检查要点	检查结果		
				符合	不符合	不适用
1. 目标职责	1.1目标	1.1.1年度安全管理目标（目标任务书等） 1.1.2年度安全管理工作计划	查看文档			
	1.2机构职责	1.2.1组织机构及职责分工 1.2.2安全工作会议记录	查看责任分工及记录			
	1.3全员参与	安全管理网格化清单	查看台账			
	1.4安全投入	年度安全管理经费预决算表	查看文档			
	1.5安全文化建设	1.5.1"安全生产月"活动方案 1.5.2"安全生产月"活动总结	查看文档			
	1.6信息化建设	安全管理相关信息系统	查看相关系统或文档			
2. 制度管理	2.1法律法规识别	2.1.1汇总校级安全管理制度 2.1.2宣贯情况	查看台账及宣贯记录			
	2.2规章制度	2.2.1部门安全管理规章制度 2.2.2宣贯情况	查看制度及宣贯记录			
	2.3操作规程	操作规程汇编及宣贯情况	查看文档			
	2.4文档管理	2.4.1安全管理通知类收文管理 2.4.2安全管理通知类发文管理	查看台账			
3. 教育培训	3.1教育培训管理	年度安全教育培训计划	查看文档			
	3.2人员教育培训	3.2.1负责人和安全员持证上岗 3.2.2对本部门人员（教师及学生）二级安全培训记录 3.2.3对本部门人员（教师及学生）三级安全培训记录 3.2.4对相关方安全教育记录 3.2.5对违章人员安全教育培训记录	查看资料和相关记录			
4. 现场管理	4.1设备设施管理	4.1.1特种设备及人员（管理和操作）台账 4.1.2特种设备技术档案 4.1.3使用登记、定检、维保记录 4.1.4操作规程和应急预案	查看台账、档案记录和预案等文档			

续表

一级指标	二级指标	检查项目	检查要点	检查结果		
				符合	不符合	不适用
	4.2作业安全	4.2.1动火、高空、有限空间作业安全管理台账及审批手续 4.2.2特种作业人员管理台账及相关文档（资格证书等） 4.2.3"三违"行为管理台账及相关文档（行为记录和处理结果） 4.2.4相关方管理动态台账及相关文档（安全协议和入场人员名单等）	查看台账和对应文档			
	4.3职业健康	4.3.1职业危害因素管理台账 4.3.2职业危害因素告知记录 4.3.3职业危害因素定期检测情况	查看台账、记录和检测报告			
	4.4警示标志	安全警示标志设置情况	现场检查			
5. 安全风险管控及隐患排查治理	5.1安全风险管理	5.1.1安全风险点管理台账 5.1.2安全风险点风险评估情况 5.1.3安全风险控制措施	查看台账和现场防控措施落实情况			
	5.2重大危险源辨识与管理	红色风险点位安全管理措施和应急预案	查看台账和预案			
	5.3隐患排查治理	5.3.1年度隐患排查工作计划 5.3.2月查记录及闭环管理情况 5.3.3周查、日查记录及闭环管理情况 5.3.4安全隐患治理情况（管理台账、防护措施等） 5.3.5专项安全治理工作落实情况（宣贯、检查及治理记录）	查看工作计划、检查记录和隐患台账；现场隐患整改完成情况和防护措施			
	5.4预测预警	安全预警信息和安全提醒发布情况	查看文档			
6. 应急管理	6.1应急准备	6.1.1结合部门实际制定应急预案和现场应急处置方案（针对安全风险较大的重点场所和活动） 6.1.2开展应急演练情况	查看预案及演练方案			
	6.2应急处置	安全事故（事件）应急处置情况（报告、处置等）影音和文字记录	查看文档			
	6.3应急评估	对应急准备、应急处置工作进行总结、评估并完善	查看演练记录			
7. 事故管理	7.1报告	事故报告记录	查看文档			
	7.2调查和处理	事故调查和处理文档	查看文档			
	7.3管理	事故管理台账和档案	查看台账和档案			
8. 持续改进	8.1绩效评定	阶段安全管理工作总结	查看文档			
	8.2持续改进	下阶段持续改进方案	查看文档			
合计8项	28项	53条				

附件3.3

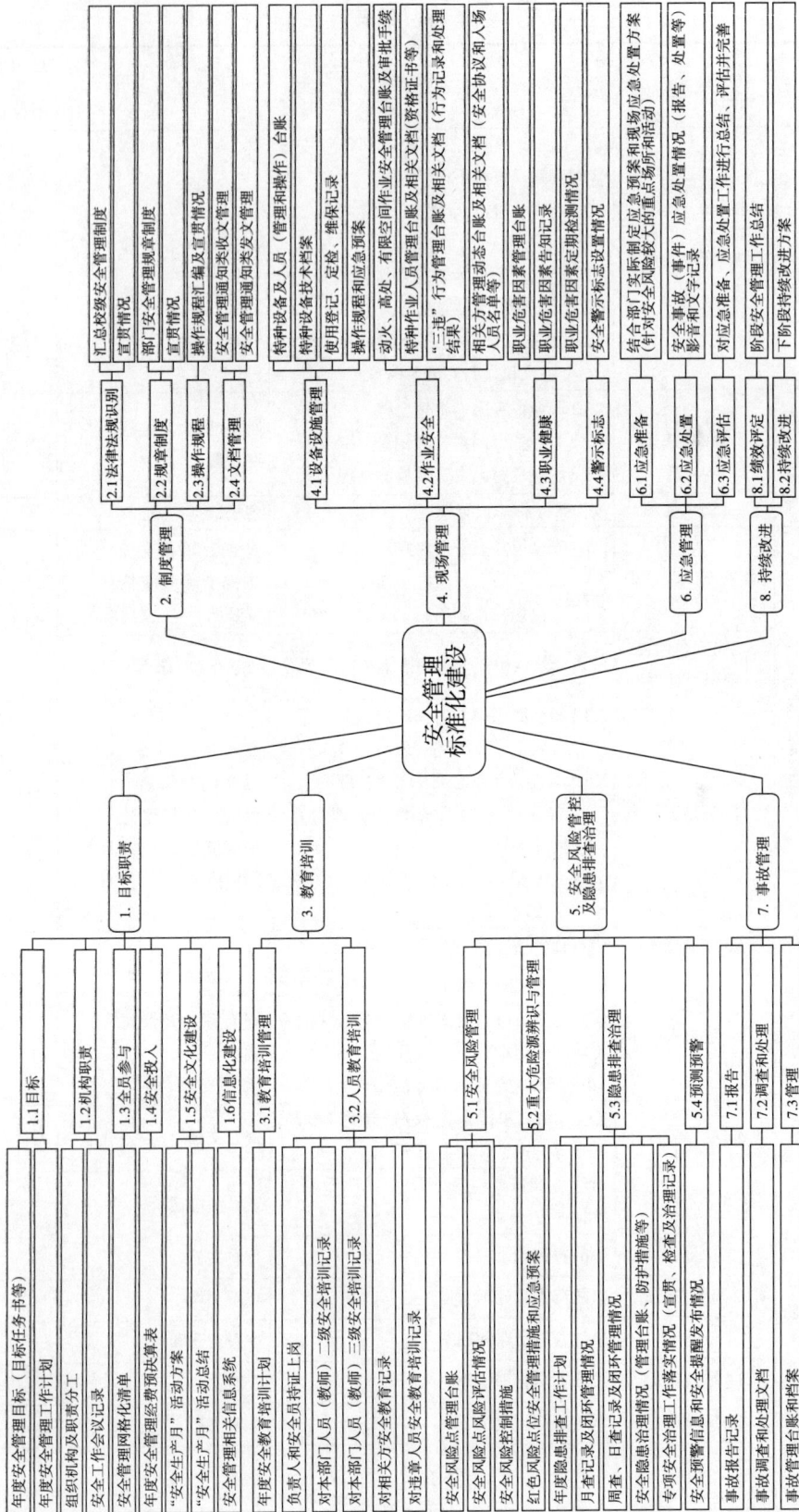

"安全管理标准化建设"架构图

中心：安全管理标准化建设

2. 制度管理
- 2.1 法律法规识别：汇总校级安全管理制度；宣贯情况
- 2.2 规章制度：部门安全管理规章制度；宣贯情况
- 2.3 操作规程：操作规程汇编及宣贯情况
- 2.4 文档管理：安全管理通知类收文管理；安全管理通知类发文管理

4. 现场管理
- 4.1 设备设施管理：特种设备及人员（管理和操作）台账；特种设备技术档案；使用登记、定期、维保记录；操作规程和应急预案
- 4.2 作业安全：特种作业人员（管理和操作）人员名单等；"三违"行为作业台账及审批手续（行为记录和处理）；动火、有限空间作业安全管理台账及相关文档（资格证书等）；相关作业台账及相关文件（安全协议和人场）
- 4.3 职业健康：职业危害管理台账；职业危害因素告知台账；职业危害因素定期检测情况
- 4.4 警示标志：安全警示标志设置情况

6. 应急管理
- 6.1 应急准备：结合部门实际制定应急预案和现场应急处置方案（针对安全风险较大的重点场所和人场）
- 6.2 应急处置：安全事故（事件）应急处置情况（报告、处置等）；影响安全和文字记录
- 6.3 应急评估：对应急准备、应急处置工作进行总结、评估并完善

8. 持续改进
- 8.1 绩效评定：阶段安全管理工作总结
- 8.2 持续改进：下阶段持续改进方案

1. 目标职责
- 1.1 目标：年度安全管理目标（目标任务书等）；年度安全管理工作计划；组织机构及职责分工
- 1.2 机构职责：安全工作会议记录；安全管理网络化清单
- 1.3 全员参与：年度安全管理经费预算表
- 1.4 安全投入："安全生产月"活动方案；"安全生产月"活动总结
- 1.5 安全投入
- 1.6 信息化建设：安全管理相关信息系统

3. 教育培训
- 3.1 安全教育培训管理：年度安全教育培训计划
- 3.2 人员教育培训：角责人和安全员持证上岗；对本部门人员（教师）二级安全培训记录；对本部门人员（教师）三级安全培训记录；对相关方人员安全教育培训记录；对违章人员安全教育培训记录

5. 安全风险管控及隐患排查治理
- 5.1 安全风险管理：安全风险点台账；安全风险点风险评估情况；安全风险点控制措施
- 5.2 重大危险源辨识与管理：红色风险点岗位安全管理情况
- 5.3 隐患排查治理：年度隐患排查工作计划；月查、日查及因环境情况；安全隐患治理情况（管理台账、检查及治理记录）；专项隐患治理工作落实情况（宣贯、防护措施等）
- 5.4 预测预警：安全预警信息和安全提醒发布情况

7. 事故管理
- 7.1 报告：事故报告记录
- 7.2 调查和处理：事故调查和处理文档
- 7.3 管理：事故管理台账和档案

附件3.4

关于举办安全管理标准化建设工作研讨会的通知

各相关部门：

    为深入贯彻落实上级部门对学校安全管理工作的各项要求，全面推进学校安全管理标准化建设工作，根据《XX大学关于开展安全管理标准化建设的实施意见》相关要求，经研究，拟举办安全管理标准化建设工作研讨会。现将具体事宜通知如下。

一、会议时间

2017年5月19日（周五）8：30—12：00

二、会议地点

XX会堂402会议室

三、参加人员

    签署《2017年度安全管理目标责任书》部门的安全负责人和安全员，未签署《责任书》的部门人员自愿参加。

四、会议内容

    安全管理标准化建设工作研讨，由安委会办公室、信息学院等部门进行安全管理标准化建设工作的情况介绍；再由参会的各部门在浏览工作资料的基础上，进行交流讨论。

五、时间安排

8：30—9：00	安委会办公室
9：00—9：30	信息学院
9：30—10：00	RAL国家重点实验室
10：00—10：10	间歇
10：10—10：40	XX校区管委会
10：40—12：00	工作交流

六、相关要求

安全管理标准化建设是全面夯实安全管理工作基础、提高防范事故能力、提升安全管理水平、照单履职尽责、为推动学校事业发展提供安全保障的长效机制和有效举措。各部门要进一步提高对开展学校安全管理标准化建设工作重要性的认识，利用好本次学习交流的机会，认真学习、充分交流，加快部门安全管理标准化建设进度，为实现年度安全工作目标和学校总体目标奠定坚实的基础。

附件3.5

关于安全管理标准化达标验收工作具体安排的通知

各相关部门：

按照《关于开展安全管理标准化达标验收工作的通知》文件精神，学校将对首批申请安全管理标准化达标验收的部门进行评审。具体工作安排如下。

一、组织机构

学校成立验收工作评审小组，由安全管理委员会办公室、安全督查组、安全专项监管部门工作人员及签署《XX大学年度安全管理目标任务书》部门代表和校外安全专家组成。

二、时间及方式

1. 对首批申请安全管理标准化达标验收的部门逐一进行评审，拟定时间安排详见附表。

2. 本次评审工作流程如下：

（1）部门安全责任人对标介绍部门安全管理标准化建设情况；

（2）评审小组审阅部门安全管理标准化管理文档；

（3）现场检查。

3. 评审工作注重工作实效，在查阅管理"痕迹"的同时，更着重评审实际工作开展情况及管理成效，杜绝出现"只看材料不看效果"的形式主义。请各相关部门高度重视此次评审工作，"以评促改，以评促建"，不断提高学校安全管理整体水平。

联系人：XXX

联系电话：XXXXXXXX

附件3.6

关于公布首批安全管理标准化达标部门名单的通知

各部门：

　　根据《XX大学关于开展安全管理标准化建设的实施意见》《关于开展安全管理标准化达标验收工作的通知》文件精神，学校启动了安全管理标准化达标验收工作。经过部门自愿申请、专家组评审、学校研究，确定XX8个部门（名单附后）为XX大学安全管理标准化达标部门（首批），现予以公布。自公布之日起生效，有效期3年。

　　按照学校安全管理相关规定，上述8个部门在安全管理标准化达标有效期内，如无安全责任事故，年度安全目标考核结果自动确定为优秀等次，3年后参加安全管理标准化达标验收复审；此评审结果在学校各类评奖评优工作中可作为重要参考依据；适当减少学校专项和综合安全监督检查频次。

　　附件：XX大学首批安全管理标准化达标部门名单

四、如何建立健全安全管理制度体系？

解决方案：定期收集上位法，根据上位法要求并结合本单位实际，制定综合和专项安全管理制度，汇总上网并发布，组织学习宣贯。

1. 制定《安全管理法规识别获取管理制度》，及时更新安全领域的法律法规，设立网站"法律法规专栏"，并通过网站专栏、"安全云课堂"和微信公众号等进行宣贯，供师生随时查找和使用安全管理法律法规。具体详见附件4.1法律法规目录。

2. 学校将适用于本校的法律法规和标准规范转化为学校安全管理的规章制度、操作规程，并通过发布文件、网站"制度专栏"、"安全云课堂"和微信公众号等及时传达给师生。按照安全管理标准化建设制度管理的相关要求，建立健全各项安全管理规章制度，搭建安全管理制度体系，内容涵盖学生安全、实验室安全、道路交通安全、消防安全、大型活动安全、食品安全、环境安全、外委施工安全、校舍安全、基建安全、医疗卫生安全、特种设备安全、职业健康等方面，将制度建设挺在前面，保证安全工作有法可依、有章可循，为做好安全管理工作奠定坚实基础。具体详见附件4.2《网站法律法规和制度专栏》、附件4.3《XX大学安全管理系列制度》。

3. 学校定期对现有安全管理制度进行评估，进一步规范安全管理工作，并结合学校实际，对相关制度文件进行修订。具体详见附件4.4《关于印发〈XX大学安全管理系列制度〉的通知》、附件4.5《关于印发〈XX大学安全管理系列检查规范〉的通知》。

附件4.1

法律法规目录

序号	类别	名称
1	综合法律法规	中华人民共和国突发事件应对法
2	综合法律法规	生产安全事故应急条例
3	综合法律法规	工伤保险条例
4	综合法律法规	生产安全事故报告和调查处理条例
5	综合法律法规	中共中央国务院关于推进安全生产领域改革发展的意见
6	综合法律法规	国务院关于全面加强应急管理工作的意见
7	综合法律法规	教育部等五部门关于完善安全事故处理机制维护学校教育教学秩序的意见
8	综合法律法规	地方党政领导干部安全生产责任制规定
9	综合法律法规	特种作业人员安全技术培训考核管理规定
10	综合法律法规	生产安全事故应急预案管理办法
11	综合法律法规	应急管理标准化工作管理办法
12	综合法律法规	生产经营单位生产安全事故应急预案编制导则
13	综合法律法规	辽宁省安全生产条例
14	综合法律法规	辽宁省人民政府关于推进安全生产风险预防控制体系建设的意见
15	综合法律法规	沈阳市人防工程国有资产管理规定
16	专项法律法规-学生安全	学生伤害事故处理方法
17	专项法律法规-实验室技术安全	中华人民共和国生物安全法
18	专项法律法规-实验室技术安全	病原微生物实验室生物安全管理条例
19	专项法律法规-实验室技术安全	危险化学品安全管理条例
20	专项法律法规-实验室技术安全	教育部直属高校实验室安全事故事件追责问责办法（试行）
21	专项法律法规-实验室技术安全	高等学校实验室安全检查项目表（2023年）
22	专项法律法规-实验室技术安全	高等学校实验室安全检查项目表（2022年）
23	专项法律法规-实验室技术安全	高等学校实验室安全检查项目表（2021年）
24	专项法律法规-实验室技术安全	高等学校实验室安全检查项目表（2019年）
25	专项法律法规-实验室技术安全	高等学校实验室安全检查项目表（2017年）
26	专项法律法规-实验室技术安全	限量瓶装二氧化碳气体道路运输指南
27	专项法律法规-实验室技术安全	限量瓶装氮、氦、氖、氩、氪、氙道路运输指南
28	专项法律法规-实验室技术安全	TSG R0006—2014气瓶安全技术监察规程
29	专项法律法规-实验室技术安全	易制爆危险化学品名录
30	综合法律法规	中华人民共和国安全生产法

附件4.2

网站法律法规和制度专栏

安全管理委员会办公室

| 网站首页 | 机构设置 | 安全新闻 | 规章制度 | 工作流程 | 安全文化 | 留言板 | 下载专区 | 请输入关键字 |

规章制度
综合法律法规

专项法律法规
综合安全制度
专项安全制度

综合法律法规　　　　　　　　　　　　　　　当前位置：首页 | 规章制度 | 综合法律法规

- 《地方党政领导干部安全生产责任制规定》　　　　　　2023-05-15
- 中华人民共和国安全生产法　　　　　　　　　　　　2021-09-01
- 《应急预案编制导则》　　　　　　　　　　　　　　2021-03-19
- 《中华人民共和国突发事件应对法》　　　　　　　　2021-03-19
- 国务院关于全面加强应急管理工作的意见　　　　　　2021-03-19
- 生产安全事故应急预案管理办法　　　　　　　　　　2021-03-19
- 《教育部等五部门关于完善安全事故处理机制 维护学校教育教学秩...　2020-09-22
- 应急管理标准化工作管理办法　　　　　　　　　　　2020-01-09
- 特种作业人员安全技术培训考核管理规定　　　　　　2019-03-18
- 辽宁省人民政府关于推进安全生产风险预防控制体系建设的意见　2019-03-12
- 生产安全事故应急条例　　　　　　　　　　　　　　2019-03-04
- 工伤保险条例　　　　　　　　　　　　　　　　　　2017-11-30
- 沈阳市人防工程国有资产管理规定　　　　　　　　　2017-11-06
- 生产安全事故报告和调查处理条例　　　　　　　　　2017-11-06

安全管理委员会办公室

| 网站首页 | 机构设置 | 安全新闻 | 规章制度 | 工作流程 | 安全文化 | 留言板 | 下载专区 | 请输入关键字 |

中华人民共和国安全生产法

来源：安委会办公室　发布时间：2021-09-01　浏览次数：296

第一章 总则

第一条　为了加强安全生产工作，防止和减少生产安全事故，保障人民群众生命和财产安全，促进经济社会持续健康发展，制定本法。

第二条　在中华人民共和国领域内从事生产经营活动的单位（以下统称生产经营单位）的安全生产，适用本法；有关法律、行政法规对消防安全和道路交通安全、铁路交通安全、水上交通安全、民用航空安全以及核与辐射安全、特种设备安全另有规定的，适用其规定。

第三条　安全生产工作坚持中国共产党的领导。

安全生产工作应当以人为本，坚持人民至上、生命至上，把保护人民生命安全摆在首位，树牢安全发展理念，坚持安全第一、预防为主、综合治理的方针，从源头上防范化解重大安全风险。

安全生产工作实行管行业必须管安全、管业务必须管安全、管生产经营必须管安全，强化和落实生产经营单位主体责任与政府监管责任，建立生产经营单位负责、职工参与、政府监管、行业自律和社会监督的机制。

附件4.3

XX大学安全管理系列制度

目 录

附件4.4

关于印发《XX大学安全管理系列制度》的通知

各部门：

为贯彻落实《中共中央 国务院关于推进安全生产领域改革发展的意见》《中华人民共和国安全生产法》等文件精神，进一步规范学校的安全管理工作，在对现有安全管理制度评估的基础上，结合我校实际，对《XX大学安全管理责任制》《XX大学安全目标管理办法》等17项制度进行了修订，并根据工作需要，制定了《XX大学安全事故应急管理办法（试行）》。以上系列制度已经2020年第十一次校长办公会议审议通过，现编制成《XX大学安全管理系列制度》印发给你们，请遵照执行，详情请参见附件。

原《XX大学安全管理责任制》《XX大学安全管理系列制度》中《安全目标管理制度》等10项制度，《XX大学安全管理系列制度》中《安全管理目标的考核与奖惩制度》等4项制度和《XX大学电梯使用安全管理办法》《XX大学安全生产管理办法》同时废止。

附件4.5

关于印发《XX大学安全管理系列检查规范》的通知

各部门：

为贯彻落实教育部等上级部门有关要求，以及《XX大学安全管理责任制》《XX大学关于开展安全管理标准化建设的实施意见》等文件精神，进一步规范学校的安全管理工作，在对现有安全管理检查规范评估的基础上，结合我校实际，对《XX大学安全管理标准化检查规范（试行）》《XX大学实验室安全检查规范》《XX大学"平安校园"建设检查规范》《XX大学宿舍安全检查规范（试行）》等4项检查规范进行了修订，并根据工作需要，制定了《XX大学特种设备检查规范》等5项检查规范。现编制成《XX大学安全管理系列检查规范》印发给你们，请遵照执行，详情请参见附件。

原《XX大学实验室安全检查规范》《XX大学安全管理标准化检查规范（试行）》《XX大学"平安校园"建设检查规范》和《XX大学宿舍安全检查规范（试行）》同时废止。

五、如何建立健全教育培训体系？

解决方案：通过出台教育培训制度，构建四级教育培训体系，明确各级教育培训内容，建立健全教育培训平台和活动载体，提高教育培训的深度和广度。

1. 安全教育是学校贯彻"安全第一、预防为主、综合治理"的安全管理方针和实现安全管理工作规范化、程序化、科学化最重要的基础工作。通过出台《XX大学安全教育培训管理办法》，构建四级教育培训体系，明确各级教育培训内容，使师生员工的安全意识和安全技能不断得到提升，增强其安全责任感和自觉性，为实现学校的安全管理目标奠定基础。具体详见附件5.1《XX大学安全教育培训管理办法》。

2. 根据《XX大学安全教育培训管理办法》要求，制定校级《年度教育培训计划（一级）》，明确全年教育培训重点工作及每月教育培训主要内容，切实提高师生员工的安全意识和安全素质。具体详见附件5.2《2024年安全教育培训工作计划》。

3. 搭建以新入职教职工、新入校本科生和研究生为基础的，全方位、立体化、具有本校特色的教育培训平台，系统提升师生员工安全意识和应急处置能力，通过多种形式开展安全教育培训系列活动，不断提高师生员工的安全意识和安全技能，增强安全责任感和自觉性，实现安全管理目标。具体详见附件5.3教育培训平台汇总图。

4. 依托教职工岗前培训平台，将新入校教职工安全教育课纳入其中；到部门报到后，接受部门二级安全教育；进入科、室、系、所、中心等，再接受三级安全教育；进入实验室等上岗工作前，接受四级安全教育。具体详见附件5.4"年度新入职教职工岗前培训日程安排"。

5. 依托大学生健康教育平台，将新入校本科生通识性安全教育课纳入其中，实现本科生从入校开始即接受系统性安全教育，普及安全知识、提高安全意识。具体详见附件5.5本科生通识性安全教育课课程安排、附件5.6本科生通识性安全教育课课程内容。

6. 依托研究生教育大讲堂平台，将研究生安全教育课纳入其中，实现研究生从入校开始即接受系统性安全教育。具体详见附件5.7《关于组织开展XX大学研究生新生教育大讲堂的通知》。

7. 建立违章人员安全教育平台，依据《"三违"行为治理办法》对违章人员针对性地解读安全制度、剖析事故案例、播放警示教育片等，进一步提升违章人员安全意识，杜绝重复性违章行为，消除安全隐患。具体详见附件5.8《关于举办宿舍用电违章人员安全教育培训的通知》。

8. 建立相关方安全教育工作机制，依据《相关方管理办法》对新入校的相关方单位或个人开展入校安全教育，由代表学校签订安全协议的部门具体实施。详见附件5.9XX相关方安全培训记录。

9. 构建安全知识系列讲座平台，邀请校内外各领域安全专家，以"专家讲安全"活动为载体，不断提高师生员工参与度，使全校师生从"要我安全"到"我要安全"

再到"我会安全"。详见附件5.10《关于举办安全知识系列讲座的通知》。

10. 构建安全云课堂平台,在日常工作中,学校还采取"安全云课堂""安全微视频"等形式,向师生传播安全文化理念、思路、措施和行为规范,宣传安全生产政策法规、安全科普常识、危险化学品安全知识、应急处置、自救互救方法等,让校园安全文化进学校、进生活、进学生头脑,引导全校学生共创校园安全文化氛围。详见附件5.11《网站安全教育云课堂专栏》。

11. 设立安全技能培训基地,为预防和减少事故伤害,不断提高师生的安全素质和应急避险能力,在相关部门安全技能实训基地建设基础上,学校设立了安全实训基地,通过组织师生分期分批进行安全技能实训,切实提高师生的安全意识和安全技能,详见附件5.12《关于设立XX大学首批安全技能实训基地的通知》。

附件5.1

XX大学安全教育培训管理办法

第一条　安全教育是学校贯彻"安全第一、预防为主、综合治理"安全管理方针和实现安全管理工作规范化、程序化、科学化最重要的基础工作。为不断提高师生员工的安全意识和安全技能，增强安全责任感和自觉性，实现学校的安全管理目标，特制定本办法。

第二条　本办法适用于各部门。

第三条　管理职责

（一）安全管理委员会办公室（以下简称"安委会办公室"）归口负责安全教育培训管理，负责安全教育培训计划的组织制定和实施情况的监督检查。

（二）安委会办公室会同各专项安全监管部门负责组织校级（一级）安全教育培训的实施。

（三）各部门负责本部门安全教育培训计划制定和二级安全教育培训的实施。

（四）基层部门（科室、实验室、研究所、项目组）负责三级安全教育培训的实施。

（五）微网格安全责任人负责四级（本网格）安全教育培训的实施。

第四条　工作职责

（一）安委会办公室

1. 负责收集汇总并向安委会汇报全校安全培训需求计划。

2. 负责下发学校年度安全教育培训计划。

3. 负责组织落实学校各级安全管理人员和新入校教职工的安全教育培训工作，建立各级安全管理人员的安全教育培训记录。

（二）各专项安全监管部门

各专项安全监管部门负责在本部门安全职责范围内组织开展安全教育培训工作，并做好培训记录。

（三）各区域部门

负责对下列人员进行安全教育培训，建立安全教育培训记录，填入安全教育台账。

1. 新入校的职工（包括派遣人员）和学生；

2. 外来实习、学习人员；

3. 调换工种及转岗人员；

4. 采用新工艺、新技术或者使用新设备、新材料时涉及的相关人员；

5. 违章人员；

6. 其他需要进行安全教育的人员。

第五条　工作程序

（一）安委会办公室联合各专项安全监管部门，对新入校教职工进行一级安全教育培训，内容为：

1. 学校安全管理情况及安全基本知识；

2. 学校安全管理规章制度；

3. 师生员工安全方面的权利和义务；

4. 有关事故案例等。

（二）各部门对新入本部门教职工及学生进行二级安全教育培训，内容为：

1. 本部门安全管理状况及规章制度；

2. 工作环境及危险因素；

3. 所从事工作可能遭受的职业伤害和伤亡事故；

4. 所从事工作的安全职责、操作技能及强制性标准；

5. 安全设备设施、个人防护用品的使用和维护；

6. 自救互救、急救方法、疏散和现场紧急情况的处理；

7. 预防事故和职业危害的措施及应注意的安全事项；

8. 有关事故案例；

9. 其他需要培训的内容。

（三）各基层部门（科室、实验室、研究所、项目组）对新入本部门教职工及学生进行三级安全教育培训，内容为：

1. 岗位安全操作规程；

2. 岗位之间工作衔接配合的安全与职业卫生事项；

3. 有关事故案例；

4. 其他需要培训的内容。

（四）微网格安全责任人对进入本网格教职工及学生进行四级安全教育培训，内容为：

1. 本网格存在的危险因素；

2. 本网格存在危险因素应采取的防护措施；

3. 本网格配备的防护用品及使用方式和要求等；

4. 本网格可能发生事故的应急处置措施；

5. 其他需要培训的内容。

（五）外来学习人员视同新入校员工进行三级安全教育培训。参观人员由接待部门负责提醒有关安全要求和注意事项。

（六）调换岗位的人员，进行三级安全教育培训。

（七）采用新工艺、新技术或使用新设备、新材料研制新产品时，必须由主持该项工作的负责人制定安全技术规程，并对操作人员进行系统理论讲解和实际操作训练，经考核合格后，才能独立操作。

（八）特种作业人员和特种设备操作人员，必须按照国家有关法律、法规的规定接受专门的安全培训，经考核合格，取得特种作业操作资格证书后，方可上岗作业。

第六条 教育培训形式

1. 脱产、业余培训、自学；

2. 现场讲课、实际操作示范；

3. 事故案例剖析、展览及现身说法；

4. 观看电视教学片；

5. 安全知识竞赛；

6. 其他形式。

第七条 安全教育培训效果评价管理

采取考核分级方式进行。由各级安全主管人员负责，上一级安全教育培训考核合格后，方可转入下一级安全教育培训。

考核采取笔试或口试的方法进行；未经四级安全教育或考试不及格者不准上岗，若上岗造成事故，则追究相关负责人的责任；四级安全教育培训及考核情况由各级安全管理人员负责。

第八条 本办法自公布之日起施行。

附件 5.2

2024 年安全教育培训工作计划

为不断提高师生员工的安全意识和安全技能，营造安全文化氛围，增强安全责任感和自觉性，实现学校的安全管理工作目标，按照《XX大学安全教育培训管理办法》要求，特制定本计划。

一、整合学校安全教育培训资源，进一步完善教育培训体系

汇总各专项安全监管部门年度安全教育培训计划，整合教育培训资源，系统构建学校教育培训体系、平台和内容。

二、夯实一级安全教育培训平台，提高教育培训广度和深度

（一）安全教育平台

1. 依托各类安全教育课平台，做好新入校师生员工一级安全教育，为接受系统安全教育奠定基础。

（1）依托大学生心理与健康（二）课程开设的大学生安全与健康课和研究生新生教育大讲堂，对新入校学生进行通识性安全教育。

新入校学生安全教育：

培训时间：2024 年 9 月；

培训地点：大学生心理与健康（二）课程授课教室；

培训对象：新入校的本科生、研究生；

培训内容：依托大学生心理与健康（二）课程开设的大学生安全与健康课、研究生新生教育大讲堂。

（2）依托岗前培训"校本"课程之职业健康与职业安全，对新入校教职工进行安全教育。对劳务派遣员工，采取随到随学方式进行安全教育。

新入校教职工安全教育：

①正式职工。

培训时间：2024 年 9 月；

培训地点：XX校区；

培训对象：2024 年度新入职正式教职工；

培训内容："校本"课程之职业健康与职业安全。

②劳务派遣员工。

培训时间：随到随学；

培训方式：领取《新进人员一级安全教育告知书》自学；

培训对象：2024年度新入职劳务派遣员工；

培训内容：学校安全管理情况、安全基本知识、学校安全管理制度、有关事故案例。

2. 督促各部门对新入校相关方开展安全教育，提升相关方人员安全意识和依法依规履职能力。

3. 依托安全情况通报工作机制，对通报中的事故案例、重大安全隐患和典型"三违"行为进行剖析，以案说法，及时组织开展警示教育活动，举一反三、警钟长鸣。

4. 对重复发生"三违"行为的人员进行专题安全教育，进一步加强安全意识和责任意识。

①"人走未断电"人员安全教育。

培训时间：待每月两个校区宿管部门提供"人走未断电"人员名单后组织培训；

培训方式：现场培训；

培训对象：两次违反宿舍"人走断电"规定的人员；

培训内容：学校宿舍"人走断电"相关要求、学校宿舍火灾事故。

②两次"三违"行为人员安全教育。

培训时间：对于学校检查中发现的，经确认存在两次"三违"行为的人员，将立即组织培训；

培训方式：现场集中培训或约谈；

培训对象：学校安全检查中发现的存在两次违章指挥、违规操作或违反校规校纪等行为的人员；

培训内容：《XX大学"三违"行为检查管理办法》、学校相关制度要求、学校季度安全工作通报及事故通报。

（二）安全培训平台

1. 联合专业培训机构，举办安全负责人和安全员培训班，不断提升安全管理人员能力和水平。

安全负责人和安全员培训班：

培训时间：2024年10月；

培训地点：XX校区主楼824室；

培训对象：各级安全负责人和专（兼）职安全员；

培训内容：高校安全管理形势、最新制度解读、部门经验交流等。

2. 依托"开学第一课"微课堂平台，联合相关职能部门开展消防安全、电信诈骗安全、食品安全、实验室安全、国家安全、治安安全、网络安全、大型活动安全等培训。

"开学第一课"微课堂：

培训时间：2024年9月；

培训地点：线上培训；

培训对象：新入校的本科生、研究生；

培训内容：消防安全、电信诈骗安全、食品安全、实验室安全、国家安全、治安安全、网络安全、大型活动安全。

3. 依托"安全生产月"活动平台，利用宣传专栏、主题展板、微信短视频、微电影、动漫、摄影、公益广告、微课等多种新媒介，采用主题演讲比赛、安全文化作品比赛、应急演练技能大赛等多种形式，系统普及安全知识，不断营造安全文化氛围。

培训时间：2024年6月；

培训地点：XX校区；

培训对象：全校师生员工；

培训内容：安全文化建设中期评估行、安全知识答题、警示教育微视频、隐患排查大赛、"专家讲安全"等。

4. 依托安全知识系列讲座和"云课堂"线上线下双平台，开展多种形式的安全培训活动。

线下系列讲座具体措施：

①新任安全员、安全负责人培训班。

培训时间：2024年3月；

培训地点：XX校区综合楼；

培训对象：两年之内部门新任安全员、安全负责人；

培训内容：部门安全管理标准化建设、安全文化建设，事故案例警示教育。

②特种设备安全培训。

培训时间：2024年6月；

培训地点：XX校区、特种设备安全培训机构；

培训对象：特种设备操作人员、管理人员；

培训内容：特种设备法律法规讲解、特种设备事故案例、特种设备操作视频。

③食品安全培训。

培训时间：2024年6月；

培训地点：XX校区；

培训对象：食品安全管理人员；

培训内容：食品安全相关法律法规讲解、学校相关制度讲解、事故案例警示教育。

④应急管理安全教育和疏散逃生演练。

培训时间：2024年9月；

培训地点：XX校区XX会堂；

培训对象：部分教职工、学生（300人）；

培训内容：讲解《XX大学安全事故和突发事件应急预案》《XX大学微网格突发事故现场处置方案工作指南》，紧急疏散逃生应急演练。

⑤应急管理安全教育和疏散逃生演练。

培训时间：2024年11月；

培训地点：XX校区图书馆报告厅；

培训对象：部分教职工、学生（300人）；

培训内容：解读《XX大学安全事故应急管理办法》《XX大学安全事故和突发事件应急预案》《XX大学微网格突发事故现场处置方案工作指南》，紧急疏散逃生应急演练。

5. 依托VR安全技能实训基地、心肺复苏技能实训基地、灭火逃生实训基地，组织师生参与实际操作演练，提升应急避险和疏散逃生能力。

线上"云课堂"建设：

①分类搜集安全事故案例（视频或文字），如危化品安全、特种设备安全、消防安全、用电安全等，建立事故案例库，加大以案释法和以案普法的宣传力度，不断提升师生"知敬畏、守规矩"的安全意识。

②每月制作一期"安全云课堂"专题教育培训。

6.依托"一站式"学生社区平台，不断延伸安全教育培训和安全文化传播的广度和深度。

发挥学生社团的作用，利用学生社团开展各类活动，宣传安全文化理念，提升安全意识。

三、推动二、三级安全教育培训落地，不断提升教育培训质量和效果

汇总各二级部门安全教育培训计划，通过部门联系人工作机制，服务、指导和督促二、三级安全教育培训落地落实落好，不断提升全员教育培训质量和效果。

附件5.3

教育体系（四级）：
1. 新进教职工；
2. 新入学本科生、研究生；
3. 新人校相关方；
4. 违章人员

培训体系：
1. 安全知识系列讲座；
2. 安全云课堂；
3. 相关部门安全技能实训基地

宣传平台：
1. 网站；
2. QQ工作群、微信群；
3. 微信公众号；
4. 楼馆电子屏、条幅等；
5. 经典活动：
   (1) 安全生产月活动
   (2) 消防安全周；
   (3) 实验室安全文化月；
   (4) 安全主题演讲比赛；
   (5) 安全知识竞赛；
   (6) 安全文化作品大赛；
   (7) 安全工作成果征集活动

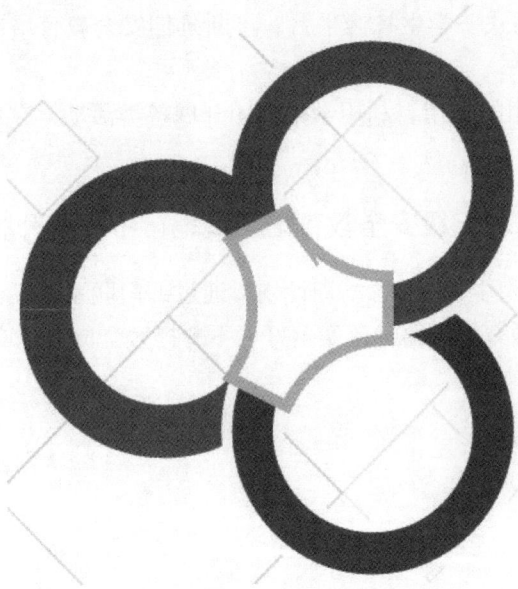

教育培训平台汇总图

附件5.4

年度新入职教职工岗前培训日程安排

课程	时间	地点
落实总书记回信精神，担负育人兴邦使命※	12月1日（周五）10:00	XX校区主楼822
国际交流制度解读※	12月1日（周五）14:00	
财务管理制度解读※	12月1日（周五）15:10	
心理压力疏导	12月6日（周三）14:00	
中西医日常保健	12月6日（周三）15:40	
安全管理制度规范※	12月8日（周五）8:30	
党风廉政教育※	12月8日（周五）10:10	
保密教育※	12月8日（周五）11:10	
教师礼仪与形象塑造	12月13日（周三）14:00	
"以学生为中心"的教学设计	12月13日（周三）15:40	
XX大学校史※	12月15日（周五）14:00	
参观XX大学校史馆	12月15日（周五）15:40	
课程思政理念与实践	12月20日（周三）14:00	周三课程： XX校区 机电馆215教室
如何上好一门课	12月20日（周三）15:40	
教学管理制度解读※	12月22日（周五）9:40	
国家公派出国经验交流	12月22日（周五）10:50	
沟通的艺术与技巧	12月27日（周三）14:00	
PBL教学设计与实践	12月27日（周三）15:40	周五课程： XX校区 机电馆217教室
如何做好管理与服务	12月29日（周五）8:30	
公文写作能力提升	12月29日（周五）10:10	
科技项目申报指导	1月3日（周三）14:00	
学科交叉研究	1月3日（周三）15:40	
XX大学章程※	1月5日（周五）8:30	
研究生培养制度解读※	1月5日（周五）9:40	
人事管理制度解读※	1月5日（周五）10:50	
科学发声训练	1月10日（周三）14:00	
课堂板书训练	1月10日（周三）15:40	
科研管理制度解读※	1月12日（周五）8:30	
语言文字应用	1月12日（周五）9:40	

相关说明：

1. 课程名称含有"※"为必修课程，所有参训教师须参加；

2. 除必修课外，专任教师需修满22学时选修课程，非专任教师需修满14学时选修课程，选修课程每门2学时；

3. 课程如有变化，将在微信群内通知，请密切关注群消息；

4. 部分课程将于下学期开课，具体时间安排将另行通知。

附件5.5

本科生通识性安全教育课课程安排

星期	节次	教室	教学班名称	第7周
一	1~2	教308*	班级:设计学类2301-04 音乐2301（管弦）音乐2302（键盘）音乐2303（民乐）音乐2304（美声）音乐2305（民声）	XXX
一	1~2	信息A114	班级:公管类2301-05	XXX
一	1~2	教306*	班级:自动化类2309-13	XXX
一	3~4	逸105*	班级:工科班II 2309-13	XXX
一	5~6	教307*	班级:工科班I 2301-04	XXX
一	5~6	教209*	班级:机械类2301-04	XXX
一	5~6	教107*	班级:体育2301 英语2301-03 运训2301	XXX
一	5~6	教304*	班级:工科班I 2313-17	XXX
一	7~8	采420	班级:工科班II 2301-04	XXX
一	7~8	大成403*	班级:材料类2309-11 智能采矿2301-02 采矿2301（创新班）	XXX
一	7~8	逸205*	班级:智能制造2301-05	XXX
一	7~8	1号A407	班级:生医2301-04 智能医学2301	XXX

附件5.6

本科生通识性安全教育课课程内容

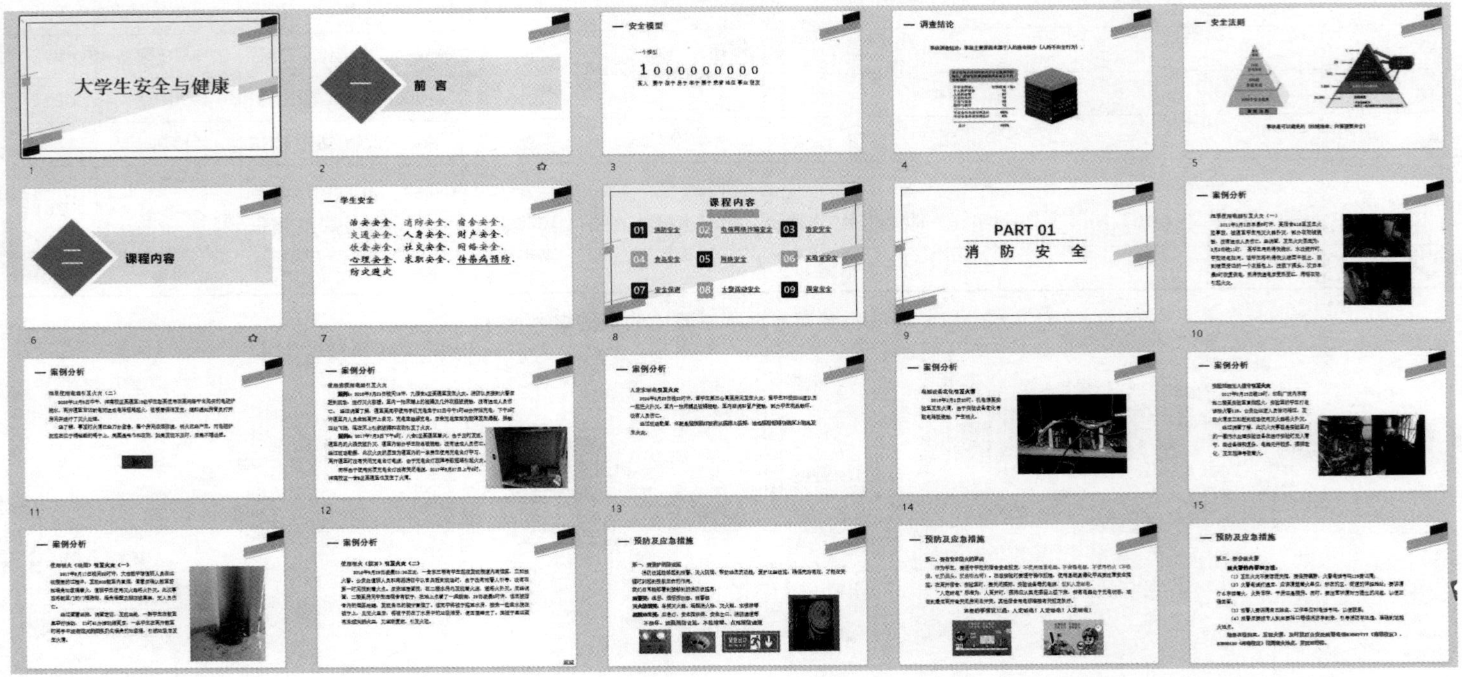

附件5.7

关于组织开展XX大学研究生新生教育大讲堂的通知

各学院（部）：

　　为做好2023级研究生新生（以下简称"新生"）入学教育工作，现决定于9月4日和9月6日分别组织开展XX大学研究生新生教育大讲堂心理健康专题报告和安全教育专题报告。现将相关事宜通知如下。

一、会议时间

　　第一场：2023年9月4日（周一）18:30（心理健康专题）
　　第二场：2023年9月6日（周二）18:30（安全教育专题）

二、会议地点（主会场）

　　XXX

三、参会人员

　　新生入学教育采取"学校主会场+学院分会场"形式开展，学院分会场以学院为单位自行设立（建议借用学院会议室或各教学场馆教室），集中收看。此次入学教育要求主会场和分会场覆盖全体研究生新生。

　　第一场（9月4日）主会场人员安排：XX学院50人、XX学院50人、XX学院50人。
　　第二场（9月6日）主会场人员安排：XX学院50人、XX学院50人、XX学院50人。

四、相关要求

　　（一）请各学院认真组织新生集中收看此次新生入学教育，主会场新生需由专人负责带队，提醒参会同学于18:10抵达会议地点按照位置坐好。请相关学院将带队联系人及联系方式于9月1日下班前报研究生院教育管理办公室，联系人XXX，电话XXXXXXXX。

　　（二）各学院自行设立分会场，组织全体新生通过"校内电视直播"平台集中观看线上直播，在浏览器网址栏直接输入直播链接地址即可。直播链接地址：XXX。

　　（三）请各学院于9月8日下班前将本学院组织收看情况，包括组织方式、参加人数、新生反响等文字内容及现场图片（提供带实时直播屏幕的全景照片和多角度照片）发送至邮箱：XXXXXXXX@XXX.com。

　　（四）由于主楼是办公楼，请各学院要求主会场新生一定遵守秩序，不要大声喧哗、嬉闹。

附件5.8

关于举办宿舍用电违章人员安全教育培训的通知

XX学院：

为贯彻落实学校下发的《关于开展宿舍用电安全专项整治工作的通知》，进一步落实"人走断电"，有效防止火险火灾事故发生，保障师生生命财产安全，学校安委会办公室将举办学校宿舍用电违章人员安全教育培训。现将有关事宜通知如下。

一、教育培训时间：2019年5月13日13：00时。

二、教育培训地点：XX楼1304。

三、教育培训对象：两次违反XX大学宿舍"人走断电"规定人员（详情见附件）。

四、教育培训内容：学校宿舍近期事故警示教育；"人走断电"标准的宣贯和相关宿舍安全管理制度的解读。

五、相关要求

1. 请你部门按要求认真组织落实；

2. 为保障培训效果请你部门委派相关管理人员参加培训；

3. 参加人员请于12：50前入场完毕。

六、其他事宜

联系人：XXX，电话：XXXXXXX

附件：教育培训人员名单

附件5.9

XX相关方安全培训记录

培训时间		培训地点	
培训主题		主讲人	
参加人员：			
培训内容：			
考核情况：			
备注：			

附件 5.10

关于举办安全知识系列讲座的通知

各相关部门：

为不断提高师生员工的安全意识和安全技能，预防和减少事故伤害，保障师生员工生命财产和学校财产安全，经研究，学校将举办安全知识系列讲座。相关事宜通知如下。

一、讲座内容及主讲人

1. 讲座内容：电梯安全知识。

（1）电梯构造、运行原理介绍。

（2）电梯安全使用常识、日常使用常见故障及事故案例。

2. 主讲人：沈阳市特种设备检测研究院电梯部毕晓林部长。

二、讲座时间

2023年3月30日（周四）14:00—15:30

三、讲座地点

XXXX

四、参加人员

各相关部门参加人数详见附件。

五、相关要求

1. 请各相关部门按要求认真组织落实，部门落实情况将作为年度目标考核的参考依据。

2. 参加人员请于13:55前入场完毕，本次培训将采取现场扫描二维码的方式签到，同时记入个人年度安全教育培训档案。

3. 学校将依托安全知识系列讲座，开展多种形式的教育培训活动，不断提高师生员工参与度，使全校师生从"要我安全"到"我要安全"再到"我会安全"。

联系人：XX，电话：XXXXXXXX。

附件5.11

网站安全教育云课堂专栏

附件5.12

关于设立XX大学首批安全技能
实训基地的通知

各部门：

为预防和减少事故伤害，不断提高师生的安全素质和应急避险能力，在相关部门安全技能实训基地建设基础上，学校设立了首批XX大学VR安全技能实训基地、XX大学心肺复苏技能实训基地和XX大学灭火逃生实训基地，具体情况详见附件。

实训基地采取预约方式为广大师生服务，请各部门充分利用实训基地资源，统筹安排好学习时间，积极组织师生分期分批进行安全技能实训，切实提高师生的安全意识和安全技能，为学校一流大学建设营造安全稳定的校园环境。

特此通知。

附件：XX大学安全技能实训基地简介

附件：XX大学安全技能实训基地简介

一、XX大学VR安全技能实训基地

（一）地址

XX校区：XX学院VR教室（建筑馆XX室）

XX校区：1号教学楼XX室

（二）基本情况

硬件设备方面：目前XX校区建筑馆XX室，面积125平方米，共配备30台机位。XX校区1号教学楼XX室，面积100平方米，共配备30台机位。提供每年约7500名新生进行安全教育的硬件设备。

软件资源方面：建设校园安全应急处理相关场景，为师生提供安全技能实训服务，如VR校园火灾逃生、VR宿舍隐患排查、VR场景模拟灭火等。

VR安全技能实训基地采用全面开放运行机制，在课余时间接受校内各部门预约。

（三）联系方式

预约电话：XXXXXXXX

联系人：XXX

二、XX大学心肺复苏技能实训基地

（一）地址

XX校区：校医院4楼多功能会议室

XX校区：XX校区卫生所109室

（二）基本情况

XX校区心肺复苏技能实训基地面积为80平方米，最多可同时接待30人；XX校区心肺复苏技能实训基地面积为20平方米，最多可同时接待20人。

两校区共有心肺复苏模拟人15个，每期实训时长约为1个半小时。

（三）联系方式

XX校区：

预约电话：XXXXXXXX，联系人：XXX

XX校区：

预约电话：XXXXXXXX，联系人：XXX

三、XX大学灭火逃生实训基地

（一）地址

后勤服务中心安全教育活动室（学生四舍）

（二）基本情况

实训基地面积约85平方米，包含模拟灭火体验、逃生门开启体验、宿舍逃生窗使用演示三个功能模块。

1. 模拟灭火体验

实训基地内设一套模拟灭火体验系统，包含知识学习、知识测评和模拟灭火三大板块，针对6类火灾类型，设置如床单、油锅、电器、金属、液体、气体等不同类型的起火点，模拟不低于15个着火场景，同时提供干粉、二氧化碳、泡沫、水基四种灭火器，可进行灭火器的选择与使用指导。

2. 逃生门开启体验

逃生门是建筑中除常用出入口之外的快速逃生通道。实训基地内设推拉式逃生门装置和安全锤式逃生门装置各1套。在通道门内侧加装锁扣后，平时用安全锁锁起来，遇到危险时可以采用推拉式或安全锤拆除式装置，将安全锁快速打开。旨在培训师生在应急情况下快速开启逃生门的应急技能与实战体验。

3. 宿舍逃生窗使用演示

当发生火灾时，一楼窗户是逃生自救的通道之一。实训基地中内设2扇向外开启的逃生窗。具体操作为：在防盗窗上加装逃生窗，内侧加装锁扣后，平时用安全锁锁起来，遇到危险时可以方便打开。旨在培训学生通过逃生窗快速逃生的应急技能与实战体验。

（三）联系方式

预约电话：XXXXXXXX

联系人：XXX　手机：XXXXXXXXXXX

六、如何开展校园安全文化建设，从"向管理要安全"提升为"向文化要安全"？

解决方案：制定《安全文化建设实施方案》，明确建设规范，通过组织培训、经验交流和达标验收等方式，推动各二级部门开展安全文化建设，将安全文化理念渗透到师生员工思想中，用安全文化的影响力潜移默化地转变师生员工的安全观念，规范师生员工的安全行为，提升师生员工的个人安全素养，达到人、机、环境的和谐统一，实现"向文化要安全"。

1. 学校出台《XX大学关于开展安全文化建设的实施意见》，全面系统推进安全文化建设工作，采用"策划、实施、检查、改进"动态循环的模式，实现从"向管理要安全"（要我安全阶段）到"向文化要安全"（我要安全阶段）转变。具体详见附件6.1《XX大学关于开展安全文化建设的实施意见》。

2. 根据高校安全文化建设的特点，把分布在法律、规章、标准里的强制性要求具象化为学校可执行的标准，编制《XX大学安全文化建设检查规范》，形成包括安全理念、安全制度、安全管理、安全教育、安全行为、安全本质6大类安全管理要求。具体详见附件6.2《XX大学安全文化建设检查规范》。

3. 通过培训、交流、指导、验收等方式，推动二级部门开展安全文化建设，将安全文化理念渗透到师生员工思想中，用安全文化的影响力潜移默化地转变师生员工的安全观念，规范师生员工的安全行为，提升师生员工的个人安全素养。具体详见附件6.3《〈XX大学关于开展安全文化建设的实施意见〉解读》、附件6.4《关于分阶段开展安全文化建设达标验收工作的通知》、附件6.5《XX大学关于开展安全文化建设阶段评估工作的通知》、附件6.6《关于开展2021年安全管理目标考核及首批安全文化建设达标验收工作的通知》。

4. 依托每年"安全生产月""消防安全周"等活动载体，策划制定年度"安全生产月"活动方案，打造安全文化建设系列品牌活动，不断营造安全文化氛围。具体详见附件6.7《XX大学关于开展2023年"安全生产月"和"事故隐患专项整治行"活动的通知》、附件6.8安全生产月项目汇总图。

5. 通过线上线下活动相结合的形式，开展丰富多彩的"安全生产月"活动，如安全知识竞赛、演讲比赛、优秀作品征集、安全知识宣传展等，向师生传播安全文化理念、思路、措施和行为规范，解答师生关心的安全生产问题，宣传安全生产政策法规、安全科普常识等。具体详见附件6.9《关于开展第三届实验室安全知识竞赛的通知》、附件6.10《关于举办XX大学首届安全主题演讲比赛的通知》、附件6.11《关于举办XX大学安全文化优秀作品征集活动的通知》。

附件6.1

XX大学关于开展安全文化建设的实施意见

各部门:

为全面推进学校安全文化建设工作,逐步将安全文化理念渗透到师生员工思想中,用安全文化的影响力潜移默化地转变师生员工的安全观念,规范师生员工的安全行为,提升师生员工的个人安全素养,达到人、机、环境的和谐统一,在结合我校自身安全管理特点基础上,提出以下实施意见。

一、指导思想、工作原则和工作目标

(一)指导思想

坚持"安全第一、预防为主、综合治理"的方针,牢固树立"安全是福、共创共享"的安全发展理念,以提高师生员工安全素质为核心,以改进安全意识和行为为重点,以宣传教育和营造氛围为依托,通过学校安全文化体系建设,凝练安全理念,增强安全意识,全面提升师生员工防范事故和应急避险能力,为推动学校事业发展提供安全保障。

(二)工作原则

1. 统筹规划,分步实施。合理确定阶段目标,分阶段分步骤实施。首先,重点推进安全文化基本规范;其次,推进各部门全面开展安全文化建设评审工作,确保所有部门实现安全达标。

2. 突出重点,分类指导。以安全文化建设基础好的部门为重点,加大工作力度,力争取得突破;区别不同类型部门,采取有效措施,创新安全文化建设达标途径,实现全面达标。

3. 典型引路,全面推进。树立典型部门,发挥榜样作用,创新体制机制;加强经验交流,以点带面,推动各部门安全文化建设全面达标。

4. 制度约束,政策引导。完善目标考核制度,落实工作责任,以考核全面推进达标进程;建立有效激励机制,激发部门自觉性,以奖惩措施引导达标。

5. 学校牵头,部门落实。发挥学校制度引导和推动作用,调动各级各方面的积极性,共同推进安全文化建设达标工作。

(三)工作目标

1. 全面实现安全达标。全面开展安全文化建设工作,实现安全理念集约化、安全制度系统化、安全管理标准化、教育培训立体化、安全行为规范化和安全本质智能化。力争三年内所有部门安全文化建设达标。

2. 安全素质明显提升。师生员工从被动地服从安全管理制度转变成自觉主动地按安全要求进行活动,即从"要我遵章守纪"转变成"我要遵章守纪",不断营造"以遵章守纪为荣,以违章违纪为耻"的安全文化氛围。

3. 杜绝各类事故。遏制各种安全事故,为学校一流大学建设提供强有力的安全保障。

二、安全文化建设的主要途径

(一)加大培训工作力度

加强安全文化建设的宣贯培训,重点解决安全文化建设的思想认识和关键问题,以及安全文化建设内涵和意义、考评体系和程序等,以培训促进安全文化建设工作。

(二)发挥示范引领作用

根据部门特点,确定开展部门安全文化建设试点、示范部门。试点部门要大胆先行先试,进一步创新工作思路、达标模式和管理体制机制,建立一套切实可行的激励约束机制,为全校深入开展安全文化建设工作积累经验,发挥示范引领作用。

(三)推进安全达标建设

1. 各部门要按照《XX大学安全文化基本规范》积极开展安全文化建设工作,确保工作质量,防止搞形式、走过场。

2. 各部门要加强对安全文化建设工作的领导,组织专门的力量对照《XX大学安全文化基本规范》《XX大学安全文化建设检查规范》开展自查自纠,全面深入查找存在的问题,认真加以整改,确保部门达到要求。

3. 在安全文化建设过程中,要对标对表,创新形式,丰富内容,形成富有特色和推动力的部门安全文化。

4. 建立长效机制。要做到持续改进和升级安全文化建设工作,不断提高部门安全文化建设水平,不断丰富部门安全文化建设内涵。

三、落实安全文化建设的保障措施

(一)加强组织领导

各部门要进一步提高对安全文化建设工作重要性的认识,切实加强组织领导,精心组织,明确职责,协调联动,落实经费,周密安排,科学实施。各级安全管理部门要落实人员,集中力量抓好部门安全文化建设工作,以安全文化建设带动其他各项安全管理工作。

(二)加强检查指导

1. 结合日常安全监管工作,加强对安全文化建设工作的监督检查,督促工作方案的落实,加快部门安全文化建设进度,及时掌握进展情况,保证进度和质量。

2. 通过举办培训班等方式,宣传辅导、答疑解惑,及时研究解决安全文化建设工作中遇到的新问题,为部门安全文化建设提供有效的指导服务。

3. 适时组织召开不同形式的专题研讨会,交流经验,分析问题原因,制定相应对策，进行分类指导，切实推动安全文化建设工作。

（三）建立约束机制

把开展安全文化建设工作列入部门年度目标考核工作中。

（四）加强舆论宣传和监督

1. 要采取多种形式，加强对安全文化内涵、目的意义的宣传，使师生员工达成共识，形成良好的安全文化氛围。

2. 对达标部门，要正面宣传，使达标部门为全校所了解，带动其他部门做好安全文化建设达标工作。

附件：1. XX大学安全文化基本规范

2. XX大学安全文化建设检查规范

附件6.2

XX大学安全文化建设检查规范

一级指标	二级指标	检查项目	检查要点	检查结果		
				符合	不符合	不适用
1. 安全理念	理念内容	确定清晰的部门安全理念	查看文档			
	理念表述	部门安全理念准确、精练，具有感召力	查看文档			
	理念传播	部门安全理念传播形式、媒介、频度、知晓率、认同度等	随机调查			
2. 制度管理	完备性	根据部门安全管理需要，建立了完备的部门安全制度体系	查看文档			
	执行率	部门安全管理制度执行率有效性	查看记录			
3. 安全管理	标准化建设	年度安全管理标准化情况（包含文化建设、信息化建设、制度管理、"三违"行为治理和教育培训）	查看文档			
4. 教育培训	安全教育	对新进教职工、新入学学生（本科生、研究生）、新入校相关方和违章人员的二、三级安全教育情况	查看记录			
	安全培训	1. 部门首次下发或修订后的安全管理制度的宣贯情况。2. 为提升师生员工安全意识、防范事故和应急避险能力组织的安全知识技能培训情况	查看记录			
	宣教平台	1. 网站、QQ工作群、微信群、微信公众号、电子屏、条幅等多媒体平台。2. 安全文化活动开展情况：安全生产月活动、消防安全周、安全主题演讲比赛、知识竞赛、安全文化作品大赛、安全知识答题等特色活动	查看现场和活动记录			

续表

一级指标	二级指标	检查项目	检查要点	检查结果		
				符合	不符合	不适用
5.安全行为	激励机制	建立安全行为激励机制，树立遵章守纪榜样，惩治"三违"行为	查看台账			
	奖惩情况	建立奖惩记录台账和通报平台	查看记录			
	"三违"行为发生率	"三违"行为治理效果	查看日常检查、专项检查和督查统计数据			
	设备设施日常检查	根据设备设施特点及行业标准，建立日常检查记录制度并留存相应检查记录	查看文档和记录			
6.安全本质	智慧安防系统建设	结合本部门实际，在日常人防基础上，对高风险的微网格（房间或设备设施）建立了辅助的智能安防系统。如烟感火情报警系统、特种设备实时监控系统、基于三级安全教育的实验室门禁系统、危险气体泄漏报警系统等	查看现场			

附件6.3

《XX大学关于开展安全文化建设的实施意见》解读

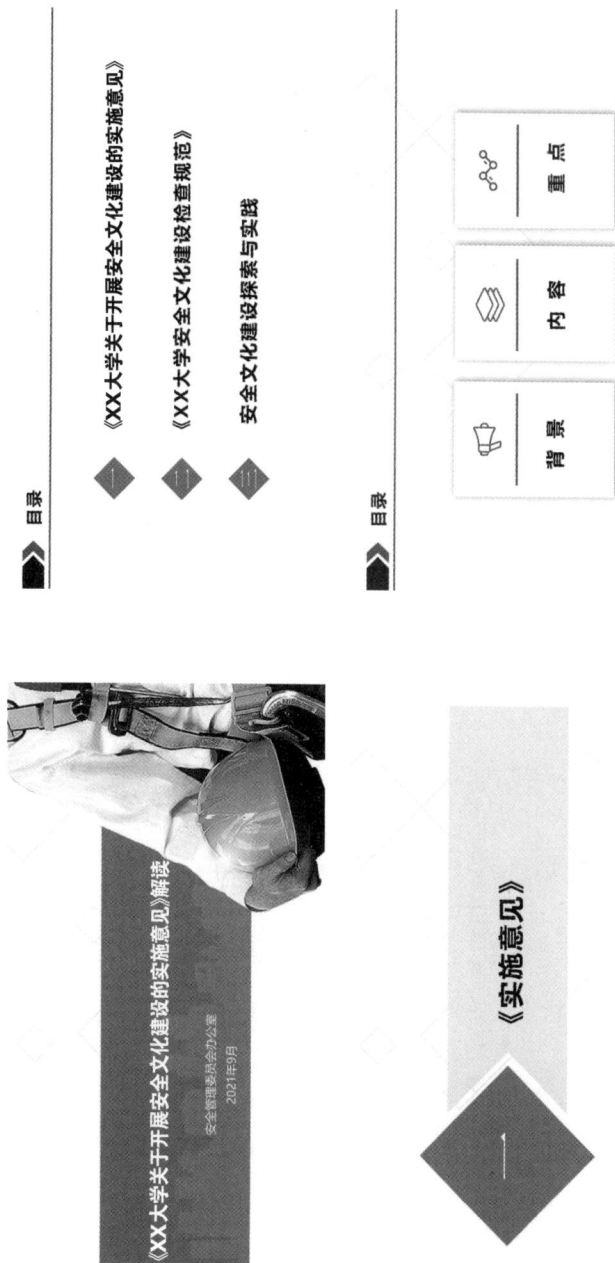

《XX大学关于开展安全文化建设的实施意见》解读

安全管理委员会办公室
2021年9月

目录

- 一 《XX大学关于开展安全文化建设的实施意见》
- 二 《XXX大学安全文化建设检查规范》
- 三 安全文化建设探索与实践

目录

背景	内容	重点

1 《实施意见》

▶ 背景

第三阶段：向文化要安全（我要安全阶段）

第二阶段：向管理要安全（要我安全阶段）

第一阶段：向运气要安全（无意识阶段）

▶ 安全文化的概念及内涵

安全文化就是为了保障身心安全健康，使其安全、舒适、高效地从事各项活动、预防、避免、控制、消除安全事故，建立安全的安全理念和安全意识，以及在其指其导下的各种行为的总称。其内涵主要包括安全理念、安全制度、安全管理、安全教育、安全行为、安全本质等。

安全文化的核心是以人为本，这需要将安全责任落实到企业全员的具体工作中，通过培育员工共同认可的安全价值观和安全行为规范，在企业内部营造自我约束、自主管理和团队管理的良好的安全氛围，最终实现持续改善安全业绩，建立安全生产长效机制的目标。

▶ 背景

第一阶段：向运气要安全（安全管理无意识阶段）。人们的安全意识无意识淡薄，甚至是没有安全生产管理意识，在人们缺乏安全生产管理意识的情况下，安全事故频发，不仅给企业带来巨大损失，也使厂大劳动者的人身安全受到严重威胁。

第二阶段：向管理要安全（要我安全阶段）。为了降低安全事故，使安全生产得到快速发展，各国政府纷纷出台安全生产管理政策法规，强制对员工进行安全生产工作，监管部门要求企业建立全安全生产管理体制，定期对员工进行安全生产教育培训，这就从根本上解决了安全管理员自身素养不足和安全生产意识淡薄的问题。

第三阶段：向文化要安全（我要安全阶段）。安全管理的核心在于培植企业和员工素质的部分。这符合企业文化精神物质融合层的健康发展，又能提高企业和员工的经济效益。这将合安全管理作为每一个员工，每台设备设施都能得到有效监控，这是安全管理工作的最高目标。

▶ 安全文化的概念及内涵

安全管理虽然有一定的作用，但安全管理的有效性依赖于对散管理者的监督和反馈。由管理者无论在何时，何事，何地都需密切监督每一位职工或公民遵章守纪，就人力物力来说，几乎是一件不可能的事，这就必然带来安全管理上的疏漏。被管理者为了某些利益或好处，例如省时，省力，多挣钱等，会在缺乏管理监督的情况下，无视安全规章制度，"冒险"采取不安全行为，并不是每一次不安全行为都会导致事故的发生。然而，这会进一步强化这种不安全行为，并可能"传染"给其他人，不安全行为成为事故发生的重要原因，大量不安全行为的结果必然是发生事故。

安全文化的运用，正是为了弥补安全管理不能彻底改变人的不安全行为的天不足，安全文化主要通过"文之教化"的作用，将人培养成具有现代社会所要求的安全情感、安全价值观和安全行为表现的人。

附件6.4

关于分阶段开展安全文化建设达标验收工作的通知

各相关部门：

根据《XX大学关于开展安全文化建设的实施意见》有关精神，学校对安全文化建设进行了统筹部署，要求各部门按照《XX大学安全文化建设检查规范》认真开展安全文化建设工作。为全面推进学校安全文化建设工作，规范师生员工的安全行为，提升师生员工的个人安全素养，查验部门安全文化建设效果，经研究，决定分阶段开展安全文化建设达标验收工作。现将具体事宜通知如下。

一、范围

与学校签订《XX大学年度安全管理目标任务书》的部门。

二、工作进程

（一）第一阶段：首批自愿申请达标验收阶段

1. 请自愿参加首批安全文化建设达标验收的部门于2021年11月5日前提交书面申请。

2. 学校成立由相关职能部门、安全督查组和安全管理专家组成的安全文化建设达标验收工作评审小组（以下简称评审小组）。

3. 2021年11月，评审小组根据《XX大学安全文化建设检查规范》对申请部门进行验收评审。评审内容主要包括管理档案和现场管理两部分。

4. 2021年12月，学校公布首批通过安全文化建设达标验收的部门。

（二）第二阶段：第二批自愿申请达标验收阶段

1. 请自愿参加第二批安全文化建设达标验收的部门于 2022年10月30日前提交书面申请。

2. 其他工作程序参照第一阶段。

（三）第三阶段：全面达标验收阶段

2023年11月底前，对所有签订《XX大学年度安全管理目标任务书》的部门开展达标验收工作，具体时间另行通知。

三、有关要求及相关事宜

（一）各相关部门要进一步提高对安全文化建设工作重要性的认识，切实加强组织领导，精心组织，明确职责，协调联动，落实经费，周密安排，科学实施。各级安全管理部门要落实人员，集中力量抓好部门安全文化建设工作，确保工作质量，防止搞形式、走过场。

（二）安全管理档案是日常管理工作的痕迹，是各部门履行职责的重要参考依据。各部门要重视日常安全管理工作的文档和记录管理，杜绝临时拼凑、弄虚作假、编造材料。

（三）安全文化建设达标验收侧重基础和基层，各部门应充分发挥科室、实验室、项目组的作用，结合日常安全监管工作，加强对安全文化建设工作的监督检查，督促工作方案的落实，加快部门安全文化建设进度，及时掌握进展情况，保证进度和质量。

（四）通过安全文化建设达标验收的部门，如无安全责任事故，年度安全目标考核结果自动确定为优秀等次。首批和第二批通过验收的部门，分别于通过验收的三年后、两年后参加安全文化建设达标验收复审。如出现安全责任事故，取消合格资格，重新参加达标验收。

（五）2023年12月底前未通过安全文化建设达标验收的部门，2023年安全目标考核不得确定良好及以上等次。

特此通知。

附件6.5

XX大学关于开展安全文化建设阶段评估工作的通知

各相关部门：

按照《XX大学关于开展安全文化建设的实施意见》《XX大学关于开展2022年"安全生产月"和"安全生产校园行"活动的通知》等文件精神，学校将对部分签状部门的安全文化建设情况进行阶段评估。具体工作安排如下。

一、目的与意义

全面推进学校安全文化建设工作，落实学校"安全文化建设评估行"相关要求，进一步提高我校安全管理工作水平，切实保障师生员工生命财产安全。

二、组织机构

学校成立安全文化建设阶段评估工作小组（以下简称"学校评估小组"），由安委会办公室和安全督查组组成，开展安全文化建设情况阶段评估工作。

三、评估范围及方式

1. 评估范围为签订《年度安全管理目标任务书》且安全文化建设尚未达标的部门。

2. 本次阶段评估工作以书面评审为主，请各部门结合自身建设情况，对照《XX大学安全文化建设检查规范》进行自评，填写部门安全文化建设工作自评表，并通过文字叙述和图片展示等形成《部门安全文化建设工作自评报告》（PPT版），于2022年6月29日前，将部门安全文化建设工作自评表、《部门安全文化建设工作自评报告》（电子版）提交安委会办公室。

3. 学校评估小组将根据部门提交的部门安全文化建设工作自评表、《部门安全文化建设工作自评报告》，对部门的安全文化建设情况进行评估，形成《安全文化建设阶段评估情况反馈意见》，指导各相关部门进一步推进安全文化建设工作。

四、相关要求

1. 请各相关部门高度重视此次安全文化建设阶段评估工作，以评促建，扎实开展部门安全文化建设，不断提高安全管理水平。

2. 联系人：XXX、XXX

联系电话：XXXXXXX

附件6.6

关于开展2021年安全管理目标考核及首批安全文化建设达标验收工作的通知

各相关部门：

为实现我校安全管理目标及深入开展安全文化建设，不断提高我校安全管理工作水平，保障师生员工生命财产安全，按照《XX大学安全管理目标考核与奖惩办法》《XX大学关于开展安全文化建设的实施意见》《关于分阶段开展安全文化建设达标验收工作的通知》，经学校研究，拟开展2021年安全管理目标考核和首批安全文化建设达标验收工作。具体工作安排如下。

一、范围

签订《XX大学2021年安全管理目标任务书》的部门，其中自愿参加首批安全文化建设达标验收的部门验收评审和考核工作同步进行。

二、组织机构

学校成立安全管理目标考核和达标验收工作小组（以下简称"工作小组"），由安委会办公室、安全督查组、专项安全监管部门和校外安全专家组成。

三、考核主要内容

（一）重点工作

1.《XX大学2021年安全管理目标任务书》完成情况。

2. 部门对学校关于安全工作的部署和要求落实情况。

（1）《XX大学关于开展2021年"安全生产月"和"安全生产校园行"活动的通知》落实情况；

（2）《XX大学安全管理季度通报》和《"三违"行为曝光台》相关问题警示教育和举一反三情况；

（3）部门安全管理专项整治三年行动方案推进情况；

（4）部门安全文化建设推进情况。

（二）日常工作

按照《XX大学安全管理标准化检查规范》相关要求开展的其他安全管理工作。

四、目标考核的时间安排及方式

1. 年度目标考核以书面评审为主，对部分部门采取现场考核，达标验收工作采取现场评审方式。请各部门按照上述考核内容进行自评，通过文字叙述和图片展示等详细总结本部门年度安全管理工作，形成《2021年度部门安全管理自评报告》（PPT版），并于11月22日前提交安委会办公室（纸质版和电子版）。

其中，申请首批安全文化建设达标验收的部门在上述工作基础上，还应对照《XX大学安全文化建设检查规范》形成《安全文化建设工作自评报告》。

2. 本次考核工作小组将根据各部门《2021年度安全管理自评报告》开展考核评价工作（11月23日—12月10日），现场考核和首批达标验收部门数量合计不低于签订《XX大学2021年安全管理目标任务书》部门总数的30%，具体部门名单及时间安排详见附件。工作小组通过沟通交流、查阅文档和现场检查等方式开展达标验收工作，评审结果为95分及以上的部门将确定为安全文化建设达标部门。

3. 本次考核结果，将作为2021年度安全工作奖惩和学校目标考核中安全稳定部分评分的重要依据，请各部门高度重视此次安全管理目标考核和首批安全文化建设达标验收工作，以评促建，不断提高部门安全管理水平，以部门安全助力学校整体安全。

4. 其他

联系人：XXX

联系电话：XXXXXXXX

附件6.7

XX大学关于开展2023年"安全生产月"和"事故隐患专项整治行"活动的通知

各部门：

为组织做好2023年学校"安全生产月"各项工作，根据相关文件要求，结合我校实际，现将我校2023年"安全生产月"和"事故隐患专项整治行"活动有关事项通知如下。

一、总体思路

以习近平新时代中国特色社会主义思想为指导，深入学习宣传贯彻党的二十大精神和习近平总书记关于安全生产重要论述，坚持人民至上、生命至上，坚持统筹发展和安全，坚持安全第一、预防为主，持续树牢安全红线意识，推动安全生产责任落实，切实提高风险隐患排查整改质量，切实提升发现问题和解决问题的强烈意愿和能力水平，以"人人讲安全、个个会应急"为重点策划活动内容，以线上线下活动相结合的形式开展第22个全国"安全生产月"活动，进一步提升全校师生的安全意识和避险逃生能力。

二、活动主题

"人人讲安全、个个会应急"。

三、"安全生产月"活动主要内容

"安全生产月"活动于2023年6月在全校三个校区和各部门同时开展。

（一）深入开展习近平总书记关于安全生产重要论述宣贯活动

各部门要结合主题教育，紧紧围绕宣传贯彻习近平总书记关于安全生产特别是安全红线重要论述组织开展宣讲活动。以安全生产"大讲堂""大家谈""公开课""微课堂"和在线访谈、基层宣讲等活动为载体，持续推进习近平总书记关于安全生产重要论述入脑入心、见行见效，不断增强安全工作的思想自觉、责任自觉和行动自觉，全力维护校园平安稳定。

（二）着眼于"人人讲安全、个个会应急"，大力推动安全宣传"五进"

1. 各部门组织开展"十大逃生演练科普视频"展播，积极参与"人人讲安全、个个会应急"网络知识竞赛、线上"逃生演练训练营""自救福利大派送"等全国性活动，扩大应急科普人群覆盖面（相关活动要求另行通知）。

2. 各部门要广泛深入开展应急科普"五个一"宣传活动：鼓励师生阅读一本安全应急科普读本，指导微网格负责人开展一次安全隐患排查，开展一次安全技能培训，开展一次电动车充电安全自查，组织本部门师生绘制一张逃生路线图。

3. 各部门要利用多种媒体平台在三个校区开展为期1个月的安全月主题宣传展，广泛张贴或悬挂安全标语、横幅、挂图等，形成强大的宣传声势；全校在各楼馆电子显示屏播放"人人讲安全、个个会应急""安全是福，共创共享"等宣传口号，在校园中营造浓厚的安全文化氛围。

（三）强化问题隐患警示曝光，持续开展事故警示教育，开展全员查找身边隐患宣传活动

1. 各部门要采取多种形式组织开展好"隐患曝光行"等活动，加强问题隐患和反面典型曝光。学校将围绕实验室安全、食品安全、消防安全等重点领域，集中曝光一批突出问题和严重"三违"行为；要加大以案释法和以案普法的宣传力度，采取观看典型事故警示教育片等方式，以案说法引导广大师生深刻吸取事故教训，树牢安全发展理念，增强抓好安全的自觉性和主动性。

2. 为进一步鼓励师生员工积极参与学校"平安校园"建设，广泛开展"我是安全吹哨人""查找身边的隐患"等活动，学校将统一发布"XX大学安全隐患举报平台"，各部门应掌握、宣传并用好举报平台，鼓励动员全校师生积极发现安全隐患和"三违"行为，将发现的问题拍照并及时进行反馈。经核查情况属实的，学校将给予一定的物质奖励。通过举报平台广泛征集安全风险隐患、"三违"行为等问题线索，针对问题集中的部位，紧盯薄弱环节和安全管理方面存在的漏洞，借助各方面力量监督整改。

（四）扎实推进专项安全"进基层"工作

各专项安全监管部门应以本次"安全生产月"活动为契机，围绕实验室安全、食品安全、消防安全、交通安全、特种设备安全等方面，在本专项领域内积极开展安全宣传"进基层"活动，辅导传授安全知识技能，扩大安全宣传覆盖面，切实提升师生安全意识和应急处置能力。

（五）充分发挥学校特色，组织开展"安全宣传咨询日"活动

6月16日，学校将在三个校区设立咨询台，面对面解答师生关心的安全问题，并通过发放宣传品、组织体验性活动，通俗易懂地向师生传播安全文化理念、思路、措施和行为规范，解答师生关心的安全生产问题，宣传安全生产政策法规、安全科普常识等。在网站等新媒体平台开展网上"安全宣传咨询日"系列活动；充分利用各类媒体平台、网站和微信公众号，引导师生学习应急知识，提升安全技能。

（六）开展安全文化优秀作品展示活动

开展以"心得体会"和"逃生路线图"为主要内容的安全文化优秀作品展示活动，进一步提升师生的安全意识和自防自救能力，丰富安全文化建设活动，切实起到"教育一个师生、带动一个部门、影响整个校园"的宣传教育效果（具体活动要求另行通知）。

四、"事故隐患专项整治行"活动主要内容

根据教育部及辽宁省安委会相关文件精神，学校结合《XX大学关于开展校园安全隐患"大排查、大起底、大整治"专项行动的通知》，决定从即日起至2023年底，在全校范围内组织开展"事故隐患专项整治行"。此项活动是"大排查、大起底、大整治"专项行动的进一步延伸，具体内容包括：

（一）突出部门负责人第一责任带动全员安全岗位责任落实，切实提高部门隐患排查和整改的质量

部门主要负责人是安全管理第一责任人，是部门安全管理工作的"关键少数"，要在全面落实《XX大学安全管理责任制》确定的职责基础上，突出抓好以下五项工作，做好"五带头"：

1. 研究组织本部门事故隐患排查整治

部门主要负责人要结合部门实际，根据学校相关检查规范，组织研究部署开展对标对表自查自改；组织建立部门事故隐患台账（清单），实行闭环管理。能立即整改的，要迅速整改；需要一定时间整改的，要明确责任人、措施、资金、期限和应急预案，并按分级管控原则向专项安全监管部门报告；及时吸取专项行动期间国内外发生的典型事故教训，迅速组织排查整治本部门同类事故隐患；专项行动期间，主要负责人每季度要对本部门事故隐患排查整治情况至少开展一次检查。

2. 落实全员安全生产岗位责任

部门主要负责人要健全全员安全生产岗位责任制，进一步明确从主要负责人到一线从业人员（包括劳务派遣人员、实习生等）的安全生产岗位责任。要突出管理团队安全责任落实，完善部门各分管负责人安全生产职责清单和本次专项行动工作清单；可根据需要聘请行业领域安全生产专家强化技术指导，精准查找、科学治理事故隐患，提高隐患排查和整改的质量。

3. 组织对动火、高处和有限空间等危险作业开展排查整治

涉及动火、高处和有限空间等危险作业的部门主要负责人，要深刻吸取近期国内外因违规动火引发的重特大事故教训，组织开展一次全员安全警示教育活动；严格履行电气焊等动火作业报批手续，督促作业人员严格遵守消防安全操作规程，明确现场监护人员，严格落实消防安全措施检查和作业过程监督；组织对电气焊设备进行全面安全检查，严禁带病作业，不得使用淘汰或危及安全的电气焊设备。举一反三，组织对动火等危险作业人员以及易产生重大事故隐患的其他关键岗位人员落实岗位责任情况进行一次全面排查，严禁聘用和招请未经安全培训合格、未取得相关证书的人员在特种作业岗位上岗作业，进一步明确"谁招请无证人员，谁负责任"。

4. 组织对外包外租等生产经营活动开展排查整治

涉及外包外租等生产经营活动的部门主要负责人要开展外包外租典型违法案例专题警示教育，针对本部门相关方管理情况组织开展一次全面排查，重点检查是否存在承包承租方不具备安全生产条件或者相应资质以及双方未签订安全生产协议、安全生

产管理职责不清等问题，不符合法律法规规定的要坚决依法处理；进一步将外包外租等生产经营活动纳入本部门安全管理体系，严格落实《XX大学相关方安全管理办法》，加强统一协调、管理，定期进行安全检查，发现安全问题的及时督促整改。

5. 组织开展事故应急救援演练活动

部门主要负责人要根据本领域事故特点，至少组织开展一次事故应急救援预案演练，特别要让全体师生员工主动落实安全生产岗位责任，熟知安全逃生出口（或避灾路线），切实提高从业人员应急避险意识和自救互救能力。

（二）压紧压实党政领导责任，切实强化领导安全管理工作的水平

各级党政领导要切实担负起"促一方发展、保一方平安"政治责任，加强对排查整治工作的组织领导，主要负责人和分管负责人要带头抓、深入抓、持续抓，深入调研、统筹推动，确保排查整治工作取得实效。重点抓好以下五项工作：

1. 牢固树立安全红线意识

各级党政领导要带头深入学习贯彻习近平总书记关于安全生产重要论述，始终牢记和坚决贯彻"发展决不能以牺牲人的生命为代价，这是一条不可逾越的红线"。要严格"党政同责、一岗双责"，坚持人民至上、生命至上，切实统筹好发展和安全。要专题学习安全生产十五条硬措施，逐条对照狠抓落实。要积极探索治本之策，提高部门安全水平，以高水平安全保障高质量发展。

2. 全面做好排查整治动员部署

各部门要迅速研究制定本部门专项行动工作方案，建立健全专项行动组织领导和常态化督导检查机制。部门主要负责人要亲自组织召开专题会议进行动员部署；党政主要负责人定期听取工作进展情况汇报，研究解决安全管理问题，督促推动隐患排查整治；其他负责同志按照职责分工做好排查整治工作。

3. 发挥宣传组织优势加强全员监督

各部门应组织开展好6月的"安全生产月"专题活动，将事故隐患排查整治和应急演练作为重要内容；及时宣传排查整治工作中的经验做法，加大对安全事故隐患的公开曝光力度。严格落实安全生产举报奖励制度，鼓励"内部吹哨人"和师生员工匿名举报，查实有奖。

4. 强化事故隐患排查整改财力人力保障

各部门应保障事故隐患排查整改经费，对重点问题隐患加大部门资金支持力度，积极推进实施物防技防等安全生产工程治理措施；完善购买服务、聘请专家等加强部门指导的工作机制；配齐配全专兼职安全管理人员，切实提升事故隐患查处能力。

5. 严格安全管理督查督办和目标考核

学校将进一步完善事故隐患整治督查机制，深入一线加强督导检查，每季度通报整治进展情况；将专项行动开展情况作为2023年度安全目标考核的重点内容，对存在安全检查走形式走过场、管理"宽松软虚"及对风险隐患视而不见、见而不查、查而不改的部门，一律不得评为"优秀"。

（三）对部分专项领域开展专项排查整治工作

1. 危化品领域

加强危化品汛期防雷、防静电和冬季防冻凝、防泄漏等环节安全管控；突出动火等特殊作业和检维修作业安全，全面深入排查治理安全风险隐患，强化全链条安全监管。深化危险废物治理，确保贮存、运输、处置安全（公安处、资产与实验室管理处和后勤管理处等按职责分工负责）。

2. 实验实训安全

围绕实验实训场（室）规章制度建设执行、仪器设备规范使用、用电管理等方面进行风险排查整治，完善学校实验实训管理机制，全面提升师生安全意识和安全风险防范能力，建立健全实验实训场（室）安全监管责任体系和常态化自查机制（教务处、资产与实验室管理处按职责分工负责）。

3. 道路交通领域

开展校园超速、违停查处系列专项行动，一体推进路面查处、溯源治理、源头防范，实现从被动查处向主动预防转变（公安处负责）。

4. 建筑施工领域

围绕防坍塌防坠落深入开展建筑施工安全生产治理行动，提升施工现场人防物防技防水平，完善施工安全监管措施，推动治理常态化制度化。全面开展施工安全生产隐患排查，强化日常巡查、动态监控和安全检查，确保各类施工设施设备安全稳固。严厉打击转包、挂靠、违法分包等行为，强化对分包单位、劳务派遣和灵活用工人员的安全管理。严格执行工程质量和安全监管制度规定，强化施工工序、操作规范和现场管理，有效防范各类建筑施工事故发生（基建管理处和后勤管理处按职责分工负责）。

5. 燃气领域

集中排查整治燃气管道带病运行、被占压、穿越密闭空间等重大隐患，及时消除各类事故隐患（后勤管理处负责）。

6. 消防安全领域

紧盯"三类场所"：一是人员密集场所，包括宿舍、教学楼、图书馆、食堂和体育场馆等；二是敏感特殊场所，包括医院、幼儿园、档案馆和文物建筑等；三是对外出租出借房屋等。聚焦"六类隐患"：一是消防设施设备不好用；二是采用易燃可燃保温材料和装饰装修；三是不符合安全疏散条件、疏散预案不完善；四是违规电焊施工、用火用电；五是电动自行车违规停放充电；六是电缆井未按要求封堵等防火分隔不符合规范要求的情形（公安处负责）。

7. 食品安全

相关部门要依据食品安全法等法律法规，会同市场监管部门加强校园及周边食品卫生、饮水卫生、传染病防控工作，及时清理整治校园及周边各类非法经营无牌无证饮食店、饮食摊点、食品商店、医疗点等（后勤管理处、医院按职责分工负责）。

8. 宿舍安全

相关部门要摸清现有学生宿舍建设和缺额情况，科学研判宿舍资源状况，确保招生计划与宿舍资源相匹配、公布招生方案明确住宿校区和住宿条件等信息，坚决防止出现招生中的宿舍管理舆情问题。要依据 GB 24430.1—2009 等标准加强床具防护设施普查，对现有不达标宿舍床具进行限期整改，新增采购必须达到安全和质量要求（宣传部、研究生院、教务处、学生工作处、资产与实验室管理处、基建管理处、XX校区管理委员会、后勤服务中心等按职责分工负责）。

9. 特种设备

全面落实特种设备使用部门安全主体责任。重点治理未按要求进行使用登记和定期检验等违法违规行为，开展高压氧气瓶专项排查整治和气瓶质量安全追溯体系专项排查整治（安委会办公室和资产与实验室管理处按职责分工负责）。

10. 网络安全

要高度重视网络安全，将数据丢失、黑客攻击等纳入对信息化系统、智能设备等的安全风险辨识和事故隐患排查范围，摸清接入互联网设备底数，严格落实风险防控措施，制定有针对性的应急预案，严防因网络安全问题导致系统瘫痪、设备失效等，进而引发安全事故（信息化建设与网络安全办公室负责）。

11. 其他领域安全

各相关部门要深入巩固前期安全专项整治活动成效，学校保卫、基建、后勤、实验室管理、学工、研工、组织人事等部门形成合力，开展覆盖防灾减灾、校车安全、防溺水整治、防校园霸凌、防校园电信诈骗、电气使用安全、对外包外租安全生产、师德师风问题防范等领域的隐患全面治理，将排查、调查、风险评价及检查结果列出清单、建档立账，明确责任措施，限时整改、闭环管理，确保责任、措施、资金和应急预案落实到位（相关职能部门按职责分工负责）。

五、活动要求

（一）加强组织领导

各部门要切实加强组织领导，主要领导要亲自抓、分管领导具体抓落实，要制定方案、动员部署、细化责任人和重点任务分工，确保层层有人抓、事事有人管。

（二）加大宣传力度

各部门要充分发挥新闻媒体的作用，紧紧围绕活动主题和重点内容，推出更多形式多样、内容丰富的宣传活动。要抓住正反两方面典型，予以宣传和公开曝光，推动部门切实履行责任。要进一步发挥新媒体优势，牢固树立生命至上、安全第一观念，进一步提高对安全生产宣传教育工作的认识，积极主动营造浓厚的安全文化氛围和安全稳定的校园环境。

（三）确保活动实效

各部门应将自查自改贯穿始终，并持续推进。10月底前，学校将根据各部门上报的隐患，对整治情况进行"回头看"，确保事故隐患动态清零。同时，学校将对本次活动部署开展情况适时组织督查，确保各项工作任务、各项工作举措得到有效落实，对督查过程中发现的重大事故隐患将实施倒查问责。11月底前，各部门应对本次活动进行全面总结评估，认真总结工作成效，提炼好的经验和做法，分析存在的问题与差距，复核、验收检查发现隐患问题的整改情况，汇总未完成整改的隐患问题，形成总结评估报告。要注重成果转化应用，把解决突出问题、消除重大事故隐患的实际成效转化为健全完善相关规章制度和工作机制，推动安全风险和事故隐患排查整治工作常态化、规范化、精准化，切实提升部门本质安全水平和部门安全管理水平。

（四）请各部门按时提交如下相关材料至安委会办公室，电子版发送至电子邮箱，活动支撑材料留存备查

1. 请各部门于6月30日前，将部门2023年"安全生产月"活动总结和"事故隐患专项整治行"方案及动员部署落实情况纸质版（或盖章扫描版）及电子版报送安委会办公室。

2. 请各部门于11月30日前将部门"事故隐患专项整治行"工作总结的电子版及盖章扫描版发送至指定邮箱。

联系人：XXX

电子邮箱：XXXXXXXX@XXX.com

附件6.8

```
1. XX大学安全问题举报平台
2. 安全主题演讲比赛
3. 师生安全文化作品比赛
4. 安全宣传咨询日
5. 安全知识系列讲座
```

安全生产月活动

```
6. 优秀成果征集活动
7. 安全月主题宣传展
8. 安全文化优秀作品展示活动
9. 安全知识竞赛
10. 安全管理有奖征文活动
```

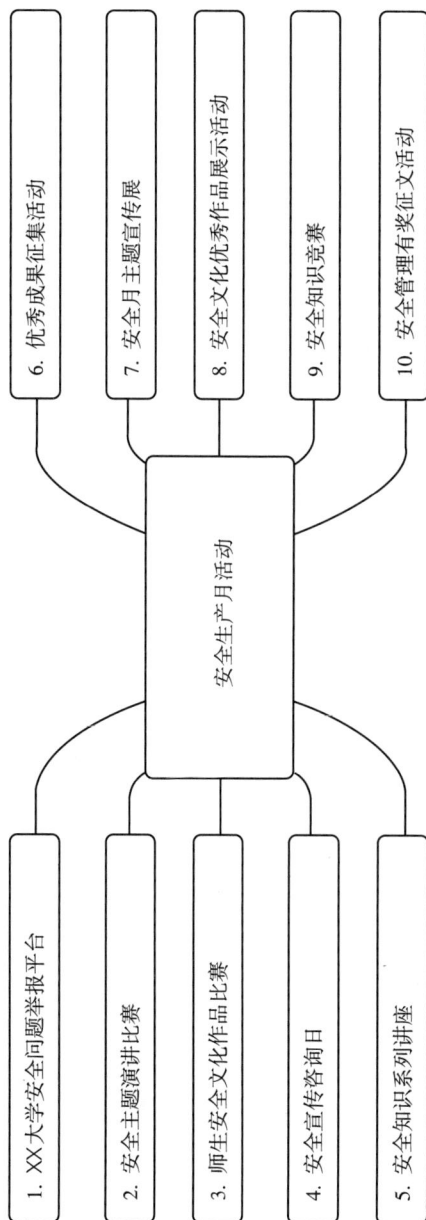

安全生产月项目汇总图

附件6.9

关于开展第三届实验室安全知识竞赛的通知

各相关部门：

为进一步普及实验室安全知识、培养安全防范意识和自我保护能力，营造良好的实验室安全文化氛围，学校决定举办"XX大学第三届实验室安全知识竞赛"。

一、活动主题

关注实验安全，共建平安校园。

二、活动对象

全校师生。

三、活动内容

本次竞赛采取线上初赛与线下决赛相结合的方式进行，具体安排如下：

（一）初赛

1. 参赛方式

参赛师生需关注"XXX"公众号，实名注册并登录，在规定时间内完成作答。初赛答题通道开放时间为4月13日0:00—4月17日24:00。

2. 范围及题型

试题围绕实验室环境、水电、仪器设备、危险化学品、生物、辐射安全等内容，题型包括单选题、多选题和判断题。学校设立知识竞赛QQ群，初赛前会在活动QQ群中发布40%初赛题库以供选手学习准备。

3. 评分规则

本次竞赛不分专业，每个ID、学号仅可作答两次，取最高成绩，每次答题自动生成1套随机试卷，其中包含10道多选题、20道判断题和30道单选题，每套试卷答题时间为30分钟，作答时间少于120秒视为无效提交。学校依据分数高低和作答时间长短对所有参赛选手进行排序，分数相同作答时间短者排名靠前。

（二）决赛

学校将依据参与初赛人数、初赛成绩确定进入决赛的人员名单。参赛选手须到达比赛指定地点完成线下知识竞答比赛，并根据个人总分进行排名，比赛时间、形式另行通知。

四、奖励办法

决赛后评选个人奖、集体奖和优秀组织奖。

（一）个人奖

学生参赛即可获得第二课堂成绩以及活动证明，学校将为参赛人数前10%的学生提供获奖证书，其中，一等奖为参赛人数前2%，二等奖为参赛人数前3%，三等奖为参赛人数前5%，并对初赛、决赛总成绩优秀者给予实物奖励。

（二）集体奖

参赛总人数排名前三（如排名前三的总人数相同，则考察总得分数）的部门，授予"安全知识竞赛先进集体"荣誉称呼，在全校范围内予以表彰，颁发证书。

（三）优秀组织奖

对在竞赛组织过程中表现优异的组织和个人授予"优秀组织奖"。

五、注意事项

（一）参赛师生务必先注册再考试，准确填写个人信息（学院、姓名、学号、电话），以免影响后台计分。一卡通是领取证书奖品的唯一凭证。

（二）本次竞赛注册人数上限为5000人，报满即止。

（三）答题过程中请勿退出程序，否则无法继续答题或重新答题。进入答题系统后，若30秒内不作答，系统将强制提交且无法再次进入答题系统。

（四）决赛信息、获奖名单和奖品等内容请关注"XXX"公众号并留意手机短信提醒。联系人：XXX，联系电话：XXXXXXXX。

附件6.10

关于举办XX大学首届安全主题演讲比赛的通知

各部门：

为深入贯彻落实国家、省、市关于安全生产工作的精神，按照《XX大学关于开展2019年"安全生产月"和"安全生产校园行"活动的通知》等文件的要求，进一步增强广大教职工的安全意识，丰富校园安全文化，传达安全理念，营造安全氛围，普及安全知识，提高应急能力，树立保障自身安全、保障他人安全、保障生产安全的责任感，从思想上实现"要我安全"到"我要安全"，特举办XX大学首届安全主题演讲比赛。本次比赛由安委会办公室主办，后勤服务中心承办。现将有关事宜通知如下。

一、活动主题

"安全是福，共创共享"。

1. 演讲题目自拟。

2. 演讲内容要围绕本岗位工作展开，主要包括学习宣传贯彻安全生产法律法规的生动事例和典型经验；以具体事例来说明安全生产、安全管理工作的重要性和必要性；对安全生产和安全管理的认识和体会，结合工作实际，围绕身边的人和事，谈问题、讲感悟、出举措，内容充实具体，富有启发性。

二、活动地点

比赛地点：XXX

三、活动日程安排

1. 各签状部门通过部门初赛选拔推荐1~2名教职工参加学校比赛（其他部门自愿参加）；

2. 各参赛部门于6月14日前将参赛人员名单报至安委会办公室；

3. 学校计划于6月24日8:30进行预赛，6月28日8:30进行决赛。

四、比赛评分制及奖项设置

（一）比赛评分制

1. 参赛作品分：满分30分（要求演讲内容主题鲜明突出、联系实际、积极向上）。

2. 演讲技巧分：满分50分（其中普通话标准程度、语言流畅程度、鼓动和感召力程度、感情丰富程度、身体语言配合程度各10分）。

3. 选手仪表分：满分10分（容貌端正、衣着整洁、礼貌大方、举止自然得体）。

4. 综合评分：满分10分（由评委根据演讲选手的临场表现进行综合演讲素质的评价）。

5. 演讲时间不得少于5分钟，控制在8分钟以内，超过规定时间和少于5分钟的，酌情扣分。

本次比赛为百分制，选手最终得分为去掉最高、最低分后的评委平均评分，精确到小数点后两位，若出现同分，则精确到后三位，以此类推。

（二）奖项设置

比赛设一等奖3名、二等奖5名、三等奖12名，最佳作品奖、最佳表现奖、最佳形象奖各1名，优秀奖数名（参加预赛未进入决赛人员），学校将为获奖选手颁发荣誉证书及奖品。

五、其他注意事项及要求

1. 所有参赛选手须遵守比赛的相关规定，按时参加比赛。参赛选手须于赛前30分钟入场，选手因迟到而影响比赛正常进行的将视为弃权。

2. 参赛选手须使用普通话，着正装，原则上应采用站立式脱稿演讲的方式。

3. 参赛选手如准备了PPT、背景音乐等材料，须于比赛前一日与后勤服务中心安全管理办公室联系相关事宜（电话：XXXXXXXX）。

4. 决赛当日将现场计算成绩并公布获奖人员名单，举行颁奖仪式。

附件：XX大学首届安全主题演讲比赛报名表

附件6.11

关于举办XX大学安全文化优秀作品征集活动的通知

各部门：

为深入开展习近平总书记关于安全生产重要论述宣贯活动，增强师生应急意识和应急处置能力，依据《XX大学关于开展2023年"安全生产月"和"事故隐患专项整治行"活动的通知》要求，经学校研究，决定举办XX大学安全文化优秀作品征集活动。现将有关事宜通知如下。

一、目的意义

以习近平新时代中国特色社会主义思想为指导，深入学习宣传贯彻党的二十大精神和习近平总书记关于安全生产重要论述，坚持人民至上、生命至上，坚持安全第一、预防为主，持续树牢安全红线意识，以安全文化优秀作品征集活动为契机，进一步提升全校师生安全意识和避险逃生能力，不断增强安全工作的思想自觉、责任自觉和行动自觉，全力维护校园平安。

二、征集对象

全体教职工和在校学生。

三、活动内容

（一）开展学习习近平总书记关于安全生产重要论述活动

学校将紧紧围绕宣传贯彻习近平总书记关于安全生产特别是安全红线重要论述组织开展宣讲活动。各部门以安全生产"大家谈"、基层宣讲等活动为载体，号召师生发表心得体会，持续推进习近平总书记关于安全生产重要论述入脑入心、见行见效。

（二）开展逃生路线图绘制活动

为进一步提升师生的安全意识和自防自救能力，各部门可以通过举办逃生路线图绘制作品活动，传达"我要安全"的安全理念，引导师生熟悉逃生路线，丰富安全文化建设活动，切实起到"教育一个学生、带动一个家庭、影响整个社会"的宣传教育效果。

四、工作安排

（一）组织动员和作品上报（6月12—23日）。

各部门可根据自身情况，组织开展心得体会和逃生路线图绘制作品征集或评选活动，将征集到的优秀作品统一通过部门报送。

各部门应组织对提交作品进行审核把关，择优推荐。各部门的心得体会应至少上报1篇不超过2篇，逃生路线图绘制作品各部门应至少上报1件不超过3件。

（二）评审表彰（6月25—30日）。

学校将对各部门推荐的安全文化作品（心得体会和逃生路线图）组织评比活动，评选出XX大学安全文化优秀作品征集活动优秀作品，并按需要择优向上级有关部门推荐报送。结合各部门活动组织情况，评选出优秀组织部门，并对获评作品和优秀组织部门颁发荣誉奖励。同时，对获评的作品择优适时予以展出。

五、相关要求

（一）作品要求原创，不得侵犯第三人的著作权等在内的任何权利。如作品内容违反我国现行法律法规或者侵犯第三方合法权益而导致任何争议索赔、诉讼等后果，由报送作品的部门及作者承担法律责任。

（二）各部门请于2022年6月23日前将部门推荐的心得体会及逃生路线图绘制作品，以纸质版或电子版形式报送安委会办公室。（文件应注明作者姓名、部门名称，并加盖部门公章。）

联系人：XX

联系电话：XXXXXXXX

地址：XXX

七、如何建立"风险辨识管控与隐患排查治理"双重预防机制？

解决方案：制定并出台《XX大学安全风险辨识与管控工作实施方案》，组织实施基于微网格的风险辨识与管控工作，推动微网格制定并落实"一张风险辨识与管控表"，实现学校"事故风险清晰可控、隐患排查治理到位、应急救援科学有序、控防体系运行有效"目标。同时，制定并出台隐患排查治理办法，建立日、周、月、双月、季查工作机制，有效防范和遏制安全事故及职业病危害，确保学校事业安全发展。

1. 制定并出台《XX大学安全风险辨识与管控工作实施方案》，组织各微网格负责人辨识可能导致（引发）事故的危险源，制定危险源管控措施，配备必要的有针对性的防护用品，根据事故的危害程度（伤害程度及伤害范围）确定本微网格风险等级。组织小网格再辨识、中网格再核实工作，不断提升风险辨识管控精准化和精细化。具体详见附件7.1《关于印发〈XX大学安全风险辨识与管控工作实施方案〉的通知》。

2. 依托专业力量，制定《基于XX大学安全网格化管理开展风险辨识与管控工作指南》，指导微网格开展风险标识管控工作，自下而上逐级明晰可能发生的事故类型、危险源、管控方案和应急措施等，通过填写一张表、公告一张表、报送一张表的形式，实现事故风险清晰可控。具体详见附件7.2《基于XX大学安全网格化管理开展风险辨识与管控工作指南》、附件7.3 XX大学微网格风险辨识与管控信息表、附件7.4 XX大学基于安全管理网格的风险台账、附件7.5各校区风险辨识管控图。

3. 制定《XX大学安全检查及隐患治理管理办法》，建立日、周、月、双月、季度安全检查工作机制，以及明确隐患治理工作流程，提高隐患排查和治理效果，实现安全检查和隐患治理工作的科学化、规范化和标准化。具体详见附件7.6《XX大学安全检查及隐患治理管理办法》。

4. 制定《XX大学年度安全隐患排查工作计划》，明确学校层面每季度联合督查、全年各专项督查、日常安全督查的督查内容和工作要点，系统推进隐患排查治理体系建设，及时消除安全隐患，保障师生生命财产安全和学校事业安全发展。具体详见附件7.7《XX大学2023年安全督查工作计划》。同时，指导督促各二级部门制定并落实《部门安全隐患排查计划》，落实日、周、月查工作要求，推动各岗位履职尽责。

5. 设计开发《XX大学安全隐患治理系统》，制定《隐患排查治理工作流程》，规范安全工作检查记录，充分发挥科技赋能和智慧安防系统作用，做到"责任部门、整改措施、整改时限、整改基金、防护措施"五落实，全流程掌控安全隐患整改情况，及时消除安全隐患，提高隐患整改质效。具体详见附件7.8隐患排查治理系统功能介绍、附件7.9安全隐患治理系统流程及截图、附件7.10安全检查及隐患治理工作流程、附件7.11安全工作检查记录。

6. 建立通报工作机制，对监督检查过程中发现的安全隐患，秉承"隐患就是事故"原则，参照事故调查处理工作流程，启动事前追责，属于《校内重大事故隐患检查规范》中的事项进行全校通报。具体详见附件7.12《关于重大事故隐患处理情况的通报》、附件7.13《XX大学关于"可燃物清理"专项整治情况的通报》、附件7.14《XX大学关于易燃易爆和有毒化学品抽查情况的通报》。

附件7.1

关于印发《XX大学安全风险辨识与管控工作实施方案》的通知

各部门：

为不断完善安全管理体制机制，创新安全管理方式方法，提高学校安全管理专业化水平，提升各级安全管理网格责任人防范风险能力，有效遏制安全事故发生，保障师生生命财产安全，促进学校安全发展，根据上级部门工作部署和相关文件要求，结合学校实际，决定开展安全风险辨识与管控工作，特制定《XX大学安全风险辨识与管控工作实施方案》。现印发给你们，请遵照执行。

XX大学安全风险辨识与管控工作实施方案

为不断完善安全管理体制机制，创新安全管理方式方法，提高学校安全管理专业化水平，提升各级安全管理网格责任人防范风险能力，有效遏制安全事故发生，保障师生生命财产安全，促进学校安全发展，根据上级部门工作部署和相关文件要求，结合学校实际，决定开展安全风险辨识与管控工作，特制定本实施方案。

一、工作思路

坚持"安全第一、预防为主、综合治理"方针和"关口前移、重心下移、源头管控"原则，以防范风险为导向，以机制创新为动力，以专业化为引领，以安全网格为支撑，逐步建立格局完善、运行顺畅、保障有力、科学专业的安全风险辨识与管控体系，为一流大学建设提供有力的安全保障。

二、目标任务

在专业化指导下，自下而上逐级明晰安全风险、危险源、管控方案和应急措施，通过扎实推进"识危险、治隐患、会避险"工作，建立健全基于各级安全管理网格的安全风险辨识与点线面相结合管控体系，实现学校"事故风险清晰可控、隐患排查治理到位、应急救援科学有序、控防体系运行有效"目标，有效防范和遏制安全事故及职业病危害，确保学校事业安全发展。

三、工作安排

学校安全风险辨识与管控工作总体上分六个阶段：

（一）部署阶段（2019年3月中旬前）

学校制定并下发《基于安全管理网格风险辨识与管控工作指南》（以下简称《工作指南》，可在安委办公室网站下载）和《XX大学安全风险辨识与管控工作实施方案》，召开工作部署会议，开设网上讲堂，统一思想、明确目标、熟悉业务，全方位开展风险辨识与管控工作。

（二）微网格风险辨识和管控阶段（4月中旬前）

1. 填写一张表。

各部门微网格（房间、设备或公共区域）安全责任人根据《工作指南》，结合本网格实际，本着对自身、他人和学校高度负责的态度，认真对网格（房间、区域）内可能发生的安全事故进行细致辨识、分析和研判，填写XX大学微网格风险辨识与管控信息表（以下简称"风险辨识与管控信息表"，详见附件1），明确可能发生的事故种类，确定网格风险等级，列出风险源，制定管控措施，确定防护用品。

2. 公告一张表。

微网格安全责任人负责将风险辨识与管控信息表在醒目位置进行张贴，公告本网格可能发生的事故种类、风险等级、风险源、管控措施和防护用品配备情况，并作为日查、岗前安全教育培训、制订本网格现场处置方案的素材和重要参考依据。

3. 报送一张表。

微网格安全责任人负责将风险辨识与管控信息表报送上一级网格安全责任人。

（三）小网格风险辨识和管控阶段

小网格（科、办、系、所、实验室、中心等）安全责任人汇总本网格内的风险辨识与管控信息表，在以往周查和充分沟通基础上，专项进行现场审核，填写XX大学基于安全管理网格的风险台账（以下简称"风险台账"，详见附件2），并作为周查、三级安全教育培训、制订本网格突发事件应急预案的素材和重要参考依据。同时，将风险台账报送上一级网格安全责任人。

（四）中网格风险辨识和管控阶段

中网格（处级部门）安全责任人汇总本网格内的风险台账，在以往月查和充分沟通基础上，针对风险辨识和等级确定存在的异议进行现场核查，确定本网格风险台账后，作为月查、二级安全教育培训、制订本部门突发事件应急预案的素材和重要参考依据。同时，将风险台账报送上一级网格安全责任人。

（五）大网格风险辨识和管控阶段

大网格（学校）安全责任人汇总本网格内的风险台账，在以往季度查和充分沟通基础上，针对风险辨识和等级确定存在的异议进行现场核查，确定XX大学总体风险台账后，作为季度查、专项部门两月查、一级安全教育培训、制订学校突发事件应急预案的素材和重要参考依据。

（六）巩固完善阶段

1. 学校将成立风险辨识与管控工作专家组，对各级网格风险辨识和等级确定情况进行抽查，夯实工作基础，不断巩固和完善安全风险辨识与管控体系，提高安全管理专业化水平。

2. 学校将结合智慧校园建设，逐步实施智慧安监工程，依托XX大学公房系统，构建XX大学风险辨识与管控信息平台，建立XX大学安全风险电子地图，健全点（微网格管理）、线（专项安全监管）、面（区域安全监管）相结合的管控体系，不断提升安全管理治理能力现代化水平，有效防范安全事故的发生。

四、相关要求

（一）加强组织领导，强化统筹协调

开展安全风险辨识与管控工作是保障学校安全运行、增强底线思维和红线意识、强化源头治理、促进学校安全发展的一项重要基础性工作和有力举措。各部门要高度重视，统一思想，提高认识，各司其职，各负其责，密切协作，形成合力，推动落实。要针对本部门特点，对可能发生的事故（事件）进行研判、各类风险因素进行排查和评估，抓好落实和监督检查。

各部门要按照本方案要求，制定切实可行的实施细则，明确责任分工、时间进度和工作要求，加大人财物投入力度，指派专人负责日常沟通、协调与联络，及时协调解决工作中遇到的困难和问题，确保各项工作顺利衔接、有序开展。如遇微网格功能调整及责任人变更，应第一时间重新开展安全风险辨识与管控工作。

（二）加强督促指导，强化监督问责

学校将长期聘请专家加强对安全风险辨识与管控工作的指导，安全督查组将不定期对工作推进情况进行督查，对因风险辨识和管控工作落实不力，导致风险因素辨识不到位、隐患排查治理不到位、应急准备不到位，造成事故发生和师生生命财产损失的，将依法依规严肃问责。

（三）其他事宜

请各部门于5月31日前，提交XX大学基于安全管理网格的风险台账（电子版）。微网格安全责任人填写的XX大学微网格风险辨识与管控信息表和中、小网格风险台账原件（加盖公章）留存备查。联系人：XXX，联系电话：XXXXXXXX。

附件：1. XX大学微网格风险辨识与管控信息表
　　　2. XX大学基于安全管理网格的风险台账

附件7.2

基于XX大学安全网格化管理开展风险辨识
与管控工作指南

（征求意见版）

二零一八年度

前　言

　　根据《中共中央　国务院关于推进安全生产领域改革发展的意见》中提到的"坚持源头防范"以及《国务院安委会办公室关于实施遏制重特大事故工作指南全面加强安全生产源头管控和安全准入工作的指导意见》等相关文件，XX大学为进一步完善校园安全生产工作，有效控制各种风险源，以贯彻落实"安全第一、预防为主、综合治理"的安全生产方针为指引，强化教职人员安全生产意识为目标，组织开展风险辨识与管控工作。

　　风险辨识与管控工作内容以表格形式列举，并汇编成《基于XX大学安全网格化管理开展风险辨识与管控工作指南》（以下简称《指南》），该《指南》对办公区、计算机机房、涉及有毒化学品场所、涉及腐蚀化学品场所、涉及易制毒化学品场所、涉及易制爆危险化学品场所等40个方面开展风险辨识与管控。该《指南》作为网格责任人掌握本部门风险点管控措施的基础，各网格责任人应根据自身负责区域的特点，将本部门的管控措施进行细化，并根据XX大学风险等级划分标准自行开展风险等级划分工作。

　　该《指南》为征求意见版，在编制过程中可能存在缺点与不足，敬请广大安全管理人员及专业技术人员批评指正。XX大学安委会办公室将根据大家提出的合理化建议，及时组织修订。

目 录

附件7.3

XX大学微网格风险辨识与管控信息表

楼馆		房间	
可能发生事故类型	□火灾　□触电　□机械伤害　□中毒　□窒息　□物体打击 □高处坠落　□车辆伤害　□起重伤害　□职业性皮肤病　□眼病 □灼烫　□爆炸　□放射性疾病　□空气污染　□土地污染　□水体污染 □化学中毒　□其他事故：		
事故类型数量		安全风险等级	
危险源			
管控措施			
应配备防护用品	□灭火器　□灭火毯　□急救药箱　□护目镜　□防毒面具　□喷淋 □洗眼器　□沙桶沙子　□气体检测仪　□其他		

网格化责任人（签字）：　　　　　　　　　　　　**填表时间：**

说明：1. 事故类型数量0，风险等级为绿色；事故类型数量1~2，风险等级为蓝色；事故类型数量3~4，风险等级为黄色；事故类型数量5~6，风险等级为橙色；事故类型数量7及以上，风险等级为红色。

2. 危险源可在《基于XX大学安全网格化管理开展风险辨识与管控工作指南》查询。

附件7.4

XX大学基于安全管理网格的风险台账

序号	楼馆	房间号	事故类型数量	安全风险等级	安全责任人	备注
1						
2						
3						
4						
5						
6						
7						
8						
9						
10						
11						

说明：事故类型数量为0，风险等级为绿色；事故类型数量1~2，风险等级为蓝色；事故类型数量3~4，风险等级为黄色；事故类型数量5~6，风险等级为橙色；事故类型数量7及以上，风险等级为红色。

附件7.5

各校区风险辨识管控图

附件7.6

XX大学安全检查及隐患治理管理办法

第一条 为加强学校安全检查和隐患治理工作，明确各部门工作职责，统一检查内容和要求，提高隐患治理效果，逐步实现安全检查和隐患治理工作的科学化、规范化和标准化，特制定本办法。

第二条 本办法适用于学校各部门。

第三条 安全检查是指上级部门或学校各部门对安全状况进行实地察看、检测、分析、评估等活动。其目的是督促各项安全规章制度的贯彻落实，发现和排除事故隐患，防止师生员工伤亡事故和职业病的发生，避免学校人员损伤，设施、设备损坏和财产损失，保证学校安全发展。

第四条 职责

（一）安委会办公室代表学校安委会行使综合安全检查、抽查、督查和安全隐患综合治理职责。每季度至少组织一次联合安全检查。

（二）学校成立安全督查组，挂靠安委会办公室，代表安委会行使督查职能。一般每周进行三次安全督查。

（三）各专项安全监管部门负责本领域内的专项安全检查、抽查、督查和安全隐患整治工作。每两个月至少进行一次专项安全检查。

（四）各部门负责本部门公房使用区域内的安全检查和隐患整治工作。每月至少进行一次安全检查。

（五）各基层部门（科室、实验室、项目组等）负责本基层部门公房使用区域内的安全检查和隐患整治工作。每周至少进行一次安全检查。

（六）各网格化区域内安全责任人（如房间责任人）负责本网格化区域内的安全检查和隐患整治工作。每天至少进行一次安全检查（房间停止使用并断电的除外）。

（七）各部门对检查发现的安全隐患进行登记并立即整改，不能立即整改的应做好相应防护措施，同时将安全隐患和防护措施上报上一级主管部门。

第五条 安全检查的类别

（一）综合性检查：对各部门的安全管理、安全行为、安全状态进行全面检查、考核和评价。

（二）日常检查：日常检查包括对实验室设备仪器、化学药剂、压力容器、用电设备、消防设备、食品安全等进行检查，检查中发现的问题和隐患要填写在安全工作检查记录中。

（三）季节性检查：是根据各季节特点开展的专项检查。根据学校所处的地理情况和气候特点进行安全检查。

（四）专项检查：主要针对实验室设备、特种设备、危险化学品、废弃物处置、消防设施、食品安全、施工安全、校舍安全等分别进行的专项检查。

第六条 安全检查主要内容

（一）被检查范围内是否贯彻落实相关法律法规和校内各项规章制度要求，规章制度和操作规程是否健全，责任制是否明确且落实到位；

（二）安全管理目标是否实现；

（三）安全教育培训工作是否落实到位。

第七条 安全检查的依据

（一）国家的安全生产方针、政策、法规、标准；

（二）学校及上级主管部门的安全管理法规、标准、制度；

（三）各专业和工种的安全技术规程和要求；

（四）安全技术标准、规程、守则；

（五）学校开展专项治理提出的检查要求和标准。

第八条 综合安全检查和督查程序

（一）安全检查时应如实填写安全工作检查记录，被检查对象应在安全工作检查记录上签字，同时复印一份交给被检查对象所在部门；

（二）对存在安全隐患的部位要进行复查，复查对象应签字；

（三）对复查时仍未进行整改，又没有采取有效防护措施的，学校将予以通报，同时下达《隐患整改通知书》；

（四）对在《隐患整改通知书》规定期限内未进行整改，又没有采取有效防护措施的，学校将对部门安全负责人给予经济处罚，并挂牌督办；

（五）由上述安全隐患引发安全事故的，将根据事故严重程度给予相关责任人行政处分。

第九条 本办法自公布之日起施行。

附件7.7

XX大学2023年安全督查工作计划

为系统开展隐患排查治理体系建设，防止和减少安全事故发生，保障师生生命财产安全和学校事业安全发展，按照学校《安全检查及隐患治理管理办法》要求，结合2023年度安全工作要点，特制订本计划。

一、以安全督查为手段，充分发挥"协调、指导、督促"工作职能，不断提高全校安全治理能力和现代化水平

目标任务：切实履行安全管理责任，定期开展安全联合督查，指导服务部门提升管理水平，逐步从"向管理要安全"阶段提升为"向文化要安全"。

具体措施：

学校将成立由安委会办公室、资产与实验室管理处、公安处、后勤管理处、学校安全督查组和外请专家组成的联合安全督查组，结合寒暑假及节假日时间安排，每季度进行一次联合安全督查。具体安排如下。

（一）一季度督查

为确保新学期安全平稳有序运行，督促各级安全管理人员认真履行安全职责，拟定于2月底至3月初对重点部位开展工作落实情况的专项督查。重点内容包括：学校《XX大学校园安全"冬季百日集中攻坚战"工作方案》落实情况及开学工作准备情况等。

（二）二季度督查

为深入推进安全文化建设工作，及时研究解决安全文化建设工作中的新问题，为部门安全文化建设提供有效的指导服务，结合"安全生产月"中期评估行活动安排，拟定于6月下旬至7月上旬对部门开展安全文化建设评估工作。重点内容包括：安全文化建设情况、学校重点工作落实等。

（三）三季度督查

为确保9月新学期安全平稳有序运行，结合"十一"等重要时间节点，结合风险等级橙色以上点位情况，拟定于9月中下旬对重点部门开展督查检查。重点内容包括：各部门应急管理体系建设及演练情况、"三违"行为治理情况、学校安全工作通知落实情况等。

（四）四季度督查

为整体提升学校安全管理水平，保障学校安全发展，拟定于12月上旬，对第三批申报安全文化标准化建设的部门进行达标验收，对部分签状部门进行现场抽查。重点

内容包括：安全理念、安全管理、安全素养、安全行为、安全氛围及标准化建设等方面。

二、进一步强化重点领域安全专项治理，有效遏制安全事故发生

目标任务：以危化品安全、消防安全、施工安全、特种设备安全、食品安全、实验过程安全和危险废弃物安全为重点，定期开展专项治理，形成一批治理成果，不断完善安全管理体系和运行机制，提高安全管理治理能力现代化水平。

具体措施：

（一）食品安全专项治理行动（1—2月）

以平时学校安全检查和师生反映的食品安全问题为重点，联合专项安全监管部门，对标对表对重点食堂开展督查工作，并督促餐饮管理部门以治理从业人员违章行为为重点，举一反三开展治理行动，遏制食品安全问题时有发生的形势。

（二）危化品安全专项治理行动（3—4月）

督促专项安全监管部门，结合"危化品管理平台"，完善危险化学品购买、储存、使用、处置的全过程记录和动态监管制度，实现危险化学品来源可循、去向可溯、状态可控；采取"四不两直"方式，开展实验室安全专项督查，重点督查涉危学院的实验室、危险化学品储存室等，对发现的问题下达整改通知书，被查实验室应及时进行处置和整改，确保隐患整改闭环管理。

（三）施工安全专项治理行动（5—6月）

针对前期专项整治发现的施工过程中存在的高处作业的危险作业防护措施未落实、施工工地存在吸烟现象等问题，联合专项安全监管部门，督查重点部位的治理情况；根据《XX大学施工安全检查规范》，对标对表进行专项督查，发现问题并录入"安全隐患治理"和"三违行为治理"工作流程，实现闭环管理。

（四）特种设备安全专项治理行动（7—8月）

通过沟通交流、抽查复查和特种设备实时监控平台查看等方式，根据《XX大学特种设备检查规范》，对标对表进行特种设备安全专项督查，发现问题并录入隐患系统管理，实现闭环管理。对隐患整改不彻底或"三违"行为重复发生的部门，进行挂牌督办，建立督办清单，确保不发生特种设备安全事故。

（五）环境安全专项治理行动（9—10月）

针对前期专项整治发现的危险废弃物处置缺少暂存库房、缺少技防措施、无应急预案等重点问题，联合专项安全监管部门，督查重点部位的整改情况；根据《XX大学实验室危险废弃物安全检查规范》，对标对表进行专项督查，发现问题并录入"安全隐患治理"和"三违行为治理"工作流程，实现闭环管理。

（六）消防安全专项治理行动（11—12月）

联合专项安全监管部门，针对消防安全问题狠抓治本、精准施策，通过分类指导、协调联动、挂牌督办、定期通报等工作机制，彻底消除消防安全隐患，实现校园本质安全。

三、持续深入开展日常督查工作（每周三次）

根据学校制度要求，以"反违章、治隐患、除违法、保安全"为目标，以消防安全、实验室安全、食品安全和施工安全为重点，充分发挥事前通报机制作用，引导二级部门认真履行安全管理职责，保障学校安全发展。主要内容包括：

（一）查管理

督促落实《XX大学安全管理责任制》等相关制度，确保安全管理"横向到边、纵向到底""守土有责、守土负责、守土尽责"。主要包括：各相关部门网格化责任体系落实及履职情况；二、三级安全教育落实情况；"三违"行为治理情况；安全隐患整改完成情况；各岗位履行安全管理职责情况；各部门落实学校安全工作部署情况等。

（二）查"三违"

督促落实《XX大学"三违"行为检查管理办法》，对违章指挥、违章操作和违反校规校纪行为进行重点查处，降低"三违"行为发生率，指导二级部门加大对"三违"行为的治理力度，确保学校安全稳定发展。

（三）查隐患

督促落实《XX大学安全检查及隐患治理管理办法》，对设备设施存在的安全隐患进行督查，纳入隐患整治系统，实行闭环管理，提高安全隐患整改率，指导二级部门举一反三，特别是对实验室危化品安全、消防安全、食品安全、特种设备安全、施工安全等领域进行重点督查。

四、贯彻落实上级部门通知要求，做好专题督查工作（全年）

根据上级部门相关要求，联合相关职能部门开展有针对性、专业性、临时性的专题督查工作，具体时间安排另行通知。

附件7.8

隐患排查治理系统功能介绍

安全隐患治理

我要办理　我要收藏

事项编号: 2022-003　　服务类别: 综合服务　　联系方式: 83688633　　服务对象: 教工办事　　收费标准: 免费

办理条件

检查中发现的安全隐患

服务简介

对检查中发现的隐患问题进行记录并通报所在部门进行治理

注意事项

无

事项名称

安全隐患治理

主办部门

安全管理委员会办公室

协办部门

无

预计时限

无

办理方式

网上办理

办事流程

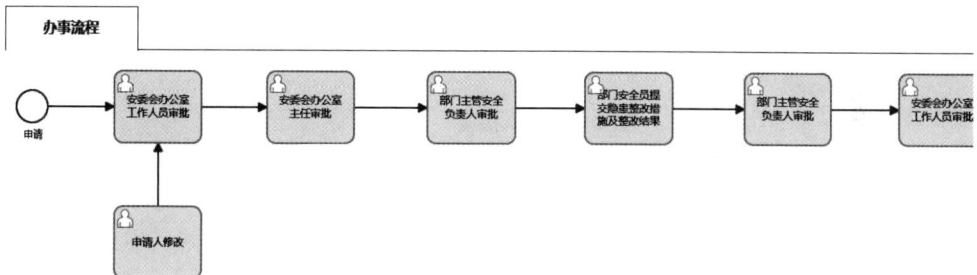

申请 → 安委会办公室工作人员审批 → 安委会办公室主任审批 → 部门主管安全负责人审批 → 部门安全员提交隐患整改措施及整改结果 → 部门主管安全负责人审批 → 安委会办公室工作人员审批

申请人修改

附件7.9

安全隐患治理系统流程及截图

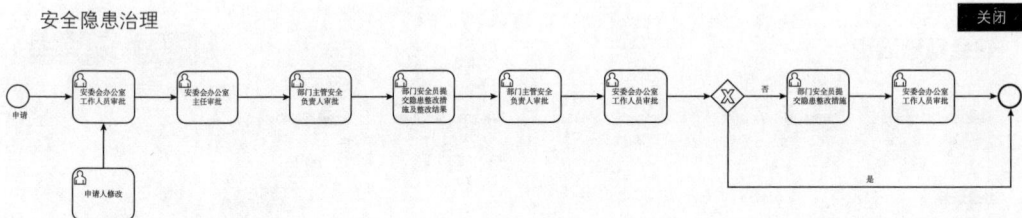

附件 7.10

安全检查及隐患治理工作流程

隐患排查治理—隐患排查	内容：安全检查及隐患治理工作流程
	政策依据（材料名称并附相关材料）：《安全检查及隐患治理管理办法》
	工作流程： 1. 安委会办公室或安全督查组（至少两人）根据制度规定、工作计划或临时安排，进行安全检查，并填写《安全检查记录》中的基本信息（如时间、地点、参加人员）、检查内容等。 2. 没有发现隐患的部位，在《安全检查记录》中填写检查结果，请被检查部位的网格化责任人签字。 3. 发现隐患的部位，明确该部位公房所属部门、名称和网格化责任人，对发现的隐患进行拍照，在《安全检查记录》中填写检查结果，要求网格化责任人签字，并初评隐患等级（从高至低依次为红、橙、黄、蓝）。 4. 对于发现的安全问题，检查人员应对照学校相关制度或通知要求检查所属部门的安全管理工作履职情况，若发现存在管理隐患，应向部门安全管理人员说明情况，在《安全检查记录》中填写检查结果。 5. 检查人员对照检查记录，在学校一网通办平台"安全隐患治理业务流程"（以下简称"流程"）中录入隐患信息。 6. 安委会办公室隐患管理人员根据上报信息，对照安全检查规范、校内制度、法律法规进行初审，明确隐患等级、整改责任人、整改时限等要求，报安委会办公室主任核审。 7. 安委会办公室主任在"流程"中进行审核，认为隐患认定有异议的，可要求安全评价机构专业人员进行安全评价，根据专业的评级意见，对上报隐患进行审批。 8. 通过审核的，"流程"系统将自动向整改部门负责人发送信息（微信或短信）提醒，不通过的应说明原因，并驳回至隐患上报部门（或人员），同时将隐患信息反馈上报人。 9. 红色等级隐患，相关部门立即停止作业进行整改，整改完成通过验收可恢复使用。 10. 隐患管理人员跟踪、督促整改部门制订整改计划进行整改，在整改期限内完成整改的，在"流程"中填报整改情况；不能在整改期限内完成整改的，在"流程"中填报整改方案及采取防护措施。 11. 安委会办公室隐患管理人员根据隐患整改部门在"流程"中填报的整改情况，通知上报人员对整改情况进行复核，在《安全检查记录》中填写复查情况。整改完成的，请被复查人签字，实现闭环管理；整改未完成但已做好防护措施的，做好记录请负责人签字，后续跟踪检查、复查情况应在例会时，告知安委会办公室隐患管理人员。 12. 在整改期限到期第2天，隐患整改部门未在"流程"中填报整改情况或整改方案的，"流程"系统发送消息告知整改责任部门负责人（正处级领导），请其了解情况并进行督办；同时，隐患管理人员制作督办通知单，通知隐患专项所属职能部门请其进行督办。 13. 在整改期限到期第5个工作日，隐患整改部门仍未在"流程"中填报整改情况或整改方案的，"流程"系统发送消息告知隐患管理人员，隐患管理人员联系整改责任部门，进一步指导部门开展整改工作。 14. 在整改期限到期第5个工作日，隐患整改部门仍未在"流程"中填报整改情况或整改方案的，"流程"系统发送消息告知安委会办公室主任进行督办，隐患管理人员将隐患问题列入《学校挂牌督办安全隐患治理台账》，按流程进行督办。 15. 安委会办公室对超过整改期限1个月，没有合理理由仍不整改且未提交整改方案的，在季度通报中点名通报批评，并定期整理材料向安委会通报。 16. 安委会办公室及安全督查组每季度进行一次统计分析，并向全校通报隐患及整改情况

附件7.11

安全工作检查记录

年　月　日

被检部门		检查地点	
检查组成员			
检查内容			
问题类别	"三违"□　隐患□（蓝色□　黄色□　橙色□　红色□）		
存在的问题			
整改意见			

检查组长（签字）：　　　　　　　　　被检部位责任人(签字)：

复查时间		复查人(签字)	
被检部位责任人（签字）			
复查情况			

附件7.12

关于重大事故隐患处理情况的通报

各部门：

近期，在学校安全检查中，发现1例"在室内停放电动车"和"为电动车电池充电"的违章行为，此违章行为属校内重大事故隐患。为有效遏制相关违章行为，坚决消除此类重大事故隐患，依据《XX大学消防安全责任追究细则》，经学校消防安全领导小组会议研究，作出如下处理，现将处理情况通报如下。

一、基本情况

2024年2月8日，学校在安全检查中发现，XX房间（XX矿泉水饮品制品有限公司桶装饮用水经营场地）存在"在室内停放电动车"和"为电动车电池充电"的违章行为。根据《校内重大事故隐患检查规范》，此违章行为属校内重大事故隐患。

（一）本违章行为直接责任人为XX矿泉水饮品制品有限公司（后勤服务中心校园管理中心相关方）工作人员。

（二）XX矿泉水饮品制品有限公司指派的负责校内租赁房屋的安全管理人员，履行安全检查职责不到位，违反《房屋租赁安全协议书》第二条第六款，未能确保"房屋离人时，拔掉电源插头，关掉电源开关"。

（三）后勤服务中心校园管理中心代表学校与XX矿泉水饮品制品有限公司签订了《XX大学房屋租赁合同》和《房屋租赁安全协议书》，作为甲方安全监管部门，对学校关于"室内存放电动车"相关要求和曝光的"室内存放电动车"违章行为，只进行了传达，未按要求立即在部门内部再次彻查"室内存放电动车"的违章行为；在日常检查和对相关方的专项检查中，检查人员发现不了"楼宇内存在师生员工对电动自行车充电作业现象"等重大事故隐患。

（四）后勤服务中心作为区域安全监管部门对学校多次曝光的"室内存放电动车"违章行为，未按要求立即在部门内部再次彻查"室内存放电动车"的违规行为，仅作为日常检查内容，且对日常检查多次发现电动车违规存放问题，只教育不处罚也未通报，未能实现有效治理。

二、处理依据

（一）2023年，教育部办公厅下发《教育系统重大事故隐患排查指引（试行）》的通知（教发厅函〔2023〕22号），其中"楼宇内存在师生对电动自行车充电作业现象"被列入学校消防、防灾减灾与建筑安全工作的重大事故隐患。

（二）《XX大学消防安全责任追究细则》第四条第（八）项规定，"对火灾隐患经相关部门通知后不及时采取措施消除的"，"有以上情节未及时整改的，责任人个人行为的，部门需责令其作出书面检查；如为部门行为的，处全校通报批评。""情节严重或经责令整改但拒不整改的，对直接责任人处诫勉谈话、取消评奖评优资格、取消晋职晋级资格的处罚；对所在部门处取消评奖评优资格的处罚；对所在部门负责人和安全管理人员处取消评奖评优资格、取消晋职晋级资格的处罚。"

造成严重后果的，对直接责任人给予行政处分或解聘的处罚；对所在部门负责人和安全管理人员给予行政处分的处罚。

三、处理决定

（一）给予XX矿泉水饮品制品有限公司亮黄牌处理，并责成后勤服务中心依据合同约定进行处罚。

（二）给予后勤服务中心"通报批评"处理，责成后勤服务中心对相关责任人进行追责问责，处理结果报学校安全管理委员会办公室备案，并将在学校安全管理委员会例会时进行通报。

四、相关要求

（一）请各部门立即开展警示教育，将此通报传达到每一名师生员工，再次彻查"楼宇内存在师生员工对电动自行车充电作业现象"的违规行为。并举一反三，坚决杜绝类似违章行为和履行安全职责不到位的情况发生，如再发现相关违反消防安全行为，将严格按照《XX大学消防安全责任追究细则》规定给予相应处理。

（二）2023年多起安全事故均由相关方引起，请各部门再次组织学习并严格落实学校《XX大学相关方安全管理办法》等制度，提高政治站位，本着对师生负责、对学校事业发展负责的态度，制订相关方安全专项治理方案，进一步加大对本部门相关方人员的安全教育和监督检查力度，坚决杜绝相关方安全事故。

特此通报。

附件7.13

XX大学关于"可燃物清理"专项整治情况的通报

各部门：

为进一步消除消防安全隐患，坚决杜绝火灾事故发生，保障师生员工生命财产安全，2023年12月23日至2024年1月5日，学校开展了"可燃物清理"专项行动，以实验室、学生自习室、学生寝室、办公室等点位为重点，对相关部门的现场治理情况和履职情况开展了专项督查。现将督查情况通报如下。

一、整体情况

全校大部分部门能够严格按要求对"可燃物清理"专项行动进行部署和动员；涉及学生寝室和研究生学习室的相关部门多数进行了专题部署、重点治理；组织策划了本部门的自查自纠，并对相关情况开展了抽查和通报。

在抽查的23个签状部门中，共有18个部门逐项落实了"可燃物清理"专项行动，其中有13个部门可燃物清理抽查的达标比例为100%（详见附件）。但在督查过程中，也发现了一些管理隐患和清理不达标的"三违"行为，需要相关部门扎实做好整改和治理工作。

二、存在的问题

（一）管理隐患方面

督查发现，有6个部门未按照要求进行部署，其中5个部门完全未落实各项要求；7个涉及学生寝室和研究生学习室的部门，没有进行专题部署；在全校处级部门中，累计有21个部门存在专项行动落实不到位的管理隐患。

（二）"三违"行为方面

督查发现，部分师生未按要求进行可燃物清理，存在"电源附近存放大量可燃物"的"三违"行为，共涉及11个部门，累计29条，约60人次。

三、相关要求

（一）提高政治站位，认清严峻形势

各部门要保持清醒认识，充分认清当前安全工作面临的严峻形势，切实增强做好安全工作的责任感和紧迫感。岁末年初诱发安全事故因素增多，历来是事故易发多发期，要牢固树立"隐患就是事故"的理念，从源头上防范化解各类风险隐患。紧盯实验室、学生自习室、学生寝室等重点部位，采取有效措施，做到"守土有责、守土负责、守土尽责"，坚决杜绝安全事故发生。

（二）聚焦"可燃物清理"问题，全力推动整改

各相关部门要对照督查发现的管理隐患及"三违"行为，即知即改、立行立改，加强"三违"人员安全教育，务必按照"举一反三"原则，进行彻底排查，并在规定期限内一并完成整改。

（三）强化督导问责，压紧压实责任

各相关部门主要负责人要以隐患问题整改为契机，对本部门安全工作进行再谋划、再动员、再部署、再落实，确保责任落实到位、隐患排查到位、风险化解到位，严格遏制"可燃物"清理不达标比例。2024年3月1日起，联合督查组将通过抽查方式进行本次专项行动"回头看"，并对"回头看"的督查情况在全校范围内实名通报。

特此通报。

附件："可燃物清理"专项督查情况统计表

附件7.14

XX大学关于易燃易爆和有毒化学品抽查情况的通报

各部门：

易燃易爆和有毒化学品是实验室发生事故的主要原因之一，一旦管控不到位，发生燃爆和中毒事故，极易造成大面积人员伤亡，并对学校声誉造成极大影响。为了有效遏制相关事故发生，安委会办公室联合资产与实验室管理处和安全督查组对易燃易爆和有毒化学品存储和使用情况进行了抽查，共计抽查21个实验室，发现违反教育部和学校相关要求57条。

抽查情况反映出相关部门在易燃易爆和有毒化学品安全管理方面履职不到位，主要表现在：

一、微网格安全责任人根据《高等学校实验室安全检查项目表（2023）》对标对表检查不到位。

二、部门月查和小网格周查流于形式，均未对标对表发现微网格存在违反教育部和学校相关要求的情况。

三、部门对于小、微网格安全责任人和危险性实验项目负责人的教育培训不到位，相关人员安全意识淡薄，对可能发生的燃爆和中毒事故缺乏研判，未找准事故发生的风险点，未能对风险点进行有效管控，对发生事故应急措施是否有效缺少演练。

四、部门对学校通报的事故、隐患和"三违"行为举一反三不到位，未能有效杜绝相同或类似隐患和"三违"行为发生。

请各部门以"时时放心不下"责任感和"隐患就是事故"的理念，以及对师生负责、对学校事业安全发展负责的政治责任，针对上述问题立即举一反三，对照教育部和学校相关要求，全面系统进行易燃易爆和有毒化学品专项排查整治，摸清家底、精准定位，并建立易燃易爆和有毒化学品使用审批工作机制，严格对标审核，符合相关要求的实验室方可开展实验，以有力的举措坚决遏制危化品燃爆和中毒事故发生。同时，请各部门进一步加强本部门消防安全等其他领域安全管理，以部门安全助力学校安全。

3月1日起，学校将进行易燃易爆和有毒化学品专项督查，督查情况将在全校范围内实名通报。

八、如何有效治理违章行为，降低发生率？

解决方案：制定并出台《XX大学"三违"行为检查管理办法》，在各级各类隐患排查时，发现并及时制止违章行为，对违章人员开展有针对性的安全教育，同时列入系统管理，通过曝光和通报工作机制，对典型违章行为进行曝光和通报，以案说法、举一反三、加强警示。

1. 制定并出台《XX大学"三违"行为检查管理办法》，明确相关部门职责以及对"三违"行为的处理方式。具体详见附件8.1《XX大学"三违"行为检查管理办法》。

2. 制定《"三违"行为治理工作流程》，规范对"三违"行为的处理程序。具体详见附件8.2《"三违"行为治理工作流程》、附件8.3 "三违"行为治理工作流程图。

3. 设计开发"三违"行为管理系统，充分发挥科技赋能作用，用好智慧安防利器，提高打非治违质效，降低"三违"行为发生率，消除人的不安全行为带来的安全隐患。具体详见附件8.4 "三违"行为管理系统介绍。

4. 设立"三违"行为曝光台，加强对督查中发现的反面典型进行曝光，引导广大师生"举一反三"，推动二级部门开展警示教育；同时，对督查中发现的"三违"行为进行通报，持续保持打非治违的高压态势，强化警示作用，营造安全领域遵章守纪的良好氛围。具体详见附件8.5《XX大学"三违"行为曝光台（第三十一期通报）》、附件8.6《XX大学2023年第二季度安全情况通报》。

5. 对二次违章人员开展约谈或专题安全教育，有针对性地提高遵章守纪意识。具体详见附件8.7违章人员约谈记录、附件8.8违章人员专题安全教育签到表。

附件8.1

XX大学"三违"行为检查管理办法

第一条 为了强化现场安全管理，有效杜绝违章指挥、违规操作和违反工作纪律现象，杜绝各类事故的发生，结合学校的实际情况，特制定本办法。

第二条 本办法适用于学校所有师生员工和相关方。

第三条 "三违"行为是指在日常工作中出现的违章指挥、违规操作和违反校规校纪等行为。

第四条 职责

（一）安全督查组负责随机抽查并制止检查中发现的"三违"行为；

（二）安委会办公室与各专项安全监管部门共同查处"三违"行为；

（三）各部门具体负责检查、制止和处理本部门出现的"三违"行为。

第五条 各部门对日常工作中查出的"三违"行为除批评教育外，可结合部门内部绩效考核办法，作出相应经济处罚。

第六条 全校师生发现"三违"行为均可反映到各级安全管理部门，各级安全管理部门接到报告并经核实无误后，可依据本部门相关规定进行处理。

第七条 对发现的普遍性"三违"行为问题，学校将下达《安全隐患整改通知书》，纳入安全隐患排查治理体系，由所在部门负责落实整改。

第八条 对"三违"行为的处理

（一）经学校检查发现的"三违"行为，所在部门应对"三违"行为人员进行批评教育，填写《部门"三违"行为安全教育培训记录》，并将《部门"三违"行为安全教育培训记录》报安委会办公室备案。

（二）经学校检查发现个人累计出现2次"三违"行为，所在部门应在部门内进行通报批评处理，处理材料报安委会办公室备案，学校将对当事人进行约谈。

（三）经学校检查发现个人累计出现3次及以上"三违"行为，所在部门应根据部门制度进行处理，学校将对当事人通报批评，并减发当事人三个月岗位津贴；如涉及学生的，将根据《XX大学学生违纪处分实施细则（试行）》交由相关职能部门处理；涉及相关方的，将计入相关方诚信档案，并建议相关职能部门将其列入黑名单。

（四）经学校检查发现个人累计出现4次及以上"三违"行为，学校将对当事人予以行政警告处分。

第九条 经学校检查发现，各部门累计出现10次以上"三违"行为，所在部门当年安全目标考核的结果不能确定为优秀等次。

　　第十条　鼓励师生员工对"三违"现象进行举报，对多次举报"三违"行为的师生员工，学校将聘为兼职安全督查员，并给予适当奖励。

　　第十一条　师生员工因"三违"行为导致财产损失、伤亡事故的，学校将按照事故管理相关规定追究相关人员责任。

　　第十二条　本办法自公布之日起施行。

附件8.2

"三违"行为治理工作流程

<table>
<tr>
<td rowspan="10">现场管理
—
"三违"行为</td>
<td>内容："三违"行为治理工作流程</td>
</tr>
<tr>
<td>政策依据（材料名称并附相关材料）："三违"行为检查管理制度</td>
</tr>
<tr>
<td>工作流程：
1. 安委会办公室和安全督查组根据制度规定、工作计划或临时安排，进行安全检查（至少两人），并填写安全工作检查记录中的基本信息（如时间、地点、参加人员）、检查内容等。
2. 检查人员根据法律法规或学校安全制度规定确定"三违"行为，进行拍照，并制止"三违"行为，同时在记录中明确标注。
3. 检查人员确认"三违"行为人员信息（所在部门、姓名、工/学号、人员类别），并要求"三违"行为人员在检查记录中签字，"三违"行为人员拒绝签字的，在检查记录本中记录相关情况。
4. 检查员在"三违"行为上报平台（一网通办—办事服务大厅），将相关信息进行上报。
5. 安委会办公室"三违"行为工作人员对检查人员的上报信息进行审核，填写教育内容和相关要求，提交安委会办公室"三违"行为复核人员进行审核；如检查发现的"三违"行为属于普遍性"三违"行为，或该行为已在"三违"曝光台进行过曝光，工作人员将在审批意见栏进行标注，报"三违"行为复核人员审核。
6. "三违"行为复核人员审核通过后，提交安委会办公室主任审批；如审核发现问题，填写驳回原因，并驳回至"三违"上报人重新填写。
7. 安委会办公室主任审批通过后，将转至"三违"人员所在部门主管安全负责人审批，审批通过后将转至部门安全员；如部门主管安全负责人对"三违"行为有异议，将转至安委会办公室工作人员审核；如该"三违"行为确实存在争议，部门应上报相关情况说明，经安委会办公室主任审批后，可对其进行撤销。
（1）根据审批意见需要进行一次曝光的，安委会办公室工作人员起草"三违"行为曝光通报，并报安委会办公室主任审批。
（2）根据审批意见需要进行多次曝光的，安委会办公室工作人员起草"三违"行为曝光通报，通报中处理意见如下：
①对于需要进行二次曝光的，详细曝光时间、地点、违章人员所在部门、姓名等内容，并报安委会办公室主任审批。
②对于需要进行三次曝光的，除曝光相关内容外，学校还将约谈小网格安全责任人，并督查其履职情况。
③对于需要进行四次曝光的，除曝光相关内容外，学校还将约谈中网格安全责任人，并督查其履职情况。
④对于需要进行五次曝光的，除曝光相关内容外，学校将对相关责任人和所属部门在安全季度通报中进行通报批评处理。
8. "三违"行为人员所在部门，对"三违"行为人员进行批评教育，由部门安全员将相关教育培训记录提交安委会办公室工作人员审核。
（1）对于学校发现两次的"三违"行为人员，所在部门应在部门内进行通报批评处理，处理文档报安委会办公室备案；"三违"行为工作人员将根据情况组织集中培训或约谈；
（2）对于学校发现三次的"三违"行为人员，所在部门根据部门制度进行处理；安委会办公室将根据《XX大学"三违"行为检查管理办法》对当事人通报批评，并减发当事人三个月岗位津贴（涉及学生的，将根据《XX大学学生违纪处分实施细则（试行）》，交由相关职能部门处理；涉及相关方的，将计入相关方诚信档案，建议相关职能部门将其列入黑名单）。
9. 安委会办公室工作人员审核通过后即可办结备案；如审核发现问题，将驳回至部门安全员，重新上报教育培训记录。
10. 如相关人员被发现"三违"行为四次及以上，将由学校安全管理委员会研究进一步处理办法</td>
</tr>
</table>

附件8.3

检查人员在"三违"行为上报平台（一网通办—办事服务大厅），将相关信息进行上报

工作人员对检查人员的上报信息进行审核，填写教育内容和相关要求，提交安委会办公室"三违"行为复核人员进行审核；如检查发现的"三违"行为属于普遍性"三违"行为，或该行为已在"三违"曝光台进行过曝光，工作人员将在审批意见栏进行标注，报"三违"行为复核人员审核

"三违"行为复核人员审核通过后，提交安委会办公室主任审批；如审核发现问题，填写驳回原因，并驳回至"三违"上报人重新填写

如部门主管安全负责人对"三违"行为有异议，将转至安委会办公室工作人员审核；如该"三违"行为确实存在争议，部门应上报相关情况说明，经安委会办公室主任审批后，可对其进行撤销

根据审批意见需要进行一次曝光的，安委会办公室工作人员起草"三违"行为曝光通报，并报安委会办公室主任审批

安委会办公室主任审批通过后，将转至"三违"人员所在部门主管安全负责人审批，审批通过后将转至部门安全员；如部门主管安全负责人对"三违"行为有异议，将转至安委会办公室工作人员审核；如该"三违"行为确实存在争议，部门上报相关情况说明，经安委会办公室主任审批后，可对其进行撤销

根据审批意见需要进行多次曝光的，安委会办公室工作人员起草"三违"行为曝光通报，通报中处理意见如下

"三违"行为人员所在部门，对"三违"行为人员进行批评教育，由部门安全员将相关教育培训记录提交安委会办公室工作人员审核

对于学校发现两次的"三违"行为人员，所在部门应在部门内进行通报批评处理，处理文档报安委会办公室备案；"三违"行为工作人员将根据情况组织集中培训或约谈

对于学校发现三次的"三违"行为人员，所在部门根据部门制度进行处理；安委会办公室将根据《XX大学"三违"行为检查管理办法》对当事人通报批评，并减发当事人三个月岗位津贴（涉及学生的，将根据《XX大学学生违纪处分实施细则（试行）》，交由相关职能部门处理；涉及相关方的，将计入相关方诚信档案，建议相关职能部门将其列入黑名单）

安委会办公室工作人员审核通过后即可办结备案；如审核发现问题，将驳回至部门安全员，重新上报教育培训记录

结束

对于需要进行二次曝光的，详细曝光时间、地点、违章人员所在部门、姓名等内容，并报安委会办公室主任审批

对于需要进行三次曝光的，除曝光相关内容外，学校还将约谈小网格安全责任人，并督查其履职情况

对于需要进行四次曝光的，除曝光相关内容外，学校将约谈中网格安全责任人，并督查其履职情况

对于需要进行五次曝光的，除曝光相关内容外，学校将对相关责任人和所属部门在安全季度通报中进行通报批评处理

如相关人员被发现"三违"行为四次及以上，将由学校安全管理委员会研究进一步处理办法

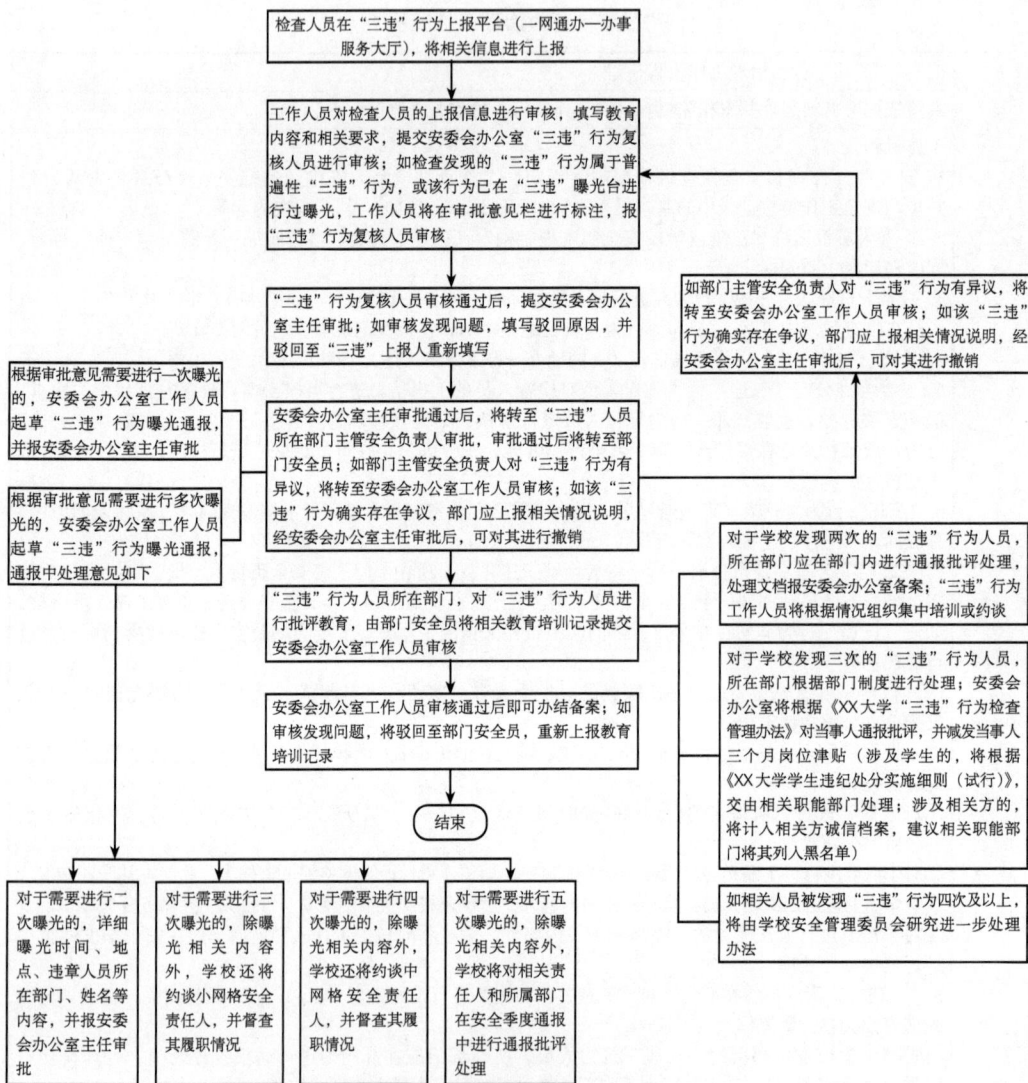

"三违"行为治理工作流程图

附件8.4

"三违"行为管理系统介绍

"三违"行为治理

我要办理　我要收藏

事项编号：2021-093　　服务类别：综合服务　　联系方式：×××××××　　服务对象：教工办事　　收费标准：免费

办理条件

检查中发现的违章指挥、违规操作、违反校规校纪行为

服务简介

对检查中发现的"三违"行为人员进行记录并告知所在部门

注意事项

无

事项名称

"三违"行为治理

主办部门

安全管理委员会办公室

协办部门

无

预计时限

无

办理方式

网卡办理

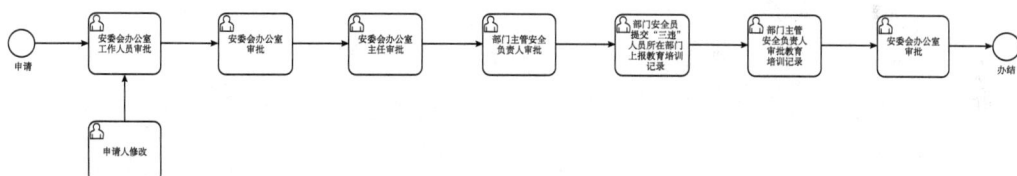

附件8.5

XX大学"三违"行为曝光台
（第三十一期通报）

可燃物大量堆积在火源、电源、电气设备等附近，极易导致火险事件变为火灾事故。为坚决杜绝火灾事故发生，保障师生员工生命财产安全，为学校事业发展营造安全稳定的校园环境，2023年11月，学校下发了《关于开展"可燃物清理"专项行动的通知》，在各部门共同努力下，"可燃物大量堆积在火源、电源、电气设备等附近"的安全隐患得到了明显治理，事故发生率大大降低。但是，在学校组织的"回头看"抽检过程中，仍然发现个别师生员工存在违反学校规定的行为。为了彻底消除此类安全隐患，坚决遏制相关安全事故发生，切实保障师生员工生命财产安全，现将学校"回头看"抽检过程中发现的部分严重违规行为曝光如下。

一、"三违"行为

二、学校相关规定

（一）《关于开展"可燃物清理"专项行动的通知》中规定：

1. 火源周围（10米以内）禁止存放可燃物；

2. 电源及带电设备周围（0.5米以内）禁止存放可燃物；

3. 动火作业及设备设施国家有明确要求的，按相关要求执行；

4. 设置专区存放可燃物并远离火源、电源及电气设备。

（二）《XX大学消防安全责任追究细则》第四条第（八）项规定，"对火灾隐患经相关部门通知后不及时采取措施消除的"。

有以上情节未及时整改的，责任人个人行为的，部门需责令其作出书面检查；如为部门行为的，处全校通报批评。情节严重或经责令整改但拒不整改的，对直接责任人处诫勉谈话、取消评奖评优资格、取消晋职晋级资格的处罚；对所在部门处取消评奖评优资格的处罚；对所在部门负责人和安全管理人员处取消评奖评优资格、取消晋职晋级资格的处罚。造成严重后果的，对直接责任人给予行政处分或解聘的处罚；对所在部门负责人和安全管理人员给予行政处分的处罚。

三、相关要求

请各部门以案说法，立即开展警示教育，进一步提高师生员工安全意识。同时，举一反三，再次落实"可燃物清理"专项行动的相关要求，彻查本部门违规违章和履职不到位行为，采取措施建立长效机制，坚决消除此类安全隐患，有效遏制火灾事故发生。

如学校在日常抽查过程中再次发现类似火灾隐患，将严格按照《XX大学消防安全责任追究细则》相关规定追责问责。

附件8.6

XX大学2023年第二季度安全情况通报

各部门：

按照安全管理标准化建设的相关要求，为验证各项安全制度措施的适宜性、充分性和有效性，检查各项安全目标、指标的完成情况，学校定期对标准化管理体系运行情况进行自评，客观分析运行质量，持续改进管理工作，不断提高安全管理绩效。现将2023年第二季度安全自评情况通报如下。

一、安全事故（事件）

在全校师生的共同努力下，各部门安全管理水平不断提升，全员安全意识不断增强，安全形势基本稳定。

二、安全隐患情况

第二季度，学校共有19项安全隐患列入学校一网通办"隐患排查治理工作流程"中，主要集中在管理安全和消防安全等方面。具体表现为：

（一）管理安全方面

存在部分部门的学生宿舍用电安全责任落实不到位等问题。

（二）消防安全方面

个别部门仍存在阻挡消防通道且整改不到位等问题。

（三）实验室安全方面

6月27日，教育部检查组来我校进行实验室安全现场检查，共发现安全问题19项，具体情况将由专项安全监管部门进行专题通报。

三、"三违"行为情况

第二季度，学校共治理"三违"行为12人次，其中在"'三违'行为曝光台"曝光3起。具体表现为：

（一）消防安全方面

XXX超市负责人未能保障消防疏散通道、安全出口畅通，违反《XX大学消防安全管理规定》第二十三条"各部门要保障安全疏散通道、安全出口畅通，对消防安全标志、设施要进行维护，不得随意围占、挪用、遮挡、覆盖"的规定。

（二）施工安全方面

XXX工程有限公司（XX管理的相关方）施工人员施工期间高处作业未系安全带，

违反《XX大学施工安全检查规范》中"4.1.3高处作业应按规范系安全带"的规定。

（三）环境安全方面

XX院某实验室和XX学院某实验室将实验废弃物当生活垃圾丢弃，违反《XX大学实验室危险废物处置管理办法》中第三条"各实验室一般废物不得混入生活垃圾，应用专用容器定点存放，有明显标识保证安全，由学校指定部门定期清理"的规定。

四、"事故隐患专项整治行"情况

按照教育部和省教育厅"事故隐患专项整治行"相关文件精神，我校下发了《XX大学关于开展2023年"安全生产月"和"事故隐患专项整治行"活动的通知》，学校安全管理委员会每季度召开会议专题听取安全情况汇报并研究安全隐患整治工作，主动落实"五带头"要求；各专项安全监管部门在各自领域内开展了专项检查，重点包括：危险作业（高空、动火和有限空间等）、外包外租生产经营活动、危化品、实习实训、道路交通、建筑施工、燃气设施、消防、食品、特种设备、网络安全等；学校对《XX大学突发事件综合应急预案》进行了一次桌面推演；各部门按照活动方案并结合部门特点正在积极组织落实。本次"事故隐患专项整治行"活动将一直持续到年底。

五、"安全生产月"活动情况

为深入学习宣传贯彻党的二十大精神和习近平总书记关于安全生产重要论述，坚持人民至上、生命至上，坚持统筹发展和安全，坚持安全第一、预防为主，持续树牢安全红线意识，推动安全生产责任落实，切实提高风险隐患排查整改质量，切实提升发现问题和解决问题的强烈意愿和能力水平，进一步提升全校师生的安全意识和避险逃生能力，学校以"人人讲安全、个个会应急"为主题，以线上线下活动相结合的形式开展了"安全生产月"系列活动。

根据《XX大学关于开展2023年"安全生产月"和"事故隐患专项整治行"活动的通知》要求，为树立典型、奖励先进，经过部门和个人积极参与，专家评选，15个部门获评XX大学安全文化作品征集活动优秀组织奖，53组师生在"XX大学学习习近平总书记关于安全生产重要论述心得体会征集活动"中获奖，69组师生在"XX大学逃生路线图绘制活动"中获奖，具体情况将另行通知。

六、相关要求

（一）深入推进"事故隐患专项整治行"活动

请各部门按照《XX大学关于开展2023年"安全生产月"和"事故隐患专项整治行"活动的通知》等有关通知要求，进一步突出抓好五项工作，做好"五带头"：一是研究组织本部门事故隐患排查整治；二是落实好全员安全生产岗位责任；三是组织对动火、高处和有限空间等危险作业开展排查整治；四是组织对外包外租等生产经营活动开展排查整治；五是组织开展事故应急救援演练活动。通过相关工作的扎实开展，切实提升部门的安全治理能力。

（二）进一步加强安全治理能力，杜绝安全事故

各部门要牢固树立"隐患就是事故""三违行为是事故发生的主要因素"的理念，进一步加大隐患排查整改和"三违"行为治理力度，持续提高治理效果。特别是应针对每季度通报的隐患和"三违"行为，举一反三，倒查各级岗位履行安全管理职责情况，克服安全管理工作出现"宽、松、软"的问题，督促师生自觉养成安全行为习惯，防范和遏制各类安全事故发生。

（三）深入开展安全文化建设，营造安全稳定的校园环境

各部门应按照学校《XX大学关于开展安全文化建设的实施意见》相关要求，在进一步完善安全管理标准化建设基础上，以"安全生产月"等活动为契机，继续深入开展部门安全文化建设，以提高师生员工安全素质为核心，以改进安全意识和行为为重点，在安全理念、安全制度、安全管理、教育培训、安全行为和安全本质等方面做深做细做实各项工作，为学校营造一个安全稳定和谐美丽的校园环境。

特此通报。

附件8.7

违章人员约谈记录

约谈时间		约谈地点	
参加人员：			
约谈内容：			
备注：			

附件8.8

违章人员专题安全教育签到表

会议地点：　　　　　　　　　　　培训时间：　　年　月　日

序号	部门名称	人员类别	签到	备注
1		安全管理人员		
2		学生		
3		学生		

九、如何建立高校应急管理体系？

解决方案：制定并出台《XX大学安全事故应急管理办法》，制定并下发《突发事件综合及专项应急预案》，通过培训、演练和下发《工作指南》，指导二级部门制定相应的应急预案和现场处置方案，不断提高预案的实用性和有效性。

1. 制定并出台《XX大学安全事故应急管理办法》，规范学校安全事故应急管理工作，明确应急准备及应急救援相关要求，保障全校师生生命和财产安全。具体详见附件9.1《XX大学安全事故应急管理办法》。

2. 在专业化指导下，以安全风险评估和应急资源调查为基础，制定并下发《突发事件综合及专项应急预案》，定期对应急预案进行评估，及时根据评估结果或实际情况的变化进行修订和完善，以提升应急准备和应急处置能力为重点，不断提高师生员工应急避险能力，保障师生员工生命财产安全。具体详见附件9.2《XX大学突发事件总体应急预案》、附件9.3应急演练记录表。

3. 通过制定二级部门综合应急预案、专项应急预案及现场处置方案模板，以及微网格突发事件现场处置方案模板，推动二级部门应急管理体系建设，督促全方位开展应急预案演练工作。具体详见附件9.4《XX大学微网格突发事件现场处置方案（工作指南）》、附件9.5《XX大学XXXX部门（处级）突发事件综合应急预案（工作指南）》。

4. 制定《大型活动安全监督检查工作流程》，建立大型活动突发事件应急预案报备机制，对双选会、运动会、开学典礼、毕业典礼、校庆活动等大型活动，事前制定并演练应急预案，督促各相关部门落实安全职责；事中进行现场检查，及时制止违章行为，消除安全隐患；事后完善应急预案，切实保障各项大型活动安全平稳有序进行。具体详见附件9.6《XX大学第XX届体育运动大会突发事件应急预案》、附件9.7《XX大学2024届毕业生秋季"双向选择"洽谈会突发事件应急处置预案》、附件9.8《XX大学校庆庆典及重点活动突发事件应急预案》。

附件9.1

XX大学安全事故应急管理办法

第一章 总 则

第一条 为了规范学校安全事故应急管理工作，保障全校师生员工生命和财产安全，根据国家《生产安全事故应急条例》等法律法规，制定本办法。

第二条 学校安全管理委员会领导全校的安全事故应急工作，各部门应当加强安全事故应急管理工作，建立健全安全事故应急工作责任制，其主要负责人对本部门的安全事故应急工作全面负责。

第二章 应急准备

第三条 学校及各部门应当针对本部门可能发生的安全事故的特点和危害，进行风险辨识和评估，制定综合安全事故应急救援预案（简称"综合预案"）和相应的专项安全事故应急救援预案（简称"专项预案"），并向本部门师生员工公布。微网格（或某次大型活动、某个项目等）应当针对本网格可能发生的安全事故的特点和危害，在进行风险辨识和评估基础上，制定安全事故现场处置方案（简称"现场处置方案"）。

综合预案是部门应急预案体系的总纲，包括组织机构和职责、事故风险描述、预警及信息报告、应急响应、应急保障和预案管理等。总指挥应由部门主要安全负责人担任。

专项预案是根据部门特点，为应对某一类型或几种类型安全事故而制定的抢险程序和方法，包括火灾爆炸事故、触电事故、机械伤害事故、特种设备事故、食品安全事故、危化品安全事故等。总指挥应由部分负责专项安全的负责人担任。

现场处置方案是针对微网格发生安全事故的应急救援措施。负责人应由微网格负责人（或活动负责人、项目负责人等）担任。

第四条 综合预案、专项预案和现场处置方案应当符合相关法律、法规、规章和标准的规定，具有科学性、针对性和可操作性，明确规定应急组织体系、职责分工以及应急救援程序和措施。

有下列情形之一的，预案制定部门应当及时修定相关预案：

（一）制定预案所依据的法律、法规、规章、标准发生重大变化；

（二）应急指挥机构及其职责发生调整；

（三）安全生产面临的风险发生重大变化；

（四）重要应急资源发生重大变化；

（五）在预案演练或者应急救援中发现需要修订预案的重大问题；

（六）其他应当修订的情形。

第五条　学校及各部门应当至少每年组织一次综合预案演练，涉及易燃易爆物品、危险化学品等危险物品的储存、使用等部门应当至少每半年组织一次综合预案演练；演练前应当制定演练方案，明确职责并将演练情况形成演练记录存档备查。学校及各部门至少每半年组织一次专项安全事故应急救援预案演练。微网格负责人至少每季度组织一次安全事故现场处置方案演练。

学校负责对各部门的安全事故应急救援预案制定及演练情况进行抽查；发现不符合要求的，要求部门限期改正。

第六条　涉及易燃易爆物品、危险化学品等危险物品的储存和使用部门，涉及金属冶炼、大型修缮工程和基建工程等部门，以及图书馆、体育场馆、食堂等人员密集场所所属部门，应当建立应急救援队伍。

第七条　应急救援人员应当具备必要的专业知识、技能、身体素质和心理素质。

兼职应急救援人员所在部门应当按照国家有关规定对应急救援人员进行培训；应急救援人员经培训合格后，方可参加应急救援工作。

应急救援人员应当配备必要的应急救援装备和物资。

第八条　学校及各部门应当根据本部门公房范围内可能发生的安全事故的特点和危害，储备必要的应急救援装备和物资，并定期维护、及时更新和补充。

涉及易燃易爆物品、危险化学品等危险物品的储存、使用等部门，应当根据本部门可能发生的安全事故的特点和危害，配备必要的灭火、排水、通风以及危险物品稀释、掩埋、收集等应急救援器材、设备和物资，并进行经常性维护、保养和更换。

第九条　学校及各部门应当对师生员工进行应急教育和培训，保证师生员工具备必要的应急知识，掌握风险防范技能和事故应急处置措施。

第三章　应急救援

第十条　发生安全事故后，事故部门应当根据安全事故等级立即启动现场处置方案或专项预案或综合预案，采取下列一项或者多项应急救援措施，并按照有关规定立即向上一级领导报告事故情况：

（一）迅速控制危险源，组织抢救遇险人员；

（二）根据事故危害程度，组织现场人员撤离或者采取可行的应急措施后撤离；

（三）及时通知可能受到事故影响的部门和人员；

（四）采取必要措施，防止事故危害扩大和次生、衍生灾害发生；

（五）根据需要请求相应的应急救援人员参加救援，并向参加救援的应急救援人员提供相关技术资料、信息和处置方法；

（六）维护事故现场秩序，保护事故现场和相关证据；

（七）法律、法规规定的其他应急救援措施。

第十一条　发生安全事故后，安全事故发生部门应设立应急救援现场指挥部，并指定现场指挥部总指挥。

第十二条 参加安全事故现场应急救援的部门及个人应当服从现场指挥部的统一指挥。

第十三条 在安全事故应急救援过程中，发现可能直接危及应急救援人员生命安全的紧急情况时，现场指挥部应当立即采取相应措施消除隐患，降低或者化解风险，必要时可以暂时撤离应急救援人员。

第十四条 安全事故发生部门应当为应急救援人员提供必要的后勤保障。

第十五条 现场指挥部应当完整、准确地记录应急救援的重要事项，妥善保存相关原始资料和证据。

第十六条 按照有关规定成立的安全事故调查组应当对应急救援工作进行评估，并在事故调查报告中作出评估结论。

第四章 责任追究

第十七条 学校及各部门未制定安全事故应急救援预案、未定期组织应急救援预案演练、未对师生员工进行应急教育和培训，部门主要负责人在本部门发生安全事故时不立即组织抢救或报告的，由学校依照有关规定追究责任。

第十八条 学校及各部门未对应急救援器材、设备和物资进行经常性维护、保养，导致发生严重安全事故或者安全事故危害扩大，或者在本部门发生安全事故后未立即采取相应的应急救援措施，造成严重后果的，由学校依照有关规定追究责任。

第十九条 违反本办法规定，构成违反治安管理行为的，交由公安机关依法给予处罚；构成犯罪的，依法追究刑事责任。

第二十条 本办法自发布之日起施行。

附件**9.2**

XX大学突发事件总体应急预案

二〇二X年X月

目 录

附件9.3

应急演练记录表

应急演练主题		演练日期	
演练地点		演练类型	
演练总指挥	XXX		
演练参与人员	XXX、XXX、XXX （另附签到表）		
演练目的			
演练过程			
演练总结			
记录员		校对员		审批人	

附件9.4

XX大学微网格突发事件现场处置方案（工作指南）

XX大学安全管理委员会办公室编制

目　录

附件9.5

XX大学XXXX部门（处级）突发事件综合应急预案（工作指南）

202X年X月X日实施

目　录

附件 9.6

XX大学第XX届体育运动大会突发事件应急预案

为切实做好XX大学第XX届体育运动大会期间的安全管理工作，积极应对可能发生的各类突发事件，确保运动会的正常举行和全校师生员工的生命财产安全，根据XX大学的有关规定并结合我校实际，特制定校运动会期间突发事件的安全应急预案。

一、安全应急组织机构

为切实加强运动会期间安全工作的组织领导，确保应急工作的顺利进行，职责明确，责任到人，体育部成立运动会期间安全应急工作领导小组。

组　　长：XXX　XXX

副组长：XXX　XXX

成　　员：XXX　XXX　XXX　各裁判组主裁判　各学院辅导员

领导小组主要职责：

1. 指挥有关教师立即到达规定岗位，采取相应的应对措施。

2. 安排教师开展相关的抢险排危或实施抢救工作。

3. 根据需要对师生进行疏散，并根据事件性质，及时报请上级有关部门。

4. 根据需要对现场采取控制措施。

5. 根据天气情况决定比赛是否正常进行。

6. 根据供电情况决定比赛是否继续进行。

二、具体实施方案

（一）运动会前做好以下工作

1. 通过召开学校运动会协调会，各学院、部门运动会领队会，体育部运动会赛前工作布置会等，布置运动会相关事宜，提出安全方面的要求。

2. 各学院、部门领队向学生和教师讲解具体的安全措施及学校安全方案，把安全教育放在首位。

（二）运动会期间做好以下工作

1. 运动会组织委员会人员、裁判员、所有工作人员责任到位、责任到人，各司其职，杜绝事故的发生，以确保运动会正常进行。

2. 裁判员应负责好本裁判区域内运动员的安全，确保比赛的正常进行。

3. 学院辅导员和部门运动会负责人，负责组织运动员参加比赛，组织师生有秩序地观看比赛，确保本学院运动员与其他师生的安全。

4. 运动会期间，安全小组成员不得擅离职守和迟到早退，师生伤病及时送往医务点救治，发生意外事故及时报告安全应急领导小组，确保全校师生安全。

5. 运动会期间大会组委会对管理人员、裁判员、后勤保障人员进行监督和考勤。一旦发生事故，根据现场指挥系统，开展救护工作，将事故的危害降到最低。

6. 对工作不负责任造成重大事件和不良影响的，学校将追究相关责任人的责任。

三、安全责任人职责

1. 安全应急领导小组成员确保通信畅通（自带通讯录）；

2. 各学院辅导员和部门运动会负责人到岗在位负责；

3. 保卫人员不间断地检查巡视，发现隐患及时报告；

4. 运动会现场设医务点，配校医2名；

5. 门卫保安应严格执行学校规章制度，严禁外来闲杂人员进入运动场，师生须凭有效证件方可进出运动场。

四、应急处理

（一）应急指挥

1. 应急处理指挥由本预案应急领导小组组长，即体育部主任XXX任总指挥，负责组织协调指挥抢险疏散，同时及时报"110""120"抢险中心并向上级报告有关情况。总指挥因故不在，由副组长替补。

2. 径赛场区域由XXX负责指挥调集抢险人员抢险。投掷区域由XXX负责指挥调集抢险人员抢险。跳步区域由XXX负责指挥调集抢险人员抢险。趣味赛区域由XXX负责指挥调集抢险人员抢险。

安全的疏导由公安处负责指挥调集。突如其来的伤害事故（件）由XXX负责指挥调集抢险人员抢险。同时，事发现场第一责任应按照下列规定处置：

（1）发现师生在运动场内受伤或身体不适，应当立即向裁判长和大会医生报告，并送医务点救治。如校医、领导认为有必要送医院救治的，必须由校医或辅导员陪同到医院。

（2）外来人员未经允许强行闯入校园，门卫不得放行。

（3）运动场内发现不良分子袭击、行凶、行窃、斗殴，现场教师或第一名发现突发事件的当事人为应急处理第一责任人，应迅速采取措施进行制止、制服并报告大会保卫组。事态严重的，以防不测，应拨打"110"报警求助。

（4）遇停电，运动会继续进行。后勤服务中心及时进行检修。

3. 善后处理

事故发生以后由学校应急抢险指挥小组领导及有关安全责任人员参加，除负责现场抢险外，还应及时报告主管部门，并积极配合上级领导对事故情况的调查，分析事故产生的原因、事故责任人的处理建议等工作。

4. 信息报告

（1）安全紧急事件发生或有可能发生的信息，采取逐级汇报制度，事件第一发现人应及时向学校相关部门领导汇报，事态严重的，学校应在第一时间向学校行政主管部门汇报。

（2）事件向外发布情况，需经学校应急处理小组同意，不得主观臆测、夸大其词，任何人不得瞒报、谎报或授意他人隐瞒、谎报突发事件，不得擅自接受报刊、电台等宣传媒体的采访。

（3）应急事态期间，学校应急处理小组成员必须保证通信畅通。

附件9.7

XX大学2024届毕业生秋季"双向选择"洽谈会突发事件应急处置预案

为有效预防、及时控制和妥善处理XX大学2024届毕业生秋季"双向选择"洽谈会（以下简称"双选会"）中各类突发事件，提高快速反应和应急处理能力，确保学校师生员工的生命与财产安全，保证"双选会"安全有序进行以及学校正常的教育教学生活秩序，维护学校的稳定，制定本预案。

一、指导思想

以国家各项法律法规为依据，坚持国家利益及师生员工的生命安全高于一切的原则和"预防为主，积极处置"的工作方针，全力杜绝或减少突发事件的发生，确保"双选会"安全有序进行。

二、组织机构

总指挥：XXX

副总指挥：XXX　XXX　XXX

1. 安全保卫组

　　组长：XXX；

　　成员：公安处有关人员

2. 后勤保障组

　　组长：XXX；

　　成员：后勤服务中心有关人员

3. 宣传报道组

　　组长：XXX；

　　成员：宣传部有关人员

4. 会务业务组

　　组长：XXX；

　　成员：学生指导服务中心有关人员

机构成员负责统一决策、组织、指挥"双选会"的应急响应行动，下达应急处置工作任务。在发生突发事件时，负责向上级有关部门通报情况，协调、协助相关部门开展应急处置工作。

三、工作原则

1. 统一指挥，快速反应。应急处置工作领导小组全面负责突发事件的处置工作。一旦发生突发事件，确保发现、报告、指挥、处置等环节的紧密衔接，做到快速反应、正确应对、果断处置，力争把问题解决在萌芽状态。

2. 预防为本，及时控制。立足于防范，抓早、抓小，认真开展隐患排查工作，强化信息的广泛收集和深层次研判，争取早发现、早报告、早控制、早解决。一旦发生突发事件，要把突发事件控制在一定范围内，避免造成学校秩序失控和混乱。

3. 系统联动，群防群控。发生突发事件后，各相关部门负责人要立即深入第一线，掌握情况，开展工作，控制局面，形成各部门系统联动、群防群控的处置工作格局。

4. 区分性质，依法处置。在处置突发事件过程中，要坚持从保护师生员工生命和财产安全的角度出发，按照"动之以情、晓之以理，可散不可聚，可顺不可激，可分不可结"的工作原则，及时化解矛盾，防止事态扩大，做到既合情合理，又依法办事。

5. 建立队伍，加强保障。组建应对突发事件场外秩序维护队，一旦发生突发事件，立即投入工作。按照有关部门的要求，本次"双选会"组织秩序维护队成员6人，由相关学院学生工作人员组成。秩序维护队在各"双选会"场馆待命，接到应急工作领导小组通知后，按照领导小组要求立即开展工作。

四、工作目标

1. 通过对学生进行安全、自救自护教育，牢固树立安全责任意识，切实提高学生的安全自我防护能力，确保学生安全。

2. 积极采取有效措施，做好全校范围，特别是"双选会"场地、出入口及通道等重点部位的安全保障工作，确保"双选会"安全有序进行。

五、风险分析及应急处置措施

1. 火灾事故应急处置

（1）一旦突发火灾事故，公安处立即全力组织人员疏散和自救工作，同时，在第一时间向公安消防指挥中心报警和向学校有关领导报告。学校有关领导和相关部门负责人在第一时间赶赴现场指挥救援，全力组织人员疏散和自救工作，并视情况立即向上级有关部门报告。

（2）突发火灾事故部门负责人和后勤部门要立即组织相关技术人员赶赴现场，采取诸如切断煤气、电等紧急安全措施，避免发生继发性危害。

（3）报警后公安处要派人引导消防、公安人员进入现场，并主动提供有关信息，配合消防部门开展救人和灭火抢险工作。

（4）校医院医护人员立即到现场抢救伤病员。必要时拨打"120"请求社会医疗机构援助。

（5）公安处立即封锁现场各通道，加强警卫和巡逻，维护秩序，指挥指导人员疏散，转移重要财物，确保人员和财产安全。

（6）学生管理部门负责做好组织学生的疏散和安抚工作。

2. 房屋、围墙倒塌等建筑物安全事故应急处置

（1）一旦发生房屋、围墙倒塌等建筑物安全事故，学校有关领导和相关部门的负责人要在第一时间赶赴现场，根据灾情迅速开展现场处置和救援工作，视情况立即向上级有关部门报告。

（2）迅速采取诸如切断煤气、电等有效措施，并密切关注连带建筑物的安全状况，消除继发性危险。

（3）在有关方面的帮助下及时组织解救受困人员，校医院医护人员立即到现场抢救伤病员并妥善安置，必要时拨打"120"请求社会医疗机构援助。

3. 拥挤踩踏事故应急处置

（1）加强对参加"双选会"学生的教育和管理，及时排查拥挤踩踏事故隐患，想尽一切办法控制和避免拥挤踩踏事故发生。

（2）一旦发生拥挤踩踏事故，现场有关领导和工作人员要迅速开展现场疏导和救护工作，同时向学校领导报告；并立即拨打"120"向医疗急救部门求援，同时向上级有关部门报告。

（3）学校有关领导和相关部门负责人在第一时间亲临现场指挥，控制局势，制止拥挤，做好人员疏导和疏散工作；校医院组织人员对受伤者进行应急抢救处置，尽快将伤病员送往医院抢救；必要时请求地方政府支援。

4. 校园爆炸事故应急处置

（1）发生爆炸事故后，学校领导和相关部门负责人要在第一时间赶到现场，组织抢救，在向上级教育部门报告的同时，立即向公安、消防等部门报告。

（2）校医院医护人员立即到现场抢救伤病员并妥善安置。必要时拨打"120"请求社会医疗机构援助。

（3）公安处立即在爆炸现场设置隔离带，封锁和保护现场，疏散人员，控制好现场的治安事态，迅速采取有效措施检查消除继发性危险，防止次生事故发生，切实保护好师生人身财产安全。

（4）如果发现肇事者或直接责任者，应立即采取有效控制措施，并迅速报告公安机关。

（5）积极配合公安、消防等部门做好搜寻物证、排除险情，防止继发性爆炸等工作。

5. 校园恶性交通事故应急处置

（1）校园发生恶性交通事故，遇有学生和教工死亡、受伤等情况，学校有关领导和公安处等有关部门负责人要在第一时间赶到现场，组织抢救，拨打"120"向医疗急救部门求助，向公安交警部门报告，并向上级有关部门报告。

（2）保护好事故现场，有效控制肇事人，寻找证人。

（3）学校有关部门协助公安交警部门及时查明事故情况；涉及外籍师生的，要尽快按规定报告各级外事部门。

6. 人员受伤、突发疾病应急处置

（1）如遇人员受伤、突发疾病事件，校医院医护人员应立即按照专业的紧急救治方案处理，并根据需要请求社会医疗机构支援。

（2）宣传部负责人应立即关注舆情动态，全程跟踪事件进展情况，实时对外发布信息。

六、附则

1. 本预案适用于XX大学2024届毕业生秋季"双向选择"洽谈会。
2. 其他未列事宜，参照《XX大学突发公共事件应急预案》执行。

附件：XX大学2024届毕业生秋季"双选会"应急通讯录

附件9.8

XX大学校庆庆典及重点活动突发事件应急预案

为切实做好XX大学校庆庆典及重点活动的应急管理工作，积极应对可能发生的各类突发事件，确保各项活动的正常开展和人员生命财产安全，特制定本应急预案。

一、应急组织

成立XX大学校庆活动突发事件应急指挥部。

总指挥：XX书记、XX校长

副总指挥：XX副校长

成员：校庆办、校长办公室、宣传部、团委、科研院、公安处、后勤管理处、安委会办公室、后勤服务中心、XX校区管委会、体育场馆管理中心、校医院负责人

指挥部下设办公室，挂靠校庆办。并设联合督查组，由校庆办、安委会办公室、公安处、后勤管理处、学校安全督查组、校外安全专家组成，负责事前事中督促检查校庆相关部门安全措施落实情况。

二、主要内容

（一）2023世界黄金大会暨中国黄金行业全产业链创新论坛

1. 论坛时间：9月5日上午

2. 主要活动：开幕式及主论坛

3. 论坛地点：XXX

4. 主办单位：XXX，承办单位：XX大学、XXX

5. 风险分析：发生火情、触电、地震、突发疾病等可能造成人员伤亡和财产损失的事件

6. 工作分工：

（1）校内活动组织部门（科研院）负责与场地提供方（XXX）签订安全协议，要求场地提供方提供具备安全条件的会议场所，制定针对火情等突发事件切实可行的现场处置方案，并由场地提供方组织双方现场工作人员培训和演练，避免发生拥挤踩踏等人身伤亡事件。

（2）联合检查组会前和会中督促场地提供方落实好各项安全措施，并现场抽查消防设施、电气设备、疏散通道等设备设施，提出改进意见，确保会议安全有序进行。

（3）校医院负责选派医护人员，全程提供医疗服务。如遇突发疾病，提供专业应急救援处置服务。

（4）宣传部负责突发事件舆情动态及对外信息发布。

7. 现场处置

（1）如遇火情等突发事件，场地提供方负责人应立即启动现场处置方案，现场指挥参会人员有序疏散，双方现场工作人员应紧密配合，避免发生拥挤踩踏等人身伤亡事件。

（2）如遇触电、突发疾病事件，校医院医护人员应立即按照专业的紧急救治方案处理。

（3）如遇突发事件，科研院负责人应第一时间报告副总指挥，副总指挥根据现场情况研判是否采取进一步措施减少人员伤亡和财产损失。

（4）如遇突发事件，宣传部负责人应立即关注舆情动态，全程跟踪事件进展情况，实时对外发布信息。

（二）XX大学"校庆传旗手"XX站校旗传递活动

1. 活动时间：9月9日8:00—12:00。

2. 主要活动：采用跑步的形式传递XX大学校旗、校庆旗、XX校友会会旗。

3. 活动线路：XX校区——XX校区——XX校区（校内传递）。

4. 风险分析：突发疾病等可能造成人员伤亡和财产损失的事件。

5. 工作分工

（1）公安处负责校内交通管制事宜，杜绝无关人员混入活动场地。

（2）校医院负责选派医护人员，全程（三个校区）提供医疗服务。如遇突发疾病，提供专业应急救援处置服务。

（3）宣传部负责突发事件舆情动态及对外信息发布。

6. 现场处置

（1）如遇人员受伤、突发疾病事件，校医院医护人员应立即按照专业的紧急救治方案处理，并根据需要请求社会医疗机构支援。

（2）如遇突发事件，校庆办负责人应第一时间报告副总指挥，副总指挥根据现场情况研判是否采取进一步措施减少人员伤亡和财产损失。

（3）如遇突发事件，宣传部负责人应立即关注舆情动态，全程跟踪事件进展情况，实时对外发布信息。

十、如何开展安全事故调查及对相关责任部门和责任人进行追责问责？

解决方案：按照"四不放过"原则，由专项安全监管部门牵头，相关部门及校内外专家参与，成立事故调查小组，按照规范流程开展事故调查工作。专项安全工作领导小组作为事故处理小组，根据事故调查报告和相关制度规定作出处理意见，进行追责问责，处理结果进行全校通报，开展全员警示教育。

1. 制定《XX大学安全事故管理办法》，明确事故等级和分类，建立事故报告和调查处理程序，确定牵头部门，规范事故报告书内容，细化追责问责事项。具体详见附件10.1《XX大学安全事故管理办法》。

2. 制定《事故调查处理工作流程》，明确专项安全监管部门作为牵头部门，成立事故调查小组，通过现场勘查、调取监控、问询和查阅相关文档，对事故发生的直接原因和间接原因依法依规进行调查取证，形成《事故调查报告》，《事故调查报告》须经责任人、相关责任人和所在部门签字确认后方可最终确定。牵头部门依据《事故调查报告》及相关追责问责制度，起草《事故拟处理意见》，报专项安全领导小组研究确定，处理意见在校长办公会和安委会上进行通报。如涉及对师生给予处分的，须按照相关程序研究确定。详见附件10.2《事故调查处理工作流程》、附件10.3《XX大学XXX事故调查报告》、附件10.4《XXX事故拟处理意见》。

附件10.1

XX大学安全事故管理办法

第一条 为加强我校安全管理工作，及时报告学校各类事故，妥善处理各类事故，结合实际，特制定本办法。

第二条 本办法适用于学校范围内各职能部门进行各类事故的监督管理、报送、档案管理、调查和处理工作。

第三条 职责

（一）安委会办公室负责学校各类事故的综合管理。

（二）各专项安全监管部门按照事故类型对职责范围内的专项安全事故负责调查、登记、统计和报告。

第四条 事故等级的划分

（一）特别重大伤亡事故：一次事故死亡30人以上，或者100人以上重伤的事故。

（二）重大伤亡事故：一次事故死亡10~29人，或者50人以上100人以下重伤的事故。

（三）较大伤亡事故：一次事故死亡3~9人，或者10人以上50人以下重伤的事故。

（四）一般伤亡事故：一次事故死亡1~2人，或者10人以下重伤的事故。

（五）轻伤事故：只有轻伤但没有重伤和死亡的事故（参照《人体损伤程度鉴定标准》）。

（六）轻微伤事故：只有轻微伤的事故（参照《人体损伤程度鉴定标准》）

（七）非伤亡事故：未造成人员伤亡，但造成财产损失或设备损坏或工作中断的事故。具体分为对学校声誉造成较大影响、一定影响和无影响的。

第五条 管理分工

（一）部门负责人接到事故报告后，应当根据事故情况启动应急救援预案，组织抢救，防止事故扩大，减少人员伤亡和财产损失。

（二）各专项安全事故（按事故类型确定）由各专项安全监管部门负责具体管理。

（三）发生事故的部门应填写事故报告，报各专项安全监管部门。

（四）各专项安全监管部门收到事故报告后上报分管领导。

（五）安委会办公室负责学校各类事故的综合统计，发生事故的部门同时应将事故报告抄送安委会办公室，以便汇总和存档。

第六条 事故报告

（一）《安全事故报告书》内容

1. 事故发生的时间、地点、部门或个人；

2. 事故的简要经过、伤亡人数、直接经济损失的初步估计；

3. 事故发生原因的初步判断；

4. 事故发生后采取的措施及事故控制情况；

5. 事故报告部门。

（二）内部报告程序

1. 事故发生后，应由现场相关人员立即报告部门领导，现场相关人员或部门领导应上报学校相关专项安全监管部门，并于3天内上报《安全事故报告书》，同时抄送安委会办公室。

2. 专项安全监管部门收到事故报告后应立即上报分管领导。

3. 各专项安全监管部门负责组织起草事故调查报告，并根据事故调查报告提出处理意见，报学校审批。

（三）外部报告程序

各专项安全监管部门接到重伤、死亡、重大伤亡事故报告后，应立即报告上级主管部门。

第七条 事故调查与处理

（一）事故发生部门应严肃、认真地调查和分析事故，找出事故发生的原因，查明责任，确定改进措施，并指定专人限期整改。

（二）对非伤亡且没有给学校声誉造成影响的事故，事故部门应在事故发生后两天内，组织相关人员参加事故调查组，按事故处理"四不放过"原则处理，即事故原因未查清不放过；事故责任人未受到处理不放过；事故责任人和周围群众没有受到教育不放过；事故没有制定切实可行的整改措施不放过。

（三）对轻微伤事故或给学校声誉造成一定影响及以上等级事故，事故部门应配合上级部门开展事故调查，找出原因，查明责任，制定防范措施，并按照"四不放过"的原则，对事故责任者提出处理意见。

（四）安委会办公室负责建立事故档案，各专项监管部门负责整理、登记和保管好事故资料。对所有事故调查分析的资料，如现场检查记录、照片、技术鉴定、化验分析、会议记录、旁证材料、综合调查材料及登记、报告书等，应妥善保管。

（五）因忽视安全管理、违章指挥、违章作业、玩忽职守或由于渎职造成事故的直接责任人、相关责任人及主管负责人，应给予通报批评、减发岗位津贴等行政处分、经济处罚，对伤亡事故和对学校造成较大影响的非伤亡事故相关责任人应给予警告及以上行政处分直至追究刑事责任。

（六）满足下列条件之一且对事故发生负有管理责任的部门，年度发展核心指标考核建议确定为不合格等次：

1. 按照《XX大学安全事故管理办法》的事故等级划分，年度内发生特别重大伤亡事故、重大伤亡事故、较大伤亡事故、一般伤亡事故、重伤事故、两人及以上轻伤事故的。

2. 年度内发生两次安全事故的：

（1）一人轻伤事故、一次给学校声誉带来较大影响的非伤亡事故；

（2）两次给学校声誉带来较大影响的非伤亡事故。

3. 连续两年发生安全事故的：

（1）连续两年发生一人轻伤事故；

（2）连续两年发生给学校声誉带来较大影响的非伤亡事故；

（3）一年发生一人轻伤事故、一年发生给学校声誉带来较大影响的非伤亡事故。

（七）满足下列条件之一且对事故发生负有管理责任的部门，年度发展核心指标考核建议降档确定：

1. 年度内发生一人轻伤事故或一次给学校声誉带来较大影响的非伤亡事故；

2. 连续两年发生安全事故的：

（1）连续两年发生一人轻微伤事故；

（2）连续两年发生给学校声誉带来一定及以上影响的非伤亡事故；

（3）一年发生一人轻微伤事故、一年发生给学校声誉带来一定及以上影响的非伤亡事故。

（八）对防止事故发生或扩大作出特殊贡献的部门或个人，学校应给予表彰和奖励。

第八条 本办法自公布之日起施行。

附件10.2

事故调查处理工作流程

内容：事故调查处理工作流程
政策依据（材料名称并附相关材料）： 1.《XX大学安全事故管理办法》； 2.《XX大学实验室技术安全责任追究办法（暂行）》； 3.《XX大学消防安全管理规定》等
工作流程： 1. 事故发生后，事故部门上报学校相关专项安全监管部门，并于3天内上报《安全事故报告书》，同时抄送安委会办公室。《安全事故报告书》内容： （1）事故发生的时间、地点、部门或个人； （2）事故的简要经过、伤亡人数、直接经济损失的初步估计； （3）事故发生原因的初步判断； （4）事故发生后采取的措施及事故控制情况； （5）事故报告部门。 2. 专项安全监管部门牵头成立事故调查组，调查组由专项监管部门、安委会办公室、工会、纪委办、安全督查组及校外专家组成，人事处、学生处、研究生院等部门根据事故相关原则进入调查组。调查组在事故部门《安全事故报告书》基础上，经过现场勘察、资料核查、调取监控以及询问当事人等环节，对事故发生原因进一步调查核实，专项安全监管部门负责起草《事故调查报告》（讨论稿），会商后形成《事故调查报告》。 3. 专项安全监管部门将《事故调查报告》报主管校领导审阅。 4. 主管校领导如不同意，调查组将继续深入调查核实事故原因。审阅同意后，专项安全监管部门将《事故调查报告》反馈事故部门，对事故情况进行再次核实。 5. 事故涉及的相关人员和部门如无异议，签字确认，并由事故部门提出拟处理意见，报专项安全监管部门；如有异议，相关人员和部门提供申述报告及支撑材料，事故调查组会商确定是否修改《事故调查报告》。 6.《事故调查报告》经签字确认最终定稿后，专项安全监管部门根据《事故调查报告》、相关制度规定，结合事故部门拟处理意见，提出学校处理意见（讨论稿），报专项安全工作领导小组研究确定。专项安全工作领导小组须根据实际情况召开扩大会议，邀请工会、纪委办及相关部门参会。如涉及党纪政纪处分的，按相关工作流程执行。 7. 专项安全工作领导小组研究确定的处理意见须向安委会通报。 8. 安委会办公室将根据《事故调查报告》和最终处理意见，发布事故通报。 9. 安委会办公室负责建立事故档案，专项监管部门负责整理、登记和保管好事故资料

附件10.3

XX大学XXX事故调查报告

一、背景情况介绍

（一）事故发生的时间、地点、部门或个人；

（二）事故的简要经过、伤亡人数、直接经济损失的初步估计。

二、事故原因分析

（一）直接原因分析

（二）间接原因分析

三、处理情况

事故发生后采取的措施及事故控制情况。

附件10.4

XXX事故拟处理意见

根据《XX大学安全事故管理办法》相关规定，按照事故"四不放过"原则，在部门提出的处理意见基础上，经学校研究，形成如下拟处理意见：

1. XXX单位（部门或个人）存在XXX问题，是造成本次事故的主要责任单位（部门或责任人）。对其处理意见为：

（1）XXX公司负责更换全部设备，如再次发生安全事故，学校将解除与XXX公司的合同。

（2）学校按照合同约定扣除XXX公司年度服务费，共计XXXXX元。

（3）学校将进一步依法追究XXX公司给学校造成的经济和名誉损失。

2. 对XXX部门相关人员处理意见为：

（1）XXX部门主任XXX未能及时发现安全隐患，履职不到位，监管存在缺失，给予其XX处分和XX处理；

（2）给予XXX部门分管XX工作副主任XXX处分和XX处理；

（3）给予XXX部门主任XXX处理。

3. 鉴于事故调查处理过程中暴露出XXX部门XX问题，按照《XX大学安全事故管理办法》相关规定，给予XXX部门XX处理，以事故为警示、举一反三，进一步加强安全监督管理，坚决杜绝安全事故发生。

十一、如何开展新、改、扩建工程"三同时"管理，实现安全管理关口前移？

解决方案：制定并出台《XX大学新、改、扩建工程"三同时"管理办法》，与项目管理部门紧密配合，委托专业机构对新、改、扩建项目进行预评价、安全设计专篇评审及验收。

1. "三同时"指学校在新、改、扩建工程中的职业健康与安全设施，必须与主体工程同时设计、同时施工、同时投入使用。出台《XX大学新、改、扩建工程"三同时"管理办法》，规范新建、改建、扩建工程安全设施"三同时"安全管理，明确相关部门职责、要求及工作程序，有效消除和控制建设项目中危险、有害因素。具体详见附件11.1《XX大学新、改、扩建工程"三同时"管理办法》。

2. 制定《安全生产"三同时"工作流程》，明确各环节时间节点及需提交的书面材料，委托专业机构进行预评价、安全设计专篇评审及验收。具体详见附件11.2安全生产"三同时"工作流程、附件11.3XX大学新、改、扩建工程"三同时"项目台账、附件11.4新、改、扩建工程"三同时"验收材料清单表。

附件11.1

XX大学新、改、扩建工程"三同时"管理办法

第一条 为了规范新建、改建、扩建工程安全设施"三同时"安全管理，结合我校实际，制定本办法。

第二条 本办法适用于学校所有新建、改建、扩建工程的安全设施"三同时"管理。"三同时"指学校在新、改、扩建工程中的职业健康与安全设施，必须与主体工程同时设计、同时施工、同时投入使用。

第三条 职责

基建管理处和后勤管理处等部门按照各自职责负责审查新建、改建、扩建工程的初步设计或方案编制。

各专项安全监管部门负责对施工安全、职业卫生、环境保护、消防设施进行监督和检查，及时纠正施工中的缺陷。

安委会办公室负责综合协调和监督检查。

第四条 程序

（一）安全预评价

安委会办公室外委第三方安全评价机构，对建设项目管理部门提供的"新建、改建、扩建"项目的可行性研究报告进行安全预评价。

（二）"三同时"评审

1. 材料准备

建设项目设计部门根据《安全预评价报告》和建设项目可能产生的职业健康危害和安全问题，以及采取的具体措施，制定建设项目安全设计专篇并报安委会办公室。内容包括：

（1）建设项目名称、工艺流程图、工程选址位置平面图，可能产生职业健康危害以及安全问题的说明书。

（2）建设和技术改造工程任务书或建议书。

（3）安全方面采取的预防措施及可行性技术论证报告。

2. 评审程序

（1）安委会办公室对建设项目的报审资料进行审核后，组织召开"三同时"评审小组会议，评审会采取外委第三方安全评价机构或外请相关专家组成评审小组的方式。

（2）在评审会上由建设项目设计部门向评审小组介绍建设项目可能产生的职业健康危害和安全问题及采取的具体防护措施。

（3）评审小组针对职业健康危害和安全问题等方面分别提出评审意见，只有全部

通过方可进入项目建设。

（三）"三同时"的验收

施工组织部门在建设项目竣工后，负责通知安委会办公室，安委会办公室组织第三方安全评价机构或专家组进行现场检查，对职业健康和安全设施分别进行验收。内容包括：

1. 项目的安全设施是否与主体工程同时设计、同时施工、同时投入使用。

2. 建设项目与之配套的职业健康和安全设施是否符合国家法规和技术标准。

3. 建设项目和运行状况管理是否正常、安全、可靠。

4. 未经"三同时"验收或验收不合格的建设项目不得投入使用。

第五条 本办法自公布之日起施行。

附件11.2

安全生产"三同时"工作流程

内容：安全生产"三同时"工作流程
政策依据（材料名称并附相关材料）：《XX大学新、改、扩建工程"三同时"管理办法》
工作流程： 1. 安委会办公室年初与基建和修缮工程管理部门联系，沟通掌握学校基建和修缮工程计划，并研究确定学校新、改、扩建工程"三同时"项目。 2. 新、改、扩建工程"三同时"项目确认后，安委会办公室与第三方安全评价机构签订委托预评价合同，并请基建和修缮工程管理部门提供预评价所需材料，内容包括： （1）项目可行性研究报告； （2）项目初步设计方案及图纸； （3）项目立项批复。 3. 安委会办公室汇总基建或修缮工程管理部门提交的材料，委托第三方安全评价机构进行安全预评价。 4. 第三方安全评价机构根据材料编写项目《安全预评价报告》，并委托安全专家进行评估。 5. 第三方安全评价机构将安全专家评审通过并附带专家签字确认的评审意见书的《安全预评价报告》报安委会办公室。 6. 安委会办公室将《安全预评价报告》交基建或修缮工程管理部门，其应在开展设计工作的同时，根据《安全预评价报告》组织开展项目《安全设施设计专篇》的编写工作，委托安全专家进行评估。 7. 基建或修缮工程管理部门将安全专家评审通过并附带专家签字确认的评审意见书的《安全设施设计专篇》报安委会办公室备案后，按照《安全设施设计专篇》开展施工工作。 8. 在资产与实验室管理处组织建设验收时，安委会办公室向相关部门提供《新、改、扩建工程"三同时"验收材料清单表》，内容详见附件。 9. 安委会办公室汇总相关部门根据清单提交的验收材料，并委托第三方安全评价机构组织验收。 10. 第三方安全评价机构根据验收材料编写项目《安全验收评价报告》，并委托安全专家进行评审。 11. 第三方安全评价机构将安全专家评审通过并附带专家签字确认的评审意见书的《安全验收评价报告》报安委会办公室。 12. 安委会办公室将《安全验收评价报告》归档留存。

附件 11.3

XX大学新、改、扩建工程"三同时"项目台账

序号	所在校区	建筑名称	新、改、扩建工程"三同时"进程			说明
			预评价	设计专篇	验收	

附件11.4

新、改、扩建工程"三同时"验收材料清单表

序号	部门	材料	备注
1	学校综合监管部门	（1）学校法人证书； （2）主要负责人及安全管理人员安全培训证书	
2	基建与修缮工程管理部门	（1）立项批复文件； （2）选址意见书； （3）建设用地规划许可证； （4）建设工程规划许可证； （5）土地使用证； （6）设计单位营业执照及资质； （7）监理单位营业执照及资质； （8）施工单位营业执照及资质； （9）建筑工程竣工验收报告； （10）施工图（总平面布置图、消防系统布置图、防雷接地布置图、给排水布置图，均应盖有竣工章）	修缮工程不含2~5项
3	消防安全管理部门	（1）建筑物防雷检测报告； （2）消防备案或验收文件	
4	项目使用部门	（1）本项目使用的特种设备的检测报告； （2）本项目相关特种设备操作人员证书； （3）本项目相关压力容器使用的压力表、安全阀的检定合格证书； （4）本项目相关安全管理制度、安全操作规程的清单； （5）本项目相关事故应急救援预案及演练记录； （6）本项目试运行情况（试运行时间为3个月）： ①试运行情况说明（试运行期间生产情况是否正常、有无生产事故发生等）； ②试运行以来安全投入资金清单，生产投入经费台账及消防配备清单	

十二、如何加强特种设备管理，避免发生特种设备安全事故？

解决方案：制定《XX大学特种设备及特种设备作业人员安全管理办法》，确定每台设备的负责人、安全总监和安全员，建立"日管控、周排查、月调度"工作机制，按照安全管理标准化相关要求开展日常管理。

1. 制定并出台《XX大学特种设备及特种设备作业人员安全管理办法》，加强特种设备的安全管理，明确专项安全监管部门、特种设备使用部门、特种设备作业人员的职责，规范特种设备使用及管理。具体详见附件12.1《XX大学特种设备及特种设备作业人员安全管理办法》。

2. 结合《XX大学特种设备及特种设备作业人员安全管理办法》及上级部门相关文件要求，制定《XX大学特种设备检查规范》，统一检查要求、检查内容及流程，为特种设备管理人员及作业人员开展日常检查提供抓手。具体详见附件12.2《XX大学特种设备检查规范》。

3. 制定并出台《关于进一步落实特种设备使用安全主体责任的通知》，健全特种设备安全责任体系，确定每台设备的负责人、安全总监和安全员。具体详见附件12.3《关于进一步落实特种设备使用安全主体责任的通知》。

4. 开展特种设备安全管理标准化建设，制定并落实《年度特种设备安全管理工作计划》（内容包含教育培训计划和隐患排查计划），全面提升学校特种设备安全管理和治理能力现代化水平。具体详见附件12.4《XX大学特种设备安全管理标准化建设情况汇报》、附件12.5《2024年特种设备专项安全管理工作计划》。

5. 建立特种设备管理台账，保障全校特种设备信息的准确性、设备及附件定期检验的及时性，提高特种设备管理效率。具体详见附件12.6特种设备管理台账。

6. 落实"日管控、周排查、月调度"和专项安全"双月查"工作机制，依托学校"安全隐患治理""三违行为治理系统"，把责任真正压实到特种设备安全管理的"关键少数"，确保发生安全问题"找得到人、查得清事、落得了责"，进一步提高特种设备安全管理水平。具体详见附件12.7特种设备安全监督检查计划表。

7. 充分发挥科技赋能作用，建立特种设备实时监控系统，通过实时监控平台，实现所有特种设备点位全部在平台监控范围内，提高特种设备监管质效。具体详见附件12.8XX大学特种设备实时监控平台、附件12.9XX大学特种设备实时监控平台隐患台账。

附件12.1

XX大学特种设备及特种设备作业人员安全管理办法

第一条　为了加强特种设备的安全管理，防止和减少事故，保障学校师生生命财产安全，根据《中华人民共和国特种设备安全法》和《特种设备作业人员监督管理办法》等有关法律、法规规定，结合学校实际情况，制定本办法。

第二条　本办法适用于学校内所有特种设备及特种设备作业人员管理工作。

第三条　学校特种设备是指涉及生命安全、危险性较大的锅炉、压力容器、压力管道、电梯、起重机械，详见原国家质检总局公布的《特种设备目录》。

学校特种设备作业人员是指锅炉、压力容器、压力管道、电梯、起重机械的作业人员及其相关管理人员。

第四条　职责

（一）安全管理委员会办公室（以下简称"安委会办公室"）职责：

1. 安委会办公室是特种设备专项监督管理部门；

2. 安委会办公室负责特种设备动态信息监管系统的管理。

（二）特种设备使用部门职责：

1. 特种设备使用部门是特种设备使用、管理的直接责任部门；

2. 特种设备使用部门应当制定操作规程，保证特种设备安全运行，制定特种设备的事故应急救援预案，并定期组织演练；

3. 特种设备使用部门应建立特种设备台账，明确设备所在位置、设备型号、检测情况等信息，并及时上报安委会办公室备案；

4. 特种设备使用部门应当按照安全技术规范的定期检验要求，在安全检验合格有效期满前1个月向特种设备检验检测机构提出定期检验要求，检测报告报安委会办公室备案；

5. 特种设备使用部门应当聘用取得特种设备作业人员证的人员从事作业工作，对作业人员进行安全教育和培训，并建立特种设备作业人员管理档案。

（三）特种设备作业人员职责：

1. 经考核合格取得特种设备作业人员证，方可从事相应的作业或者管理工作；

2. 积极参加特种设备安全教育和安全技术培训；

3. 严格执行特种设备操作规程和有关安全规章制度；

4. 特种设备作业人员作业时随身携带证件，并自觉接受所在部门的安全管理和相关政府部门的监督检查；

5. 特种设备作业人员在作业过程中发现事故隐患或者其他不安全因素，应当立即向使用部门和安委会办公室报告；特种设备运行不正常时，特种设备作业人员应当按照操作规程采取有效措施保证安全。

第五条 特种设备的使用

（一）特种设备使用严格按照规定操作，严禁超温、超压。

（二）做好各项设备运行前的检查工作，包括：电源电压、各开关状态、安全防护装置以及现场操作环境等。发现异常应及时处理，禁止不经检查强行运行设备。

（三）设备运行时，按规定严格做好运行记录，按要求检查设备运行状况以及进行必要的检测；当设备发生故障时，应立即停止运行，严禁设备在故障状态下运行。

（四）特种设备使用部门应当对在用特种设备进行日常维护保养，定期自检（至少每月一次）并记录，自检人员签字。

（五）特种设备使用部门应当对在用特种设备的安全附件、安全保护装置、测量调控装置及有关附属仪器仪表进行定期校验、维修并记录。

（六）特种设备出现故障或发生异常情况，使用部门应当对其进行全面检查，消除事故隐患后，方可重新投入使用，检维修须聘请有资质的部门。

（七）因设备安全防护装置动作，造成设备停止运行时，应根据故障显示进行相应的故障处理。一时难以处理的，应组织专业技术人员对故障进行排查，并根据排查结果，抢修故障设备。禁止在故障不清的情况下强行送电运行。

（八）当设备发生紧急情况可能危及人身安全时，操作人员应在采取必要的控制措施后，立即撤离操作现场，防止发生人员伤亡。

第六条 特种设备的安装、改造、维修

（一）特种设备的安装、改造、维修前应进行风险分析、风险控制及制订施工方案。

（二）特种设备的安装、改造、维修的施工单位应当在施工前书面告知市特种设备安全监督管理部门，告知后方可施工（施工单位应具有相应资质）。

（三）特种设备安装、改造、维修竣工后，安装、改造、维修的施工单位应当在验收后30日内将相关技术资料和文件移交特种设备使用部门。特种设备使用部门应当将其存入该特种设备的安全技术档案。

第七条 特种设备的管理

（一）特种设备投入使用前，应当核对相关文件：安全技术规范要求的设计文件、产品质量合格证、安装及使用检维修说明、监督检验证明等。

（二）特种设备投入使用前或投入使用后30日内，特种设备使用部门应向市特种设备安全监督管理部门登记，登记标志及定期检验标志应当置于或者附着于该特种设备的显著位置。未经定期检验或者检验不合格的特种设备，不得继续使用。

（三）特种设备使用部门应当建立特种设备安全技术档案。安全技术档案应当包括以下内容：

1. 使用登记证；

2. 特种设备使用登记表；

3. 特种设备设计、制造技术资料和文件，包括设计文件、产品质量合格证明（含

合格证及其数据表、质量证明书）、安装及使用维护保养说明、监督检验证书、型式试验证书等；

4. 特种设备安装、改造和维修的方案、图样、材料质量证明书和施工质量证明文件、安装、改造和维修监督检验报告、验收报告等技术资料；

5. 特种设备定期自行检查记录（报告）和定期检验报告；

6. 特种设备日常使用状况记录；

7. 特种设备及其附属仪器仪表维护保养记录；

8. 特种设备安全附件和安全保护装置校验、检修、更换记录和有关报告；

9. 特种设备运行故障和事故记录及事故处理报告。

第八条 本办法自公布之日起施行。

附件 12.2

XX大学特种设备检查规范

一级指标	二级指标	检查项目	检查要点	检查结果		
				符合	不符合	不适用
1. 采购管理	1.1 采购	1.1.1 采购取得许可生产（含设计、制造、安装、改造、修理），并且经检验合格的特种设备	查看资料			
		1.1.2 不得采购超过设计使用年限的特种设备	查看资料			
		1.1.3 不得采购国家明令淘汰的特种设备	查看资料			
		1.1.4 不得采购报废的特种设备	查看现场			
	1.2 使用登记	1.2.1 投入使用前或者投入使用后30日内应办理使用登记，取得使用登记证书	查看使用登记证			
		1.2.2 流动作业的特种设备，向产权单位所在地的登记机关申请办理使用登记	查看资料			
		1.2.3 特种设备改造、移装、变更使用单位或者使用单位更名、达到设计使用年限继续使用的应当办理变更登记	查看使用登记证			
		1.2.4 使用登记标志应当置于该特种设备的显著位置	查看标志			
2. 使用管理	2.1 定期检验	2.1.1 定期检验报告在检验有效期内	报告是否在检验有效期内			
		2.1.2 定期检验完成后应组织进行特种设备管路连接、密封、附件（含零部件、安全附件、安全保护装置、仪器仪表等）和内件安装、试运行等工作	查看现场			
		2.1.3 检验结论为合格时应按照检验结论确定的参数使用特种设备	查看现场			
		2.1.4 在用特种设备的安全阀或压力表等安全附件、安全保护装置应委托有资质单位进行定期检验(检定、校准)、检修	查看资料			
	2.2 建立特种设备安全技术档案	2.2.1 建立特种设备台账	查看台账			
		2.2.2 逐台建立特种设备安全技术档案	查看档案			

续表

一级指标	二级指标	检查项目	检查要点	检查结果 符合	不符合	不适用
		2.2.3 安全技术档案： （1）使用登记证； （2）特种设备使用登记表； （3）特种设备设计、制造技术资料和文件，包括设计文件、产品质量合格证明（含合格证及其数据表、质量证明书）、安装及使用维护保养说明、监督检验证书、型式试验证书等； （4）特种设备安装、改造和维修的方案、图样、材料质量证明书和施工质量证明文件、安装、改造和维修监督检验报告、验收报告等技术资料； （5）特种设备定期自行检查记录（报告）和定期检验报告； （6）特种设备日常使用状况记录； （7）特种设备及其附属仪器仪表维护保养记录； （8）特种设备安全附件和安全保护装置校验、检修、更换记录和有关报告； （9）特种设备运行故障和事故记录及事故处理报告	查看档案			
	2.3 维护保养	2.3.1 对特种设备进行经常性维护保养	查看维护保养记录			
		2.3.2 对发现的异常情况及时进行处理，并且做好记录	查看记录			
		2.3.3 法律对维护保养单位有专门资质要求的应当选择具有相应资质的单位实施维护保养	查看资料			
	2.4 安全检查	2.4.1 对在用特种设备至少每月进行一次自行检查，并做好记录；	查看记录			
		2.4.2 对在用特种设备进行自行检查和日常维护保养时发现异常情况的，应当及时处理	查看记录			
		2.4.3 对在用特种设备的安全附件、安全保护装置、测量调控装置及有关附属仪器仪表进行定期校验、检修，并做好记录	查看记录			
		2.4.4 对特种设备作业人员作业情况进行检查，及时纠正违章作业行为	查看现场			
	2.5 安全标识	2.5.1 设置安全使用说明、安全注意事项和安全警示标志	查看现场			
3. 人员管理	3.1 配备特种设备作业人员	3.1.1 配备相应持证的特种设备作业人员	查看证书			
		3.1.2 特种设备使用时应保证每班至少有1名持证的作业人员在岗	查看现场			
	3.2 教育培训	3.2.1 安全管理负责人、专职安全管理员应取得相应的特种设备安全管理人员资格证书	查看证书			
		3.2.2 特种设备作业人员应取得相应的特种设备作业人员资格证书	查看证书			
		3.2.3 应对特种设备作业人员进行特种设备安全教育和培训	查看教育培训记录			

续表

一级指标	二级指标	检查项目	检查要点	检查结果		
				符合	不符合	不适用
4. 应急管理	4.1 应急预案	应当制定特种设备事故应急专项预案，应急预案每年至少演练一次，并且做好记录	查看预案及演练记录			
	4.2 应急处置	4.2.1 发生特种设备事故时，根据应急预案，立即采取应急措施，组织抢救	查看材料			
		4.2.2 及时向特种设备安全监管部门和有关部门报告	查看材料			
		4.2.3 配合事故调查和做好善后处理	查看材料			
		4.2.4 发生自然灾害危及特种设备安全时，应当立即疏散、撤离有关人员，采取防止危害扩大的必要措施，同时向特种设备安全监管部门和有关部门报告	查看材料			
5. 停用报废管理	5.1 停用	5.1.1 特种设备拟停用1年以上的，应当采取有效的保护措施，并且设置停用标志，在停用后30日内填写特种设备停用报废注销登记表，告知登记机关	查看现场			
		5.1.2 重新启用时，应当进行自行检查，到使用登记机关办理启用手续；超过定期检验有效期的，应当按照定期检验的有关要求进行检验	查看检验报告			
	5.2 报废	对存在严重事故隐患，无改造、修理价值的特种设备，或者达到安全技术规范规定的报废期限的，应当及时予以报废，产权单位应采取必要措施消除该特种设备的使用功能	查看现场			
6. 其他要求	6.1 锅炉	6.1.1 配备节能管理人员	查看现场			
		6.1.2 锅炉以及以水为介质产生蒸汽的压力容器的使用单位，做好锅炉水（介）质、压力容器水质的处理和监测工作，保证水（介）质质量符合相关要求	查看水质检验报告			
		6.1.3 建立节能技术档案。包括锅炉能效测试报告、高耗能特种设备节能改造技术资料等	查看档案			
	6.2 起重机械	6.2.1 制定安全操作规程，并在周边醒目位置张贴警示标识，有必要的防护措施	查看现场			
		6.2.2 起重设备声光报警正常，室内起重设备要标有运行通道	试验声光报警器			
	6.3 压力容器	压力容器实行使用登记制度，应及时填写"使用登记表"	查看资料			
	6.4 电梯	6.4.1 电梯的日常维护保养必须由取得许可的安装、改造、维修单位或者电梯制造单位进行。电梯应当至少每15日进行一次清洁、润滑、调整和检查	查看维保记录			
		6.4.2 电梯运营使用单位应当将安全使用说明、安全注意事项和安全警示标志置于易引起乘客注意的位置	查看现场			
		6.4.3 在电梯显著位置标明应急救援电话、维保单位名称及维修、投诉电话	查看现场			
		6.4.4 电梯安全管理人员每天必须对所管辖的电梯进行日常巡视，发现问题及时进行处理	查看检查记录			

附件12.3

关于进一步落实特种设备使用安全主体责任的通知

各相关部门：

为确保特种设备安全稳定运行，保障学校师生生命财产安全，根据《特种设备使用单位落实使用安全主体责任监督管理规定》（国家市场监督管理总局令第74号）及上级部门相关要求，经研究决定，在全校范围内进一步落实特种设备使用安全主体责任。现将有关事宜通知如下。

一、涉及部门

特种设备的使用部门。

二、工作内容

（一）开展特种设备使用信息再核实及安全主体责任再落实工作

各相关部门对照部门特种设备核查表认真核查本部门特种设备信息，并请相关人员在核查表上签字确认，确认无误后，于11月13日报送安委会办公室。

1. 学校主管特种设备安全专项监管部门（安委会办公室）的副校长为学校特种设备使用安全主要负责人，安委会办公室分管特种设备使用安全的副主任为学校特种设备安全总监，安委会办公室负责特种设备使用安全的工作人员为学校特种设备安全员。

2. 特种设备使用部门安全负责人为部门特种设备安全主要负责人，部门特种设备管理人员为部门特种设备安全总监，部门特种设备作业人员为部门特种设备安全员。

（二）开展特种设备安全风险分级管控与隐患排查治理双重预防机制建设

1. 建立基于特种设备安全风险防控的动态管理机制。

各相关部门应组织特种设备安全员填写基于特种设备的安全风险辨识管控表，建立部门特种设备安全风险分级管控台账，并定期更新。其中，风险等级为红色和橙色等级的特种设备清单应及时报送安委会办公室。

2. 建立健全"日管控、周排查、月调度"工作机制。

（1）部门特种设备安全员要每日根据基于特种设备的安全风险辨识管控表进行检查，按照相关安全技术规范和本部门安全管理制度的要求，对投入使用的特种设备进行巡检，形成每日安全检查记录，对发现的安全风险隐患，应当立即采取防范措施，及时上报部门特种设备安全总监或者部门主要负责人。未发现问题的，也应当予以记录，实行零风险报告。

（2）部门特种设备安全总监要每周至少组织一次风险隐患排查，分析研判特种设备使用安全管理情况，研究解决日管控中发现的问题，形成《每周安全排查治理报告》。

（3）部门特种设备安全主要负责人要每月至少听取一次部门特种设备安全总监管理工作情况汇报，对当月特种设备安全日常管理、风险隐患排查治理等情况进行总结，对下个月重点工作作出调度安排，形成《每月特种设备安全调度会议纪要》。

三、其他事宜

（一）各相关部门如使用租赁特种设备（气瓶等）的，应建立使用租赁特种设备台账，落实安全主体责任，明确主要负责人、安全总监和安全员，并按本通知要求开展安全风险防控和"日管控、周排查、月调度"工作。

（二）委托物业服务企业、维护保养单位或者专业公司等市场主体管理电梯，受委托方是使用单位，相关部门应督促检查受委托方落实安全主体责任、安全风险防控和"日管控、周排查、月调度"工作，明确每台电梯主要负责人、安全总监和安全员，并要求其及时备案。（使用单位为物业服务企业的，一般以管理的物业项目为单位，至少配备1名安全总监和安全员，安全总监由物业项目负责人或物业服务企业的电梯安全专管人员担任，安全员由物业项目安全管理员担任。）

附件 12.4

XX大学特种设备安全管理标准化建设情况汇报

附件 **12.5**

2024年特种设备专项安全管理工作计划

为推进特种设备安全管理标准化建设工作，防止和减少安全生产事故，保障师生生命和财产安全，促进学校事业持续健康发展，按照学校《XX大学特种设备及特种设备作业人员安全管理办法》要求，特制订本计划。

一、XX大学2024年特种设备安全管理目标

（一）安全事故或事件

1. 特种设备工亡事故为零。

2. 特种设备轻伤以上事故发生率为零（参照《人体损伤程度鉴定标准》）。

3. 给学校声誉造成较大影响的非伤亡事故为零。

4. 重大设备设施事故为零。

（二）安全管理

1. 特种设备使用登记证持有率100%。

2. 特种设备操作人员持证上岗率100%。

3. 特种设备安全隐患整改率（含暂未整改但已做好必要的防护措施）100%。

4. "三违"行为发生率≤1.5%。

二、重点工作

（一）标准化建设工作

持续开展特种设备安全管理标准化建设，稳定特种设备专项安全管理水平。

目标任务：持续开展特种设备安全管理标准化建设，确保特种设备相关制度的贯彻落实，使特种设备能够合法合规使用，有效遏制特种设备相关事故的发生。

工作措施：

1. 重点任务

（1）开展特种设备安全管理标准化建设，确保特种设备相关制度的贯彻落实，使特种设备能够合法合规使用，有效遏制特种设备相关事故的发生。

（2）根据XX大学特种设备分布情况，对二级、三级、微网格进行风险辨识。

2. 其他任务

（1）为新购买或检查中发现无证的设备办理特种设备使用登记证，为待报废的设备在市网办理报废注销手续。

（2）委托XX市特种设备检测研究院对学校压力容器本体及其运行情况、压力容器

安全附件进行年度检查。

（3）XX大学特种设备实时监控平台非工作日录像回放检查。

（二）特种设备使用安全主体责任落实工作

根据《关于进一步落实特种设备使用安全主体责任的通知》持续开展XX大学特种设备使用安全主体责任落实工作，保障学校师生生命财产安全。

目标任务：持续开展XX大学特种设备使用安全主体责任落实工作，确保相关责任落实到人，确保"日管控、周排查、月调度"工作认真开展。

工作措施：

1. 制定部门特种设备岗位职责核查表，因为人事变动或人员职责调整，部门负责人、主管安全负责人、安全员产生变动的，及时调整相关部门特种设备岗位职责核查表。

2. 根据职责要求，学校特种设备安全员每月向学校特种设备安全总监汇报学校特种设备安全管理情况，由学校特种设备安全主要负责人定期听取安全总监汇报，并向学校安委会汇报学校特种设备管理情况，由学校特种设备安全总监形成《每月特种设备安全调度会议纪要》。

3. 定期对使用租赁特种设备（气瓶等）的相关部门和委托物业服务企业、维护保养单位或者专业公司等管理电梯的市场主体，且委托方是使用单位的相关部门开展安全风险防控和"日管控，周排查，月调度"工作情况进行检查。

三、主要工作

（一）信息化建设

加强特种设备安全信息化建设，提升电梯安全技防水平

电梯内监控信号汇总：

1. 对学校电梯内的监控信号完好率情况定期进行检查，若有损坏通知部门及时维修。

2. 将三个校区电梯内监控信号汇总到安委会办公室（待建成）。

（二）教育培训

强化特种设备作业人员教育培训，增强相关人员的安全意识和技能，提高自觉性和责任感。

目标任务：通过安全教育培训，提高特种设备作业人员安全技术水平，减少事故发生；通过提高特种设备作业人员素质，增强相关人员持证上岗意识。

工作措施：

1. 委托XX市市场监督管理局指定培训机构为我校压力容器作业人员组织统一的培训及考试工作。

2. 结合安全知识系列讲座，邀请XX市特检院压力容器方面专家，以警示教育为主，结合事故案例，来我校为师生进行专题培训。

3. 结合信息化建设，在线上发布"云课堂"等内容。

（三）风险辨识与隐患排查治理

目标任务：通过特种设备安全风险等级的分析，以"钉钉子"精神，坚决消除安全隐患"顽疾"，杜绝安全事故发生。

工作措施：

按照学校制度要求和学校工作时间特点，将每两个月对特种设备使用和管理进行一次安全检查，具体安排如下：

1. 1月对学校寒假期间特种设备安全使用情况进行检查；

2. 3月对使用租赁特种设备（气瓶等）的相关部门进行检查（建立使用租赁特种设备台账，落实安全主体责任，明确主要负责人、安全总监和安全员，并按要求开展安全风险防控和"日管控、周排查、月调度"工作）；

3. 5月结合特种设备安全风险分级管控台账邀请安评专家对安全风险等级为橙色及以上设备进行检查，并对部门履职情况进行督查；

4. 7月对三个校区的电梯进行检查，同时检查电梯内监控信号完好率，请相关部门配合将电梯内监控信号汇总到XX大学特种设备实时监控平台；

5. 9月结合特种设备安全风险分级管控台账，对安全风险等级为橙色及以上设备进行检查，并对部门履职情况进行督查；

6. 11月对全校特种设备微网格现场处置方案演练开展情况进行检查；

7. 每2周开展一次XX大学特种设备实时监控平台线上检查，同时排查特种设备监控点位准确率、是否需要根据新增设备增加监控点位等。

（四）应急管理

系统推进特种设备应急管理体系建设，强化应急准备，注重应急演练，不断提升应急处置和应急避险能力。

目标任务：通过建立防范、指挥、处置特种设备突发事件的工作机制，做到分工明确、责任到人，进一步提高师生员工应急处置能力和水平。

工作措施：

1. 结合《XX大学特种设备突发安全事件专项应急预案》及二级部门专项预案，开展校级应急演练；

2. 指导并督促各微网格对专项现场处置方案进行演练。

附件 12.6

特种设备管理台账

特种设备（电梯）管理台账

序号	二级部门名称	三级部门名称	注册代码	使用登记证号	所在校区	电梯地址	管理人员	下次检验日期	维保单位

特种设备（锅炉）管理台账

序号	所属部门	使用地点	锅炉使用证号	注册代码	作业人员	下次外检日期	下次内检日期	水质本次检验日期

特种设备（起重机械）管理台账

序号	所属部门	设备使用地点	注册代码	使用登记证号	操作人员	下次检验日期	备注

特种设备（压力容器）管理台账

序号	所属部门	设备地点	设备名称	数量	注册代码	使用登记证号	下次检验日期	安全阀下次检验日期	暂停使用	备注

附件12.7

特种设备安全监督检查计划表

序号	时间	督查重点
1	1月	寒假期间特种设备安全使用情况
2	3月	对使用租赁特种设备（气瓶等）的相关部门进行检查（建立使用租赁特种设备台账，是否落实安全主体责任，明确主要负责人、安全总监和安全员，并按要求开展安全风险防控和"日管控、周排查、月调度"工作）
3	5月	结合特种设备安全风险分级管控台账邀请安评专家对安全风险等级为橙色及以上设备进行检查，并对部门履职情况进行督查
4	7月	对三个校区的电梯进行检查，同时检查电梯内监控信号完好率，请相关部门配合将电梯内监控信号汇总到"XX大学特种设备实时监控平台"
5	9月	结合特种设备安全风险分级管控台账，对安全风险等级为橙色及以上设备进行检查，并对部门履职情况进行督查
6	11月	对全校特种设备微网格现场处置方案演练开展情况进行检查
7	常规督查	每2周开展一次"XX大学特种设备实时监控平台"线上检查，同时排查特种设备监控点位准确率、是否需要根据新增设备增加监控点位等

附件 12.8

XX大学特种设备实时监控平台

附件12.9

XX大学特种设备实时监控平台隐患台账

序号	隐患发现事件	隐患地点	隐患描述	隐患所属专项	整改责任部门	当前节点

十三、如何加强相关方管理，有效遏制相关方安全责任事故？

解决方案：制定并出台《XX大学相关方安全管理办法》，代表学校签订合同的部门与相关方签订安全协议，建立相关方台账，定期开展安全教育和安全监督检查。

1. 制定并出台《XX大学相关方安全管理办法》，将承包方、租赁方及临时用工、外来施工、服务和参观人员等纳入学校相关方管理，明确各发包方或出租部门负责承包方、外来人员接待方管理职责；突出三个"严格"原则，即严格相关方资格准入审查、严格做好安全教育培训、安全交底、危害告知；严格相关方作业日常监督管理。具体详见附件13.1《XX大学相关方安全管理办法》、附件13.2相关方类型图示。

2. 制定《XX大学相关方安全管理检查规范》，统一检查要求、检查内容及检查流程，为各级相关方安全管理人员开展日常检查提供抓手。具体详见附件13.3《XX大学相关方安全管理检查规范》。

3. 代表学校签订合同的部门负责对相关方日常管理，建立台账，审核各类证件和资格，签订安全合同、安全协议，负责安全教育、负责人员的安全管理和审核。具体详见附件13.4部门相关方安全管理台账、附件13.5《安全生产协议》、附件13.6XX部门第三方安全教育培训记录、附件13.7XX大学施工安全检查记录表。

4. 制定《XX大学相关方安全管理专项督查工作方案》，并定期开展相关方安全专项督查，通过现场抽查，倒查各级相关方安全管理岗位履职尽责情况，尽职免责、失职追责。具体详见附件13.8《XX大学相关方安全管理专项督查工作方案》。

附件 13.1

XX大学相关方安全管理办法

第一条 为认真贯彻"安全第一，预防为主"的安全管理方针，落实各级各类人员的安全管理责任制，加强对承包方、租赁方及临时用工、外来施工、服务和参观人员的管理，特制定本办法。

第二条 本办法适用于与学校相关的承包方、租赁方及校区内非本校人员。

第三条 相关方指在本校进行建设项目工程施工、设备安装维修、承租或承包、后勤服务、废弃物处置、参观、培训、实习等外来单位或个人。

第四条 职责

（一）安全管理委员会办公室负责审核安全协议或合同，负责作业现场和租赁现场的安全监督检查。

（二）各发包方或出租部门负责承包方、承租或承包单位的管理，负责审核各类证件和资格、签订安全合同，负责安全教育，负责人员的安全管理和审核。

第五条 外来施工承包方安全管理

（一）各部门必须对承包方的合法性、技术水平和安全保证条件进行确认，内容为：

1. 验证承包方营业能力和经营范围是否符合要求；承包方必须依法取得相应等级的资质证书、营业执照、税务登记证、法人资格证、法人委托书、施工许可证、施工企业安全资格证书、特种作业人员操作证等证书。以上证书必须真实有效，未按期审验，视为废证。

2. 验证承包方安全生产保证体系是否健全、安全措施是否落实。

（二）发包部门依照《中华人民共和国合同法》的规定签订合同书。合同书中必须有安全条款或补充签订安全管理协议，明确双方的安全工作责任及违反规定的处罚条款。

（三）承包方开工前，必须落实施工或检修方案，确定人员，制定安全措施、工程质量标准、检查制度，并到发包部门备案。

（四）承包方人员进入施工现场前必须做到：

1. 明确承包方法定代表人或法定代表人的代理人为安全工作第一负责人。

2. 明确双方现场安全管理的对接工作人员。

3. 发包部门负责对承包方进行安全教育，向承包方介绍本校的各项安全管理制度。对承包方各级领导和安全管理人员进行作业现场及环境的安全技术交底，明确安全技术要求，提供安全施工条件，一同落实安全措施。

4.承包方对全体施工人员进行全面安全教育，经考试合格方可进入作业现场，特种作业人员必须持证作业。

（五）承包方在施工期间必须做到：

1. 现场作业中，必须严格执行学校规定的安全用火、用水、用电及危险作业等管理制度，并取得发包方许可，方可作业。

2. 施工和检修机械、工具必须符合安全要求。

3. 现场施工人员按照国家有关规定着装和佩戴防护用品。

4. 现场工作人员应接受发包方和相关职能部门的安全监督和检查，对违章作业人员或妨碍学校安全运行的作业，学校有权令其纠正或停止作业。

5. 承包方发生的人身伤亡事故或其他事故，应由承包方负责处理，学校发包方和专项安全监管部门有权参与调查，《安全事故报告书》同时抄送安委会办公室备案。

6. 若在施工过程中发现承包方存在不安全因素和违章违纪行为，将按照合同中的有关安全协议条款规定处罚，并责令进行整顿。若整顿无效，学校有权停止其施工，一切后果由承包方负责。

第六条　租赁单位安全管理

（一）出租部门在与承租或承包单位签订租赁或承包合同（或协议）前，应对承租或承包单位的安全生产条件及相应资质进行审查。审查内容包括：

1. 承租或承包单位是否具备法人资格，是否具有承担安全风险的经济能力，是否具有安全管理机构或者专（兼）职安全生产管理人员，是否有成熟的安全制度和管理经验。

2. 承租或承包单位主要负责人和安全管理人员是否具备与租赁经营活动相应的安全管理知识和管理能力；从事建筑施工和危险物品的生产、经营、储存业务的，是否具备相应的资质和条件。

（二）出租部门在与承租或承包单位签订合同（或协议）的同时，应签订《租赁（承包）安全生产管理协议》。《租赁（承包）安全生产管理协议》应由出租单位及承租或承包单位共同起草。合同（或协议）签订后，应到相关专项安全监管部门备案。

（三）出租部门应如实告知承租或承包单位租赁（承包）场所存在的危险因素及学校有关安全管理制度和标准，形成记录，双方签字、存档。出租部门依据国家法律法规、《租赁（承包）安全生产管理协议》和学校安全管理制度与标准，对承租或承包单位的安全工作进行监督管理。

（四）承租或承包单位因生产经营需要装修改造的，由出租（出借）部门按照学校修缮工程审批手续进行审核，审核通过后方可实施。

（五）各专项安全监管部门负责对租赁（承包）方专项安全工作实施监督检查和管理。

第七条　外来人员的安全管理

（一）外来人员主要指在校区内临时作业的人员，如临时搬运工、实习人员、参观人员等。

（二）外来人员应由接待部门进行必要的安全培训和风险提醒。

（三）校区内临时作业的人员进入作业场所必须遵守下列规定：

1. 外来人员的作业现场必须有明显的范围标志。

2. 所用工具、材料、设备均不得占道，要保持校区和楼堂馆所内的道路、通道的畅通整洁。

3. 在作业过程中需动用学校设备设施的必须经相关部门同意后方可使用。

4. 特种作业人员在现场作业时，必须持有有效的特种作业操作证。

5. 临时用电必须经相关方所属部门同意后方可使用。

6. 必须遵守相关工艺规范，遵守安全技术操作规程。维修设备时必须同时维修安全防护设施和装置，保持安全防护设施和装置的完好可靠。

第八条 本办法自公布之日起施行。

附件13.2

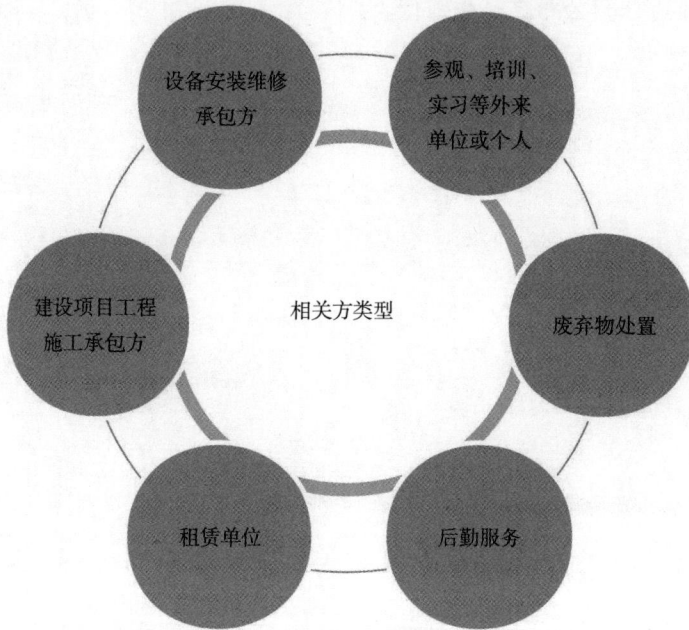

相关方类型图示

附件13.3

XX大学相关方安全管理检查规范

一级指标	二级指标	检查项目	检查要点	检查结果		
				符合	不符合	不适用
1. 综合管理	1.1 资质审查	是否保留相关方资质证书	查看资料			
	1.2 安全协议	是否与相关方签订安全协议	查看资料			
	1.3 教育培训	是否保留对相关方的一级安全教育培训记录	查看资料			
	1.4 管理台账	部门是否建立相关方安全管理台账	查看资料			
2. 施工承包方安全管理	2.1 教育培训	是否备案施工单位二、三级安全教育培训记录（含入场人员名单）	查看资料			
	2.2 特种设备	特种设备定期检验是否合格，特种设备人员是否持证上岗	查看资料			
	2.3 危险作业	2.3.1 动火、有限空间、高处作业等危险作业是否有审批手续	查看资料			
		2.3.2 特种作业人员是否持证上岗	查看证件			
	2.4 安全督查	是否留存专项检查记录	查看资料			
3. 租赁单位安全管理	3.1 安全督查	是否留存对承租或承包方专项检查记录	查看资料			
4. 实验气体采购安全管理	4.1 实验气体验收登记	4.1.1 气瓶是否超期未检	查看现场			
		4.1.2 气瓶安全附件是否齐全（气瓶帽、防震圈）	查看现场			
		4.1.3 送货人员是否签字，是否留存从业人员资质证复印件	查看资料			
		4.1.4 验收人是否签字	查看资料			

附件 13.4

部门相关方安全管理台账

序号	部门	进入本部门安全监管范围内的相关方				本部门是否为合同签订部门	是否与相关方签订安全协议	相关方是否符合资质条件	是否进行安全教育培训及风险提示并有书面证明	备注
		类别	名称	在校时间	人员数量					

附件13.5

安全生产协议

甲方（发包人）：XX大学

乙方（承包人）：

为了落实安全生产责任与文明施工，确保不发生伤亡事故及双方利益不受损害，依照国家、XX省、XX市关于建设工程施工现场管理的有关规定，甲方与乙方本着平等、公正、自愿的原则，签订本协议。

一、安全生产

1. 乙方应按有关规定，采取严格的安全防护措施，承担因自身违章或过失而造成事故的责任和因此而发生的费用。

2. 乙方应制定《安全生产事故应急预案》，并将该预案报甲方及监理方（如有）备案。乙方在施工过程中应严格执行上述预案。

3. 如果发生事故，乙方应立即通知甲方及工程监理方（如有）；若发生死亡或伤亡事故的，乙方应同时采取相应的措施。乙方需为抢救提供必要的条件，发生事故的费用由事故责任方承担。乙方应于第二天书面上报事故发生的详细经过。

4. 乙方应保证隐患整改率为100%。

5. 乙方须是具有独立承担民事责任能力的法人，承包与自己资质相符的工程。

6. 乙方须严格遵守国家法律法规和《XX市安全生产条例》等XX市政府关于安全生产的相关法规及条例。同时，乙方应遵守甲方制定的关于承包管理的所有制度、规定。积极参加各种有关促进安全生产的各项活动。

7. 乙方必须执行下列安全管理制度：

（1）乙方一切施工活动，必须编制安全施工措施，施工前对全体施工人员进行全面的安全技术交底，并在整个施工过程正确、完整地执行，无措施或未交底严禁布置施工。

（2）乙方保证其施工人员具有施工工作能力，有资质要求的岗位，岗位工作人员具有有效的资格证书，并确保以上资格证书在施工期间合法有效。

（3）乙方必须执行安全生产检查制度。

A. 乙方必须接受甲方或甲方上级主管部门组织的各种安全生产检查。

B. 乙方必须接受政府行业主管部门及劳动部门的安全生产检查。

C. 乙方必须自行建立安全生产定期检查制度并严格贯彻实施。

（4）乙方必须执行安全防护设施、设备验收制度。

A．乙方自带施工用机械设备必须是符合国家质量安全标准的产品，且机械性能良好、安全防护装置灵敏可靠。

B．乙方的中小型机械设备和一般防护设施执行自检后报甲方及监理方（如有）验收，但甲方及监理方（如有）的验收不减轻或免除承包方的责任。

C．乙方的大型防护设施和大型机械设备须按规定接受政府主管部门认可的专业检测机构的验收，并出具验收报告，同时报监理方（如有）查验。乙方必须按规定提供设备技术数据、防护装置技术特性、设备履历档案及防护设施支搭（安装）方案。其方案必须满足工程所在地政府相关规定。

（5）针对重要劳动防护用品，乙方必须选用符合国家质量安全生产标准的厂家和品牌，如安全帽、安全带、安全网、漏电保护器、配电箱、五芯电缆、脚手架机件等。

（6）乙方必须执行个人劳动防护用品定期定量供应制度。

（7）乙方必须预防和治理职业伤害与中毒事故。

（8）乙方必须严格执行员工因工伤亡报告制度，并承担因为本单位的原因造成的安全事故的经济责任及法律责任；如因乙方处理不当给甲方造成损失的，甲方有权向乙方追偿。

（9）乙方必须教育并约束员工严格遵守施工现场安全管理规定，对遵章守纪者给予表扬。对违章作业、违章指挥、违反劳动纪律和规章制度者给予处罚。

二、安全防范

1．乙方要对所有负责合同所示工程范围内工作人员的安全负责。乙方必须采取一切严密的、符合安全标准的预防措施确保所有工作场所安全，不存在妨碍工人安全和卫生的危险，并保证施工现场的所有人员或附近的人员免遭合同工程施工可能发生的一切危险。乙方现场雇佣的所有人员都应全面遵守各种适用于工程或任何临建的相关法律或规定的安全施工条款。施工现场在工人可能经过的每一个工作场所和任何其他地方均应提供充足和适用的照明和警示标牌。

2．施工现场所有作业面，必须严格按国家规定的安全生产、文明施工标准搞好防护预防工作，保证工人有安全可靠、卫生的工作环境，严禁违章指挥、违章作业。

3．乙方施工人员严重违纪人员并经两次教育而未改正者，甲方有权要求其离场，未经甲方的书面同意，此人不得在施工现场继续工作。

4．乙方应依法为现场施工人员配备安全帽等劳动保护器具。

5．乙方应指定至少一名合格的且有经验的专职安全管理员，负责安全方案和措施的具体贯彻实施。

三、消防保卫

1．乙方必须认真遵守国家有关法律、法规及住建部、XX市政府、XX市建委颁发的有关治安、消防、交通安全管理规定。乙方应严格按甲方和工程监理方（如有）消防保卫制度及甲方施工现场消防保卫的特殊要求组织施工，并接受甲方和工程监理方（如有）的安全检查；对甲方和工程监理方（如有）所签发的隐患整改通知，乙方应在甲方和工程监理方（如有）限定的期限内整改完毕，逾期不改或整改不符合甲方和工程监理方（如有）的要求，甲方有权按规定对乙方进行停工及经济处罚。

2. 乙方需配备至少一名专职或兼职保卫人员负责本单位保卫工作。

3. 凡由于乙方管理及自身防范措施不力或乙方工人责任造成的火灾、交通（含施工现场内）等事故，该事故的处理（含善后处理）均由乙方独自承担，因此给甲方造成的经济损失由乙方负责赔偿。

四、违约责任

乙方违反上述安全义务而对甲方或工程项目造成损失的，由乙方承担相关责任。损失数额确定后，从工程款中先行扣除。

五、其他

本协议书作为甲乙双方所签订编号为：XXXX的工程施工合同的附件，与施工合同具有同等法律效力。

以下无正文。

甲方：   乙方：

法定（或授权）代表人：   法定（或授权）代表人：

　年　月　日   　年　月　日

附件 13.6

XX部门第三方安全教育培训记录

施工方单位					
工程名称					
开工日期			预计工期		
培训人		记录人		日期	
会议内容	1. 施工中如进入有限空间、高空、动火作业，须办理有限空间作业安全许可证、高空作业安全许可证、动火作业安全许可证。 2. 特殊工种必须经过有关部门专业培训，考试合格发给操作证后方准独立操作。 3. 施工时要严格执行操作规程，不得违章指挥和违章作业。对违章作业的指令有权予以拒绝施工并有责任和义务制止他人违章作业。 4. 按照作业要求正确穿戴个人防护用品，如防护眼镜、防护帽、防护口罩等。进入施工现场必须戴安全帽，在没有防护设施2m以上、临边和陡坡进行施工时必须系上安全带，高空作业不得穿硬底和带钉易滑的鞋，不得往下投掷物体，严禁赤脚或穿高跟鞋、拖鞋进入施工现场作业。 5. 不懂电器和机械的人员严禁使用和玩弄机电设备。 6. 在施工现场行走要注意安全，不得攀登脚手架、井字架和随吊盘上下。 7. 正确使用防护装置和防护设施。对各种防护装置、防护设施和安全警示牌等不得任意拆除和随意挪动。 8. 高处作业时，不准往下或向上抛掷工具、材料等物体。 9. 现场禁止烟火，现场临时用电要按规范要求铺设。 10. 工具（如钉子、铁锹）放在安全的位置。 11. 防疫防控：用工人员须遵守XX市防疫防控要求				
甲方参加人员					
乙方参加人员					

附件13.7

XX大学施工安全检查记录表

部门（公章）：

开工报告单编号	1. 是否保留承包方资质或备案二级部门对承包方的一级安全协议证书	2. 是否与承包方签订安全协议	3. 是否保留对承包方，的一级安全教育培训记录或备案二级部门对承包方的一级安全教育培训记录	4. 是否备案施工单位二、三级安全教育培训记录（含入场人员名单）	5. 特种设备检验是否合格，特种作业人员是否持证上岗	6. 动火、有限空间，高处作业等危险作业是否有审批手续	7. 特种作业人员是否持证上岗	8. 是否留存专项检查记录	9. 施工人员是否佩戴统一标识（标识样本）	备注

附件13.8

XX大学相关方安全管理专项督查工作方案

一、督查目的

进一步加强相关方安全管理，落实《XX大学相关方安全管理办法》，确保师生生命财产安全和校园安全稳定。

二、督查范围

涉及相关方安全管理的量大面广且风险较高部门及相关主管职能部门。

三、督查内容

《XX大学相关方安全管理办法》相关要求。

四、督查工作流程及时间安排

（一）前期准备阶段（3月底前完成）

1. 成立专项督查工作小组（XXX负责）。

由学校安全督查组和安委会办公室构成。

组长：XXX

组员：XXX、XXX

2. 制定督查项目表（XXX负责）。

依据《XX大学相关方安全管理办法》相关要求，制定《XX大学相关方安全管理检查规范》，对表督查。

3. 确定督查范围（XXX负责）

联合安委会办公室和安全督查组，通过会议研究，拟定XX大学相关方安全管理风险等级台账，内容包括：相关方或危险类别、所属部门、主管职能部门、风险等级等。同时将其中橙色以上等级的部门列入首轮督查范围。

（二）首轮督查阶段（5月底前完成）

1. 工作小组对督查范围内的部门开展专项督查。通过沟通与交流，并查阅相关管理档案，发现管理隐患，指导部门整改，同时列入系统管理。

2. 通过工作小结，持续改进督查方案，确定第二轮督查范围。

（三）第二轮督查阶段（7月底前完成）

根据持续改进后的督查方案，开展第二轮相关方安全管理专项督查工作。

（四）固化督查成果阶段（9月底前完成）

总结专项督查工作，将相关材料规范化、制度化（如检查规范等），固化督查成果，同时对共性问题进行通报，指导各部门举一反三。

（五）"回头看"阶段（11月底前完成）

对相关部门进行复查，对个别部门进行督查，重点督查通报内容落实和举一反三情况。

十四、如何加强危险作业管理，防止施工安全事故发生?

解决方案：制定并出台《XX大学修缮工程外委施工安全管理办法》《危险作业安全管理办法》，明确施工安全主体责任，建立作业许可审批工作机制和台账，定期对危险作业现场进行安全监督检查，严厉打非治违，坚决遏制施工安全事故发生。

1.制定并出台《XX大学修缮工程外委施工安全管理办法》《XX大学动火作业安全管理办法》《XX大学进入有限空间作业安全管理办法》《XX大学高处作业安全管理办法》，加强作业安全管理。具体详见附件14.1《XX大学修缮工程外委施工安全管理办法》、附件14.2《XX大学动火作业安全管理办法》、附件14.3《XX大学进入有限空间作业安全管理办法》、附件14.4《XX大学高处作业安全管理办法》。

2. 对动火作业、有（受）限空间作业、高处作业实施作业许可管理，严格履行作业许可审批手续，作业许可应包含安全风险分析、安全及职业病危害防护措施、应急处置等内容，建立台账，加强监督检查，防止发生各类事故。具体详见附件14.5XX大学危险作业管理台账、附件14.6动火作业安全许可证、附件14.7进入受限空间作业安全许可证、附件14.8高处作业安全许可证。

3. 制定《XX大学危险作业安全管理检查规范》，统一检查要求、检查内容及检查流程，为各级危险作业安全管理人员开展日常检查提供抓手。具体详见附件14.9《XX大学危险作业安全管理检查规范》。

4. 制定《施工安全管理实施细则》，明确每个施工项目应确定一名甲方现场管理人员，落实日查制度，对检查出的安全隐患和违章行为，纳入系统管理，并作为对相关方年底考核减分项。通过考核约束机制，加大隐患整改和违章治理力度，有效遏制施工安全事故发生。具体详见附件14.10《修缮工程施工安全管理与检查制度》、附件14.11《XX大学施工安全检查规范》。

5. 制定《施工安全专项督查工作方案》和《各级施工安全管理部门责任清单》，定期开展施工安全专项督查，通过现场抽查，倒查各级施工安全管理岗位履职尽责情况，尽职免责、失职追责。具体详见附件14.12《施工安全管理专项督查工作方案》、附件14.13《各级施工安全管理部门责任清单》、附件14.14XX部门施工安全检查记录表。

附件14.1

XX大学修缮工程外委施工安全管理办法

第一章 总 则

第一条 为加强学校修缮工程外委施工安全管理，有效控制安全事故，根据《建设工程安全生产管理条例》、《XX省建设工程安全生产管理规定》及《XX大学修缮工程管理办法（修订）》等有关规定，结合学校实际，制定本办法。

第二条 本办法适用于在校园内实施的各类外委修缮工程的安全管理。

第三条 外委施工安全管理实行三级管理制度，安全管理委员会办公室、后勤管理处、工程建设管理部门分别负责修缮工程外委施工的综合监督管理、专项监督管理以及具体项目施工的安全管理（工程建设管理部门职责及分工详见《XX大学修缮工程管理办法（修订）》）。

第四条 参与修缮工程的设计、监理、施工等单位应当具有相应等级的资质，并在其资质等级许可的范围内承揽工程。禁止设计、监理、施工等单位允许其他单位或者个人以本单位的名义承揽工程，禁止转包或者违法分包所承揽的工程。

第五条 各参建单位应高度重视校园内修缮工程的安全管理工作，必须坚持"安全第一，预防为主，人人有责，综合治理，持续改进"的原则，牢固树立安全意识，加强安全监控措施，杜绝各类安全事故发生。

第二章 建设单位的安全管理

第六条 工程建设管理部门在工程开工前应当向施工单位提供施工现场及毗邻区域内供水、排水、供电、供气、供热、通信等地下管线资料，气象和水文观测资料，相邻建筑物、构筑物及地下工程的有关资料，并保证资料的真实、准确、完整。

第七条 工程建设管理部门不得对设计、监理、施工等单位提出不符合建设工程安全生产法律、法规和强制性标准规定的要求，不得压缩合同约定的工期。

第八条 工程建设管理部门在委托编制工程概预算时，应当要求编制单位确定修缮工程安全作业环境及安全施工措施所需费用。

第九条 工程建设管理部门在与施工单位签订施工合同的同时必须签订《XX大学建设工程施工安全生产协议》，明确约定双方的安全责任。

第十条 工程建设管理部门不得明示或者暗示施工单位购买、租赁、使用不符合安全施工要求的安全防护用具、机械设备、施工机具及配件、消防设施和器材。

第十一条 工程建设管理部门应做好施工安全专项检查，对发现的安全隐患，督促施工单位进行整改，督促监理单位进行复查。

第十二条　修缮工程开工前，工程建设管理部门须做好各项安全准备工作，包括签订安全生产协议、安全教育培训、动火审批等。

第十三条　后勤管理处负责建立外委施工安全管理台账，监督检查工程建设管理部门履行安全职责情况。

第三章　设计、监理单位的安全管理

第十四条　设计单位应当按照法律、法规和工程建设强制性标准进行设计，防止因设计不合理导致安全生产事故的发生。设计单位应当考虑施工安全操作和防护的需要，对涉及施工安全的重点部位和环节在设计文件中注明，并对防范安全生产事故提出指导意见。

第十五条　采用新结构、新材料、新工艺的修缮工程和特殊结构的修缮工程，设计单位应当在设计中提出保障施工作业人员安全和预防安全生产事故措施的建议。

第十六条　监理单位应当按照法律、法规和工程建设强制性标准实施监理，并对修缮工程安全生产承担监理责任。

第十七条　监理单位应选派具备相应资格和能力的监理人员进驻施工现场，加强巡查，施工时必须有监理人员实施监理。

第十八条　监理单位应当制定审查核验制度、检查验收制度、督促整改制度、安全生产检查制度、例会制度、事故报告制度、教育培训制度等相关制度，制定安全监理方案及细则，施工前向施工单位进行交底。

第十九条　工程施工前，监理单位应审查施工组织设计中的安全技术措施或者专项施工方案是否符合工程建设强制性标准，并督促施工单位按照批准的方案组织实施。

第二十条　监理单位技术负责人应负责审批项目监理机构编制的安全监理方案，指导总监理工程师审查施工工艺复杂、技术难度大的专项施工方案。

第二十一条　监理单位应当对施工企业资质和人员到岗情况实施检查，对修缮工程的安全生产实施全过程的管理、检查、监督、监控。

第二十二条　监理单位对施工现场应进行定期与不定期的巡视检查和专项检查，实施现场过程控制。对高危作业实施重点监控和旁站，并将现场工作情况如实记录备查。

第二十三条　对发现存在安全事故隐患的，监理单位应当要求施工单位整改，情况严重的，应当要求施工单位暂时停止施工，并及时报告工程建设管理部门。施工单位拒不整改或者不停止施工的，监理单位应当及时向后勤管理处和校安全管理委员会办公室报告。

第二十四条　监理单位应按安全监理相关规定编制、收集、整理安全会议记录、书面安全交底记录、安全检查和巡视检查记录、专项安全施工方案及审核批复资料、安全监理日记等安全监理文件和资料。

第四章　施工单位的安全管理

第二十五条　施工单位应当建立健全安全生产责任制度和安全生产教育培训制度，制定安全生产规章制度和操作规程，保证安全生产所需资金的投入，对所承担的修缮工程进行定期和专项安全检查，并做好安全检查记录。

第二十六条　施工单位应当设立安全生产管理机构，根据项目规模、施工内容按规定配备项目负责人及安全生产管理人员。项目负责人及安全生产管理人员应当取得相应资格后方可任职。

第二十七条　工程施工时，项目负责人和安全生产管理人员应当常驻现场。项目负责人应对修缮工程的安全施工负责，落实安全生产责任制度、安全生产规章制度和操作规程，确保安全生产费用的有效使用，根据工程的特点组织制定安全施工措施，消除安全事故隐患，及时、如实报告安全生产事故。安全生产管理人员负责对安全生产进行现场监督检查，发现安全事故隐患，应当及时向项目负责人报告，对违章指挥、违章操作的，应当立即制止并进行教育培训。

第二十八条　施工单位应当对进入施工现场的管理人员和作业人员进行安全生产教育培训，建立"三级教育卡"，明确三级教育内容，作业前要进行针对性的安全交底。日常的安全检查及整改，均应有书面记录。新进场或转岗劳务人员必须经过培训合格后方可上岗。安全生产教育培训考核不合格的人员，不得入场。

第二十九条　施工单位对列入安全作业环境及安全施工措施所需费用，应当用于施工安全防护用具及设施的采购和更新、安全施工措施的落实、安全生产条件的改善，不得挪作他用。

第三十条　施工单位必须按照设计图纸、技术标准、施工规范、中标时的承诺和批准的施工组织设计施工，严格执行安全生产要求，认真落实设计方案中提出的专项安全防护措施。

第三十一条　施工单位应当在施工组织设计中编制安全技术措施和施工现场临时用电方案。对工程的关键部位、关键环节、关键工序和危险性较大的分部、分项工程，必须制订专项安全施工方案，并附有安全验算结果，落实安全防护措施，确保施工安全。

第三十二条　施工单位须加强现场动态安全控制，建立每日检查制度和安全责任考核机制，每半个月至少组织一次专项检查。逢节假日、重大庆典活动、极端灾害天气等，施工单位应进行安全专项检查，对全体施工人员进行安全教育，周密部署安全工作。

第三十三条　垂直运输机械作业人员、安装拆卸工、爆破作业人员、起重信号工、电工、焊工、登高架设作业人员等特种作业人员，必须按照国家有关规定经过专门的安全作业培训，并取得特种作业操作资格证书后方可上岗作业。特种作业人员应进行登记汇总，正确填写最近一次审证日期及下次复审日期，施工单位须保存所有进场特种作业人员的证件复印件。

第三十四条 施工单位应当为施工现场从事危险作业的人员购买意外伤害保险。意外伤害保险期限自工程开工之日起至竣工验收合格止。

第三十五条 施工单位应当在施工现场入口处、施工起重机械、临时用电设施、脚手架、出入通道口、楼梯口、电梯井口、孔洞口、桥梁口、基坑边沿、爆破物及有害危险气体和液体存放处等危险部位,设置明显的符合国家标准的安全警示标志,做好安全防护。

第三十六条 施工单位应当根据不同施工阶段和周围环境及季节、气候的变化,在施工现场采取相应的安全施工措施。施工现场暂时停止施工的,施工单位应当做好现场防护,所需费用由责任方承担,或者按照合同约定执行。

第三十七条 不得在校园内设置生活区,施工现场的办公区、作业区的选址应当符合安全性要求,职工的膳食、饮水、休息场所等应当符合卫生标准,施工现场临时搭建的建筑物应当符合安全使用要求,施工现场使用的装配式活动房屋应当具有产品合格证。

第三十八条 施工进出校园的各类车辆要遵守《XX大学校园交通安全管理规定》,严禁鸣笛、低速行驶,确保行车安全。

第三十九条 施工单位对因工程施工可能造成损害的毗邻建筑物、构筑物和地下管线等,应当采取专项防护措施。施工单位应当遵守有关环境保护法律、法规的规定,在施工现场采取措施,防止或者减少粉尘、废气、废水、固体废物、噪声、振动和施工照明对人和环境的危害和污染。

第四十条 施工单位应当在施工现场建立消防安全责任制度,确定消防安全责任人,制定用火、用电、使用易燃易爆材料等各项消防安全管理制度和操作规程,设置消防通道、消防水源,配备消防设施和灭火器材,并在施工现场入口处设置明显标志。

第四十一条 施工单位应当向作业人员提供安全防护用具和安全防护服装,并书面告知危险岗位的操作规程和违章操作的危害。

第四十二条 作业人员应当遵守安全施工的强制性标准、规章制度和操作规程,正确使用安全防护用具、机械设备等。

第四十三条 施工单位应当根据工程施工的特点、范围,编制施工项目安全事故应急救援预案,建立应急救援组织或者配备应急救援人员,配备救援器材、设备,并定期组织演练。

第四十四条 施工单位采购、租赁的安全防护用具、机械设备、施工机具及配件,应当具有生产(制造)许可证、产品合格证,并在进入施工现场前进行查验。施工现场的安全防护用具、机械设备、施工机具及配件必须由专人管理,定期进行检查、维修和保养,建立相应的资料档案。

第五章 安全事故的处理

第四十五条 施工中一旦出现安全生产事故(指违反工程质量和安全有关法律法规和工程建设标准,使工程产生质量和结构安全、重要使用功能等方面的缺陷,造成人身伤亡或者重大经济损失的事故），施工现场有关人员应当立即向工程建设管理部门报告，并采取事故控制及抢救措施。工程建设管理部门接到报告后，应于 1 小时内向后勤管理处和校安全管理委员会办公室报告。

第四十六条 事故报告应包括下列内容：

（一）事故发生的时间、地点、工程项目名称、工程各参建单位名称；

（二）事故发生的简要经过、伤亡人数（包括下落不明的人数）和初步估计的直接经济损失；

（三）事故的初步原因；

（四）事故发生后采取的措施及事故控制情况；

（五）事故报告单位、联系人及联系方式；

（六）其他应当报告的情况。

第四十七条 工程各参建方应积极配合事故的调查，并依据有关法律法规的规定，对事故承担责任。

第六章 附 则

第四十八条 本办法由后勤管理处负责解释，自公布之日起实施。

附件14.2

XX大学动火作业安全管理办法

第一条 建立动火作业许可证审批制度，落实动火作业中的安全措施程序，确保动火作业中的人身和设备安全。

第二条 本办法适用于校园内（包括相关方）的动火作业安全管理。

第三条 职责

（一）作业人员职责：应按规定穿戴劳动防护用品和安全保护用具，认真执行安全措施，在安全措施不完善或没有办理作业许可时应拒绝动火作业。

（二）监护人职责：负责确认作业安全措施和执行应急预案，遇有危险情况时命令停止作业；动火作业过程中不得离开作业现场；监督作业人员按规定完成作业，及时纠正违章行为。

（三）作业所在部门职责：负责按规定办理动火作业许可证，制定安全措施并监督实施，组织安排作业人员，对作业人员（包括相关方）进行安全教育，确保作业安全；检查落实现场作业安全措施，确保作业场所符合动火作业安全制度。

（四）公安处职责：负责动火作业许可审批和监督检查动火作业安全措施的落实。

（五）安全管理委员会办公室（以下简称"安委会办公室"）职责：负责对制度落实情况和安全教育情况进行监督检查。

第四条 动火作业许可审批的办理

（一）在学校内可产生火焰、火花的作业均属动火作业，必须办理动火作业许可证。

（二）申请动火作业部门应根据动火安全管理制度落实动火中的各项安全措施后，方可申请动火作业。

（三）申请动火作业部门应安排专人负责办理审批手续。

（四）作业部门在办理动火作业审批许可后，应对作业人员和监护人进行安全教育，并作好记录。

第五条 动火作业的安全措施

（一）作业前，作业部门应对监护人和作业人员进行安全教育，包括作业中可能遇到的意外和处理、救护方法等。

（二）动火前应整体考虑，动火部门主动与相邻部位负责部门联系沟通，做好安全防护措施。

（三）动火前，动火部门应制定应急措施，备好灭火器材，使用相应的专用灭火器。

（四）动火工具必须完好，安全附件齐全良好，符合安全要求，氧气瓶和乙炔瓶离明火10米以上，乙炔瓶与氧气瓶应相距在5米以上。

（五）动火附近的下水井、水沟、电缆沟、排水沟应清除易燃、易爆物或予以封闭隔离，5级以上大风不准室外高处动火作业。

（六）动火过程中出现跑、冒、滴、漏易燃物等其他紧急情况时，应停止动火。恢复正常，且经批准后方可继续动火。

（七）室内动火应将门窗打开，周围设备遮盖，附近不准有石油醚、酒精等挥发性强的易燃物，同时易燃易爆物料在动火期间不得通过动火现场。一个房间动火，相邻房间需做好相应的防护措施，防止火灾蔓延。

（八）动火作业应安排监护人，动火完毕，作业人员和监护人应熄灭余火，检查确保安全后，方可离开。

（九）监护人在动火期间自始至终不得离开监火岗位，如有特殊情况需离开岗位，动火部门必须指定代理人。

第六条　各部门不得将动火作业项目发包给不具备资质的企业或个人。

第七条　动火作业项目，实行"谁组织实施，谁制定安全措施""谁批准方案实施，谁监督落实"的管理体制，并明确各方责任。

第八条　本办法自公布之日起实施。

附件14.3

XX大学进入有限空间作业安全管理办法

第一条 为了加强有限空间内作业安全管理，确保进入有限空间人员的人身安全和健康，防止发生中毒、窒息、火灾和爆炸事故，特制定本办法。

第二条 本办法适用于校园内（包括相关方）进入有限空间作业安全管理。

有限空间是指封闭或者部分封闭，与外界相对隔离，出入口较为狭窄，作业人员不能长时间在内部工作，自然通风不良，易造成有毒有害、易燃易爆物质积聚或者氧含量不足的空间。有限空间需同时满足以下三个条件：

（一）体积足够大，人能够完全进入；

（二）进出口有限或者受到限制；

（三）不是设计为作业人员长时间活动的空间。

第三条 职责

（一）作业人员职责：应遵守进入有限空间作业安全管理办法，按规定穿戴劳动防护用品和安全保护用具，认真执行安全措施，在安全措施不完善或没有办理作业许可时应拒绝进入有限空间作业。

（二）监护人职责：负责确认作业安全措施和执行应急预案，遇有危险情况时命令停止作业；进入有限空间作业过程中不得离开作业现场；监督作业人员按规定完成作业，及时纠正违章行为。

（三）作业所在部门职责：负责按规定办理进入有限空间作业许可证，制定安全措施并监督实施，组织安排作业人员，对作业人员（包括相关方）进行安全教育，确保作业安全；检查落实现场作业安全措施，确保作业场所符合进入有限空间作业安全条件。

（四）后勤管理处职责：负责监督检查修缮工程中进入有限空间作业安全措施的落实、进入有限空间作业许可审批。

（五）资产与实验室管理处职责：负责监督检查实验室中进入有限空间作业安全措施的落实、进入有限空间作业许可审批。

（六）基建管理处职责：负责依据国家相关法律法规监督检查基建工程中进入有限空间作业安全措施的落实，其中包括进入有限空间作业许可证审批的落实。

（七）安委会办公室职责：负责对管理办法落实情况和安全教育情况进行监督检查。

第四条 进入有限空间作业许可审批的办理

（一）进入有限空间作业，必须办理进入有限空间作业许可证。

（二）申请进入有限空间作业部门，应落实进入有限空间的安全防护措施，确认安全措施和有限空间内氧气、可燃气体、有毒有害气体浓度的检验结果。

（三）申请进入有限空间作业部门，应安排专人办理审批手续，在检查监护措施、防护设施及应急报警、通信、营救等设施合格后，进行申报。

（四）部门安全管理负责人在对上述内容全面复查无误，并按职责分工报相关部门审批通过后，方可同意作业人员进入有限空间作业。

第五条　进入有限空间作业的安全措施

（一）作业前，作业部门应对监护人和作业人员进行安全教育，包括作业空间的结构和相关介质等方面的知识，作业中可能遇到的意外和处理、救护方法等。

（二）进入有限空间内作业，电源的有效切断可采取取下电源保险丝或将电源开关拉下后上锁等措施，并加警示牌，设专人监护。

（三）作业人员进入有限空间前30分钟应对空间内进行空气取样，且取样要有代表性、全面性，有限空间容积较大时要对上、中、下各部位取样分析；分析合格后才允许进入设备内作业。

（四）进入有限空间作业，必须遵守动火、高处作业等有关安全规定，进入有限空间作业许可证不能代替上述各作业许可证，所涉及的其他作业要按有关规定执行。

（五）有限空间作业出入口内外不得有障碍物，应保证其畅通无阻，以便人员出入和抢救疏散。

（六）进入有限空间作业一般不得使用卷扬机、吊车等运送作业人员。

（七）在易燃易爆作业环境中应使用防爆型低压灯具和电动工具，电气线路必须绝缘良好，无断线接头，电源接点无松动，防止产生电气火花造成事故；作业人员不得穿戴化纤类等易产生静电的工作服。

（八）进入有限空间作业应有足够的照明，照明设备电压应不大于36 V。在潮湿或狭小容器内作业应小于12 V，所有灯具及电动工具必须符合防潮、防爆等安全要求；使用的电动工具必须装有防触电的电气保护装置。

（九）在有酸碱等腐蚀性作业环境中，应穿戴好防护用品，在设备外部应设有急救用的冲洗装置和水源等。

（十）在设备内进行焊接作业时，应使用干燥绝缘垫，进行气割、气焊时，要使用不漏气的设备，在设备内不得随便开放乙炔或氧气。

（十一）进入设备内部作业前，所有作业人员要检查安全措施、安全器具，规定好统一的联络信号。

（十二）作业现场要配备一定数量符合规定的应急救护器具、灭火器材、安全绳和相应的急救用品和装置。

（十三）人员进入有限空间前，应首先拟定和掌握紧急情况时的撤出路线、方法，有限空间内人员应安排轮换作业或休息。

（十四）有限空间作业可采用自然通风，必要时应采取强制通风的方法。

（十五）对随时产生有害气体或进行防腐作业的场所应采取可靠措施，作业人员要佩戴安全可靠的防护面具，由监护人监护，并进行定时监测。

（十六）监护人员一旦发现有中毒、窒息的紧急情况发生，应立即召集急救人员穿戴好防护器具进行抢救，不得在无防护措施情况下盲目进入抢救，并至少留一人在外做监护和联络工作。

（十七）在作业条件发生变化，并有可能危及作业人员安全时，必须立即撤出；若需要继续作业，必须重新办理进入有限空间作业审批手续。

（十八）作业完工后，经作业人、监护人与安全负责人共同检查，确认有限空间内无作业人员后，方可离开。

第六条　各部门不得将有限空间作业项目发包给不具备资质的企业或个人。

第七条　有限空间作业项目，实行"谁组织实施，谁制定安全措施""谁批准方案实施，谁监督落实"的管理体制，并明确各方责任。

第八条　本办法自公布之日起实施。

附件14.4

XX大学高处作业安全管理办法

第一条 为规范高处作业安全管理，减少高处坠落事故的发生，确保师生员工生命安全，特制定本办法。

第二条 本办法适用于校园内（包括相关方）的高处作业安全管理。

第三条 高处作业指在坠落高度基准面2米以上（含2米）位置有可能坠落的作业。

第四条 职责

（一）作业人员职责：应按规定穿戴劳动防护用品和安全保护用具，认真执行安全措施，在安全措施不完善或没有办理有效作业许可时应拒绝高处作业。

（二）监护人职责：负责确认作业安全措施和执行应急预案，遇有危险情况时命令停止作业；高处作业过程中不得离开作业现场；监督作业人员按规定完成作业，及时纠正违章行为。

（三）作业所在部门职责：负责按规定办理高处作业许可证，制定安全措施并监督实施，组织安排作业人员，对作业人员（包括相关方）进行安全教育，确保作业安全；检查落实现场作业安全措施，确保作业场所符合本办法。

（四）后勤管理处职责：负责监督检查修缮工程中高处作业安全措施的落实，高处作业许可证审批。

（五）资产与实验室管理处职责：负责监督检查实验室科学实验过程中高处作业安全措施的落实、高处作业许可证审批。

（六）基建管理处职责：负责依据国家相关法律法规监督检查基建工程中高处作业安全措施的落实，其中包括高处作业许可证管理的落实。

（七）安委会办公室职责：负责对制度落实情况和安全教育情况进行监督检查。

第五条 高处作业许可审批的办理

（一）由申请作业部门提出申请，并介绍作业周围环境；接受作业任务的部门，制定具体安全措施，按规定办理高处作业审批手续。

（二）高处作业的人员必须严格遵守《XX大学高处作业安全管理办法》，未办理作业许可证，严禁作业。日常工作中遇有一般临时故障，必须马上登高处理时，部门安全管理人员要亲自（或指定专人）监护，并且穿戴好必要的个人防护用品，不必办理高处作业许可证。

（三）部门安全管理负责人在对上述内容全面复查无误后，按职责分工，报相关部门审批后，方可进行高处作业。

第六条　高处作业的安全措施

（一）高处作业人员必须严格遵守国家有关法律法规各项要求。

（二）在进行高处作业时，作业人员必须穿戴整齐个人防护用品，系好安全带、戴好安全帽，安全带的拴挂不得低挂高用，不得用绳子代替。作业现场必须设置安全护梯或安全网（强度合格）等防护设施，遇有6级以上大风、暴雨或雷电天气时，应停止高处作业。抢险需要时，必须采取可靠的安全措施，主要安全负责人要现场指挥，确保安全。

（三）高处作业的人员必须经安全教育合格，并熟悉现场环境和施工安全要求，对患有职业禁忌证和年老体弱、疲劳过度、视力不佳及酒后等人员不准进行高处作业。

（四）进行高处作业的人员一般不应交叉作业，凡因工作需要必须交叉作业时，要设安全网、防护棚等安全设施，严禁上下垂直作业，必要时设专用防护棚或其他隔离措施，否则不准作业。

（五）凡高处作业与其他作业交叉进行时，必须同时遵守所有的有关安全作业的规定。

（六）高处拆除工作，必须提前做好防护方案，并落实到人。

（七）铺设易折、易碎、薄型屋面建筑材料（石棉瓦、石膏板、薄木板等）时，必须有保证施工安全的措施。

（八）高处作业所用的工具、零件、材料等必须装入工具袋，上下时手中不得拿物件，且必须从指定的路线上下，禁止从上往下或从下往上抛扔工具、物体或杂物等，不得将易滚易滑的工具、材料堆放在脚手架上。工作完毕后应及时将各种工具、零部件等清理干净，防止坠落伤人。上下输送大型物件时，必须使用可靠的起吊设备。

（九）高处作业使用的脚手架，材料要坚固，能承受足够的负荷强度。

（十）进行高处作业前，应检查脚手架、跳板等上面是否有水、泥、冰等。如果有，要采取有效的防滑措施。当结冰、积雪严重而无法清除时，应停止高处作业。上石棉瓦（或薄板材料、轻型材料）、瓦楞铁、塑料屋顶工作时，必须铺设坚固、防滑的脚手板。如果工作面有玻璃必须加以固定。

（十一）在易散发有毒有害气体的房屋上部及塔顶上作业时，要设专人监护，发现有毒有害气体泄漏时，应立即停止工作，工作人员马上撤离现场。在吊笼内作业时，应事先对吊笼拉绳进行检查，吊笼所承受的负荷有一定的安全系数，作业人员必须系好安全带并要有专人监护。

（十二）高处作业地点应与架空电线保持规定的安全距离，距普通电线1米以上，距普通高压线2.5米以上，并要防止运输的导体材料触碰电线。

（十三）高处作业所用的脚手架，必须符合国家相关规定。使用各种梯子时，首先检查梯子要坚固，放置要牢稳，立梯坡度一般以60度左右为宜，并应设防滑装置。梯顶无搭钩，梯脚不能稳固时，必须有人扶梯。人字梯拉绳须牢固。金属梯不应在电气设备附近使用。大风中使用梯子必须戴安全帽，并有专人监护。

（十四）冬季及雨雪天登高作业时，要有防滑措施。

（十五）在自然光线不足或者在夜间进行高处作业时，必须有充足的照明。

（十六）坑、井、沟、池、吊装孔等都必须有栏杆拦护或盖板盖严，盖板必须坚固，几何尺寸符合安全要求。

（十七）打扫卫生、贴刷标语、擦玻璃等需要登高也要按高处作业制度要求去做，系好安全带，并且要把安全带拴在牢固的构筑物上。

（十八）进入受限空间进行高处作业，在办理进入受限空间作业许可证后，还需办理高处作业许可证。

第七条 各部门不得将高处作业项目发包给不具备资质的企业或个人。

第八条 高处作业项目，实行"谁组织实施，谁制定安全措施""谁批准方案实施，谁监督落实"的管理体制，并明确各方责任。

第九条 本办法自公布之日起实施。

附件 14.5

XX大学危险作业管理台账

序号	作业类型	工程名称	作业地点	作业部门	作业内容	作业人数	作业时间

附件 14.6

动火作业安全许可证

作业部门				
动火地点				
动火内容				
动火人		监护人		
动火期限	年　月　日　时　分起	年　月　日　时　分止		
风险分析和安全措施	安全措施（注意事项）： 安全措施确认人（签字）：			
动火申请部门负责人（签字）：				
动火审批部门负责人（签字）：				

动火作业风险分析和安全措施

序号	风险分析	安全措施	选项√
1	系统未彻底隔绝	用盲板彻底隔绝	
2	系统内存在易燃易爆物质	进行置换、冲洗至分析合格	
3	周围15米内或下方有易燃物	清除易燃物	
4	现场通风不好	打开门窗，必要时强制通风	
5	风力5级以上	不可避免时升级管理	
6	高处作业	系安全带、办高处作业证	
7	高处作业火花飞溅	采取围接措施	
8	塔、油罐、容器等设备内动火	爆炸分析和含氧量测定合格后方可动火。动火人必须先在设备外进行设备内打火试验后方可进入设备	
9	动火人和监火人不清楚现场危险情况	作业前必须进行安全教育	
10	动火现场无消防灭火措施	选择配备：灭火器（　）台；砂子（　）千克；铁锹（　）把；自来水管（　）根；蒸气管（　）根；石棉布（　）块等	
11	电气焊工具不安全	检查电气焊工具，确保安全可靠	
12	氧气瓶与乙炔气瓶间距不够	间距必须大于5米	
13	氧气瓶、乙炔气瓶与动火作业地点间距不够	间距必须大于10米	
14	乙炔气瓶卧放	必须直立摆放	
15	氧气瓶、乙炔气瓶在烈日下曝晒	夏季采取防晒措施	
16	电焊回路接线不正确	回路线接在焊件上，不能穿过下水井或与其他管道、设备搭火	
17	电缆沟动火	清除易燃物，必要时将沟两端隔绝	
18	监火人离开	动火人停止作业	
19	动火人违反安全操作规程	监火人停止其作业	
20	动火点周围出现危险品泄漏	立即停止作业，人员撤离	
21	作业结束现场留有火种	清理火种（监火人落实）	
22	现场有杂物	清理现场	
补充措施			

附件14.7

进入受限空间作业安全许可证

申请部门			
受限空间（设备）			
作业部门			
作业人员		监护人	
作业内容			
作业时间		年　月　日　时　分起　　年　月　日　时　分止	
风险分析和安全措施	安全措施（注意事项）： 安全措施确认人（签字）：		
进入受限空间作业申请部门负责人（签字）：			
进入受限空间作业审批部门负责人（签字）：			

进入受限空间作业风险分析和安全措施

序号	风险分析	安全措施	选项 √
1	作业人员身体状况不好	体质较弱的人员不宜进入	
2	作业人员不清楚现场危险	作业前进行安全教育	
3	系统内存在危险品	进行置换、冲洗至分析（提前30分钟）合格，涂刷具有挥发性溶剂的涂料时应连续分析	
4	系统未隔绝	所有连通生产管线阀门必须关死，不能用盲板或拆卸管道彻底隔绝的须经安全部门批准	
5	存在搅拌等转动设备	切断电源，并悬挂警示标志	
6	通风不好	打开人孔、手孔、料孔、风门、烟门等，必要时强制通风，不准向内充氧气或富氧空气	
7	高处作业	办理高处作业证	
8	需动火时	办理动火作业证	
9	监护不足	指派专业人员监护，并坚守岗位；险情重大的作业，应增设监护人员	
10	不佩戴劳动防护用品	按规定佩戴安全带（绳）、防毒用品等	
11	易燃易爆环境	使用防爆低压灯具（干燥容器内为36 V，潮湿或狭小容器内为12 V）和防爆电动工具，禁止使用可能产生火花的工具	
12	使用的设备、工具不安全	检查，确保安全可靠	
13	未准备应急用品	备有空气呼吸器、消防器材或清水等应急用品	
14	内外人员联络不畅	正常作业时，内外可通过绳索互通信号或配备可靠的通信工具	
15	人员进出通道不畅	检查，确保安全可靠	
16	无事故情况下的应急措施	作业人员感到不适，要连续不断地扯动绳索或使用通信工具报告，并在监护人员协助下离开。发生事故时监护人员要立即报告，救护人员必须做好自身防护方可入内实施抢救	
17	吊拉物品时滑脱	可靠捆绑、固定	
18	交叉作业	采取互相之间避免伤害的措施	
19	抛掷物品伤人	不准抛掷物品	
20	出现危险品泄漏	立即停止作业，撤离人员	
21	作业人员私自卸去安全带、防毒面具或违反安全规程	监护人员立即令其停止工作	
22	作业后罐内或现场有杂物	清理	
23	下水道、污泥含有硫化氢或其他毒物	按规定佩戴安全带（绳）、防毒面具等	
补充措施			

附件 14.8

高处作业安全许可证

作业部门					
作业地点					
作业内容			作业高度		
作业人			监护人		
作业时间		年　月　日　时　分起　　年　月　日　时　分止			
风险分析和安全措施	安全措施（注意事项）：				
	安全措施确认人（签字）：				
高处作业申请部门负责人（签字）：					
高处作业审批部门负责人（签字）：					

高处作业风险分析和安全措施

序号	风险分析	安全措施	选项√
1	作业人员身体状况不好	对患有职业禁忌症和年老体弱、疲劳过度、视力不佳及酒后人员等，不准进行高处作业	
2	作业人员不清楚现场危险状况	作业前必须进行安全教育	
3	监护力度不足	指派专人监护，并坚守岗位	
4	未佩戴劳动防护用品	按规定佩安全带等，能够正确使用防坠落用品与登高器具、设备	
5	材料、器具、设备不安全	检查材料、器具、设备，必须安全可靠	
6	上下时手中持物（工具、材料、零件等）	上下时必须精神集中，禁止手中持物等危险行为，工具、材料、零件等必须装入工具袋	
7	带电高处作业	必须使用绝缘工具或穿均压服	
8	现场噪声大或视线不清楚等	配备必要的联络工具，并指定专人负责联系	
9	上下垂直作业	采取可靠的隔离措施，并按指定的路线上下	
10	易滑动、滚动的工具、材料堆放在脚手架上	采取措施防止坠落	
11	登石棉瓦、瓦棱板等轻型材料作业	必须铺设牢固的脚手板，并加以固定，脚手板上要有防滑措施	
12	抛掷物品伤人	不准抛掷物品	
13	出现危险品泄漏	立即停止作业，人员撤离	
14	作业后高处或现场有杂物	清理	
补充措施			

附件14.9

XX大学危险作业安全管理检查规范

一级指标	二级指标	检查项目	检查要点	检查结果		
				符合	不符合	不适用
1. 综合安全管理	1.1管理台账	部门是否建立危险作业安全管理台账	查看资料			
	1.2安全督查	1.2.1作业所在部门是否留存危险作业安全督查记录	查看资料			
		1.2.2专项安全监管部门是否留存专项安全督查记录	查看资料			
	1.3审批许可	部门是否办理危险作业审批许可证（动火作业、有限空间作业、高处作业）	查看资料			
	1.4教育培训	作业部门是否对监护人和作业人员进行安全教育，并留存记录	查看资料			
2. 动火作业	现场管理	2.1.1在动火作业过程中，监火人员是否离开作业现场	查看现场			
		2.1.2动火部门是否做好安全防护措施	查看现场			
		2.1.3动火现场是否配备灭火措施	查看现场			
		2.1.4作业现场周围15米内是否有易燃物	查看现场			
		2.1.5氧气瓶和乙炔气瓶是否距离明火10米以上	查看现场			
		2.1.6作业人员是否存在违章行为	查看现场			
3. 有限空间作业	现场管理	3.1.1在作业过程中，监护人员是否离开作业现场	查看现场			
		3.1.2有限空间出入口是否有障碍物	查看现场			
		3.1.3是否存在使用卷扬机、吊车等运送作业人员的行为	查看现场			
		3.1.4作业部门是否对有限空间内的氧气、可燃气体、有毒有害气体浓度进行检测	查看现场			
		3.1.5作业现场是否配备一定数量符合规定的应急救护器具、灭火器材、安全绳及相应的急救用品和装置	查看现场			
4. 高处作业	现场管理	4.1.1在作业过程中，监护人员是否离开作业现场	查看现场			
		4.1.2作业人员是否穿戴整齐个人防护用品，系好安全带、戴好安全帽，安全带是否低挂高用	查看现场			
		4.1.3作业现场是否设置安全护梯或安全网等防护设施	查看现场			
		4.1.4高处作业地点是否远离电线、高压线	查看现场			
		4.1.5冬季及雨雪天登高作业时，是否有防滑措施；脚手架、跳板等上面如有水泥、冰等，是否采取有效的防滑措施	查看现场			

附件14.10

修缮工程施工安全管理与检查制度

第一章 总则

第一条 为加强XXX修缮工程施工安全管理，有效控制安全事故，根据《XX大学修缮工程外委施工安全管理办法》《XX大学安全管理系列检查规范》《XX大学施工安全督查项目表（事故调查清单）》等有关规定，结合部门工作实际，制定本制度。

第二条 本办法适用于XXX管理的各类修缮工程的安全生产管理。

第三条 各工程建设承包方要执行国家有关安全生产和劳动保护的法规，遵守学校各项安全管理规定，坚持"安全第一，预防为主，人人有责，综合治理，持续改进"的原则，建立安全生产责任制，加强施工规范化管理。

第二章 施工管理责任制

第四条 XXX负责制定、修订施工安全管理制度并进行宣贯。

第五条 XXX检查组定期对照施工安全督查项目表对工程建设组织部门管理情况进行检查，抽查作业现场，对违反学校相关规定的行为下达"三违"行为通知单。

第六条 XXX负责落实具体的施工内容、施工过程管理工作，XXX作为工程建设组织部门应为各项施工项目监督管理的第一责任单位；同时作为工程建设承包方的部门需同时履行相应责任。

第三章 工程建设组织部门责任

第七条 开工前对承包方的合法性、技术水平和安全保证条件进行确认；要求承包方法定代表人或法定代表人的代理人为安全工作第一负责人；明确双方现场安全管理的对接工作人员。

第八条 修缮工程开工前，须做好各项安全准备工作，包括签订安全生产协议，明确双方的安全工作责任及违反规定的处罚条款；对承包方进行安全教育，向承包方介绍本校的各项安全管理制度；对承包方各级领导和安全管理人员进行作业现场及环境的安全技术交底，明确安全技术要求，提供安全施工条件，落实安全措施。

第九条 督促承包方对全体施工人员进行全面安全教育，经考试合格方可进入作业现场。

第十条 按规定办理特种作业许可证，建立台账，对特种作业人员进行安全教育，制定安全措施并组织实施。

第十一条 修缮工程施工期间，对外委施工单位资质和人员到岗情况实施检查，对修缮工程的安全生产实施全过程的管理，检查作业现场安全措施落实情况。

第十二条 建立相关方管理台账，并进行风险辨识与分级管控；监督检查外委施工单位履行安全职责情况，对发现的安全隐患，督促施工单位进行整改并进行复查。

第十三条 对施工现场应进行定期与不定期的巡视检查和专项检查，实施现场过程控制。专职安全员每周检查不少于3次，重点项目每日检查至少1次；项目管理人员每周检查不少于1次；专项检查每半个月至少组织1次。检查要做到痕迹管理，检查发现的安全隐患问题按要求逐项记录并留存影像资料。对高危作业实施重点监控，加大安全检查力度，将现场工作情况如实记录备查。

第四章 工程建设承包方责任

第十四条 承包方法定代表人或其代理人为安全工作第一责任人，配有专职安全员；承包方必须依法取得相应等级的各项资质和证书，特种作业人员必须持证作业。

第十五条 工程建设承包方建立健全安全生产责任制度和安全生产教育培训制度，制定安全生产规章制度和操作规程，保证安全生产所需资金的投入，对所承担的修缮工程进行定期和专项安全检查，并做好安全检查记录。

第十六条 必须严格执行学校的安全用火、用水、用电及危险作业等管理制度，取得发包方许可，方可作业；动用学校设备设施必须经工程建设组织部门同意。

第十七条 开工前，须落实施工或检修方案，定人员，定安全措施，定工程质量标准，定检查制度。有责任对全体施工人员进行安全教育，经考试合格方可进入作业现场。

第十八条 工程施工时，项目负责人和安全生产管理人员要求常驻现场。对项目负责人和安全管理人员进行作业现场及环境的安全技术交底，明确安全技术要求，提供安全施工条件，落实安全措施。

第十九条 现场施工人员须按国家规定着装和佩戴防护用品；施工和检修机械、工具要符合安全要求；必须遵守相关工艺规范，遵守安全技术操作规程，维修设备时必须同时维修安全防护设施和装置。

第二十条 按要求建立安全管理相关台账。如微网格风险等级管理台账、危险作业运行设备管理台账、危险作业安全管理台账、职业危害因素管理台账、特种作业人员管理台账、隐患治理情况管理台账、"三违"行为管理台账等。

第二十一条 定期召开安全生产工作例会，研讨解决安全生产问题。密切跟踪施工现场安全隐患，检查作业现场安全措施落实情况，及时发现纠正"三违"行为，实行隐患及"三违"行为闭环管理。

第二十二条 制定符合施工特点的应急预案及现场应急处置方案，依据应急预案组织开展应急演练或桌面推演，并进行总结、评估和完善。

第二十三条 垂直运输机械作业人员、安装拆卸工、爆破作业人员、起重信号工、电工、焊工、登高架设作业人员等特种作业人员，按照国家有关规定经过专门的安全作业培训，并取得特种作业操作资格证书。

第五章　整改及评价

第二十四条　对发现的安全事故隐患要建立事故隐患台账，重大事故隐患要填写事故隐患指令书，落实专人限期整改。发现存在一般事故隐患，应当要求施工单位立即整改，进行专项安全教育并记录，整改合格后方可进行施工；情况严重的，检查人员应当要求施工单位暂时停止施工，限期整改并及时报告工程建设管理部门；施工单位拒不整改或者不停止施工的，检查人员应当及时向工程建设管理部门报告。

第二十五条　发生安全事故应立即逐级向后勤服务中心、后勤管理处和校安全管理委员会办公室报告。

第二十六条　发现存在安全隐患未及时整改给学校造成损失的，按照《XX大学修缮工程施工合同》和《XX大学建设工程施工安全生产协议》中约定内容执行。

第二十七条　发生安全事故的在大修工程绩效考评中有一票否决项。安全检查结果作为大修工程绩效考评中施工单位综合考核评分的依据。

第六章　附　则

本制度由XXX负责解释，自发布之日起生效。

附件 14.11

XX大学施工安全检查规范

一级指标	二级指标	检查项目	检查要点	检查结果		
				符合	不符合	不适用
1.安全管理	1.1 安全生产责任制	1.1.1 建立安全生产责任制	查看企业制度			
		1.1.2 与校公安处签订消防责任承诺书	查看承诺书			
		1.1.3 配设专职安全员	查看生产人员配置			
	1.2 施工组织设计	1.2.1 制定施工安全技术措施	查看复印件			
		1.2.2 编制危险性较大分项工程专项施工方案	查看复印件			
	1.3 安全技术交底	1.3.1 按规定进行书面安全技术交底	查看技术档案			
		1.3.2 安全技术交底人、被交底人、安全员签字确认	查看复印件			
	1.4 安全检查	1.4.1 建立安全检查制度	查看制度档案			
		1.4.2 定期组织安全检查，填写检查记录	查看记录本			
	1.5 安全教育	1.5.1 建立安全培训及岗前培训制度	查看培训记录			
		1.5.2 建立三级教育和考核制度	查看教育、考核记录			
	1.6 应急救援	1.6.1 对易发生重大安全事故的部位进行监控	查看现场及监控记录			
		1.6.2 定期组织员工进行应急演练	查看演练记录			
	1.7 监理履职	1.7.1 定期召开安全生产工作周例会，研讨解决安全生产问题	查看安全生产会议记录			
		1.7.2 密切跟踪施工现场安全隐患，及时发现纠正"三违"行为	有无隐患和"三违"检查记录			
		1.7.3 实行隐患及"三违"行为闭环管理（查看监理记录、整改书）	查看隐患、"三违"整改书及是否闭环			
	1.8 持证上岗	1.8.1 项目经理、专职安全员、特种作业人员必须持证上岗	查看人证合一			
	1.9 事故处理	1.9.1 发生事故时按规定及时上报	查看应急处置预案			
	1.10 安全标志	1.10.1 按规定设置安全警示标志	查看现场			
		1.10.2 设置安全警示标志布置图	查看现场			

续表

一级指标	二级指标	检查项目	检查要点	检查结果 符合	不符合	不适用
2.重大危险源	重大危险源管理	2.1.1 有重大危险源监控记录	查看记录			
		2.1.2 有重大危险源管控方案和台账	查看危险源管控方案			
		2.1.3 有重大危险源应急救援预案	查看应急救援预案			
3.文明施工	3.1 施工场地	3.1.1 围挡应坚固、稳定、整洁美观	查看现场			
		3.1.2 施工人员应配备标有企业名称的工作卡	查看现场			
		3.1.3 地面进行硬化处理,有防尘措施,工地内严禁吸烟	查看现场			
	3.2 材料管理	3.2.1 材料摆放整齐,标明名称、规格	查看现场			
		3.2.2 设有危险品专用库房,分类存放	查看现场			
		3.2.3 材料存放应采取防火措施	查看现场			
	3.3 现场办公与住宿	3.3.1 宿舍、办公用房符合防火规范要求	查看现场			
		3.3.2 宿舍和办公室内不准使用电加热器具("热得快"、"小太阳"、电褥子等)	查现场员工宿舍和办公室			
		3.3.3 有确实可行的安全措施(如每天定时巡查),确保"人走断电"	查看现场管理及巡查记录			
	3.4 现场防火	3.4.1 制定消防制度、措施	查现场制度落实			
		3.4.2 灭火器可靠,布局规范,在有效期内	查看现场灭火器状态			
		3.4.3 明火作业有审批手续(动火作业证),并配备监护人员	查看动火作业证			
		3.4.4 现场易燃物品管理规范,施工所产生易燃垃圾处理及时	查看现场			
	3.5 综合治理	3.5.1 建立治安保卫制度	查看企业管理制度			
		3.5.2 制定治安防范措施	查看企业管理制度			
	3.6 公示标牌	3.6.1 大门口设"五牌一图"	查看现场			
		3.6.2 标牌规范统一	查看现场			
	3.7 社区服务	3.7.1 未经批准不得夜间施工	查现场施工			
		3.7.2 施工车辆校内车速不得超过每小时20千米	查校内施工车辆			
		3.7.3 现场严禁焚烧各类废弃物	查看现场及周边			
		3.7.4 制定尘、光、声不扰民措施	查看现场			
		3.7.5 未经校方许可不得在校园内设置员工宿舍,不得在校园内起火做饭	查看现场			

续表

一级指标	二级指标	检查项目	检查要点	检查结果		
				符合	不符合	不适用
4.高处作业	4.1安全用具	4.1.1进入施工现场必须戴安全帽	查看现场			
		4.1.2在脚手架外侧采用密目式安全网	查看现场			
		4.1.3高处作业应按规范系挂安全带	查看现场			
	4.2临边作业	4.2.1临边作业面应设临边防护网	查看现场			
		4.2.2临边防护设施结构、强度符合规范	查看现场			
	4.3通道口作业	4.3.1施工现场专用人员通道口防护严密，防护棚两侧采取密闭措施，宽度、长度符合规范	查看现场			
		4.3.2当建筑物超过24米高度时，防护顶棚应采取双层防护	查看现场			
	4.4攀登作业	4.4.1梯子底部坚实，无垫高使用	查看现场			
		4.4.2折叠梯夹角35°~45°，设有拉撑装置	查看现场			
	4.5悬空作业	4.5.1设置防护栏杆或其他可靠措施	查看现场			
		4.5.2使用的绳索、吊具等应验收，佩戴安全带、工具袋	查看现场			
		4.5.3应设置高处悬挂点，高挂低用	查看现场			
	4.6移动式操作平台	4.6.1操作平台设计、铺板应符合规范要求	查看现场			
		4.6.2按规定设置高处作业平台和防护栏杆	查看现场			
	4.7悬挑式钢平台	4.7.1钢平台制作安装应编制专项施工方案	查看施工方案			
		4.7.2平台两侧必须安装固定的防护栏，台面铺板严密牢固	查看现场			
5.施工用电作业	5.1外电防护	外电线路与施工设备、设施及机动车道保持安全距离，且采取防护措施	查看现场			
	5.2接地与接零保护	5.2.1配电系统应采用统一保护系统，工作接地电阻不大于4Ω	现场查看、测试			
		5.2.2电气设备的金属外壳必须与保护接零连接	查看现场			
		5.2.3现场高耸设备应规范采取防雷措施	查看现场			
	5.3配电项目	5.3.1线路应设短路保护、过载保护装置	查看现场			
		5.3.2电缆应采用架空或埋入地下两种方式铺设	查看现场			
	5.4配电箱与开关柜	5.4.1应采用三级配电、二级漏电保护系统，漏电保护器功能正常	查看现场			
		5.4.2用电设备应设置设备专用开关箱，箱体应设门、锁及采取防雨措施	查看现场开关柜			
		5.4.3配电箱进出线规范，箱体应设置接线图	查看现场配电箱			
		5.4.4分配箱、开关箱与用电设备距离应符合规范（分配箱小于30米，开关箱小于3米）	查看现场			

续表

一级指标	二级指标	检查项目	检查要点	检查结果		
				符合	不符合	不适用
	5.5 配电室与配电装置	5.5.1 配电室应达到三级耐火等级，配备电气火灾灭火器	查看现场			
		5.5.2 采取防小动物入侵和防雨措施	查看现场			
		5.5.3 设置警示标识、供电平面图和系统图	查看现场			
	5.6 现场照明	5.6.1 严禁动力和照明用电混用，现场应按规范设置照明灯	查看现场			
		5.6.2 特殊场所应使用36 V电压	查看现场			
		5.6.3 灯具与地面、易燃物不小于安全距离（明敷主干线距地面高度不小于2.5米）	查看现场			
	5.7 用电档案	5.7.1 与分包单位签订临时用电安全协议	查看协议			
		5.7.2 专项用电施工组织设计、外电防护方案应履行审批、验收手续（查看文档材料）	查看现场、技术档案、审批手续			
		5.7.3 接地、绝缘电阻、漏电保护器须定期检测并填写记录	查看记录			
		5.7.4 用电档案资料齐全，设有专人管理	查看管理档案			
6. 机具安全	6.1 资质材料	6.1.1 安装、拆卸单位应具有专业承包资质和安全生产许可证	查验证件复印件			
		6.1.2 作业前按规定进行安全技术交底，有技术交底记录	查看技术交底记录			
		6.1.3 编制设备作业专项施工方案，按规定进行审批	查看方案及审批手续			
	6.2 作业前验收、检查	6.2.1 履行设备安装验收手续，填写验收表格，有责任人签字	查看验收资料			
		6.2.2 按规定例行作业前检查，填写检查记录	查看设备使用记录			
		6.2.3 作业人员持证上岗	查看操作人员证件			
	6.3 钢筋机械	6.3.1 传动部位配备防护罩	查看现场			
		6.3.2 焊接、切割须设置防火花飞溅装置	查看现场			
	6.4 电焊机	6.4.1 设置二次降压保护器	查看现场			
		6.4.2 一次线、二次线材质及长度符合规定	查看现场			
		6.4.3 设置防雨罩	查看现场			
	6.5 气瓶	6.5.1 气瓶存放应符合要求，应配防震圈和防护帽	查看现场			
		6.5.2 气瓶间距小于5米或气瓶与明火间距小于10米的，须采取隔离措施	查看现场			
	6.6 圆盘锯	设置作业棚、锯盘保护罩、传动部位防护罩等	查看现场			

续表

一级指标	二级指标	检查项目	检查要点	检查结果		
				符合	不符合	不适用
7.脚手架	脚手架检查标准	7.1.1 应有施工方案及审批材料	查看方案及审批件			
		7.1.2 架体搭设前，进行技术交底，有文字记录	查看记录			
		7.1.3 架体搭设完毕，办理验收手续，有责任人签字	查看记录			
		7.1.4 脚手架立杆基础要求平整、夯实，有垫板、有排水设施	现场查看			
		7.1.5 脚手板铺设严密（满铺）、平整、牢固	查看现场			

附件 14.12

施工安全管理专项督查工作方案

一、督查目的

为落实学校施工安全管理的有关要求，进一步督促落实施工项目的安全管理，加强修缮工程的隐患和"三违"的治理，杜绝发生安全事故，保证学校的财产安全，营造良好的教学氛围。

二、督查范围

从学校三个校区基本建设项目和修缮项目中抽取风险较大的项目，督查安全管理情况。

三、2023学校施工项目概况

2023年，学校共计安排了53个施工项目，其中基建项目5个、维修项目48个。5个基建项目中新开工3项、延续项目2项。48个修缮项目中，涉及危险作业（动火、高处、受限空间）的有10项，其余为绿化、路面维修、家属楼等修缮工程。

由于校庆工作的需要，维修施工时间将集中在4—8月，此时段为施工安全督查的集中期。

四、督查对象风险等级分析

1. 影响施工安全风险等级的因素

（1）项目的规模；

（2）项目涉及危险作业数量和程度；

（3）中标企业情况，是否首次承担本校项目，企业过往安全案底；

（4）项目类型，不同类型的项目风险等级不一，房屋修缮、楼宇防水、建筑外立面维修等风险较大，绿化、路面维修等风险较小。

2. 督查对象的风险等级划分

根据影响安全风险等级的因素和2023年学校施工项目的概况，对施工项目的风险等级进行如下划分。

（1）橙色安全风险项目（19个）

基建项目，新开工项目3个（XX校区1个、XX校区2个）；

维修项目，百万元以上的维修项目6个（中央专项3个，校拨3个）；

百万元以下涉及危险作业的项目10个。

（2）黄色安全风险项目（8个）

基建项目：收尾基建项目2个；

维修项目：存在一定危险因素的维修项目6个。

（3）蓝色安全风险项目（25个）

其他较少涉及危险作业的项目，如园林绿化、路面台阶维护等25个；

零修项目。

五、本次专项督查重点

根据本年度施工项目概况和风险分析，确定存在较大安全风险的项目为本次督查的重点，从中抽取部分项目进行督查。

1. 基建项目，从3个新开工项目中抽取2个；

2. 维修项目，从7个百万元以上维修项目中抽取4个；

3. 从百万元以下涉及危险作业的10个项目中抽取3个。

六、督查项目的选取

根据《XX大学施工安全检查规范》，结合本校特点，按照以督查管理为主的原则，确定本次督查的主要内容。

1. 安全管理，建立检查制度，定期检查并有记录，三级安全教育，安全警示标识；

2. 监理履职，周安全例会，发现并纠正"三违"，实现闭环管理；

3. 文明施工，危险作业审批，完善校内施工人员住宿、开伙等审批制；

4. 现场管理，灭火器配备、易燃物管理、安全帽、安全带等；

5. 监管部门履职，定期检查、隐患与"三违"记录、闭环、复查、校内设宿舍与厨房审批手续和监管等。

（有关相关方管理方面的督查如资质、安全协议等由三组负责。）

七、时间安排

1. 督查准备阶段（4月）

施工概况调研、制定督查方案、督查对象分级、确定督查内容。

2. 督查执行阶段（5月）

对重点督查对象开展督查，做好督查记录，如有必要录入隐患或"三违"系统，依执行情况随时修改完善督查方案。

3. 整改复查阶段（6月）

对照检查记录，复查隐患整改与"三违"复发情况，向相关部门反馈，形成专项督查工作小结。

4. 巩固提高阶段（7—9月）

总结经验，完善专项安全督查模式，固化督查成果。持续开展对施工工地的常规性督查。

附件 14.13

各级施工安全管理部门责任清单

部门类型	序号	安全管理职责	督查要点
综合安全监管部门	1	建立施工安全责任制,明确施工安全主体责任	查看相关记录
	2	组织建立健全施工安全管理相关制度体系并进行宣贯	查看相关记录
	3	进行施工安全专项督查和现场巡查,并对典型的安全隐患和"三违"行为进行通报或曝光	查看相关记录
	4	监督检查施工安全相关制度落实情况	查看督查记录
	5	落实施工安全相关工作部署	查看相关材料
专项安全监管部门	1	成立施工安全工作领导小组,并定期研究施工安全相关工作	查看文件、会议纪要
	2	建立施工安全责任制,明确施工安全主体责任,部门岗位设置中明确岗位负责施工安全监督管理	查看材料及人员配置
	3	建立施工安全管理台账,高处作业许可证审批台账	查看台账
	4	制定施工安全管理相关规章制度并进行宣贯	查看文件及宣贯材料
	5	对作业现场安全措施落实情况进行检查,并对典型的安全隐患和"三违"行为进行通报	查看检查记录
	6	落实施工安全相关工作部署	查看相关材料
工程建设组织部门	1	建立施工安全责任制,明确施工安全主体责任	查看相关材料
	2	制定部门施工安全管理制度并进行宣贯	查看相关材料
	3	建立相关安全管理台账,并进行风险辨识与分级管控	查看相关材料

工程建设组织部门	4	对承包方的合法性、技术水平和安全保证条件进行确认	查看相关材料
	5	合同书中，有安全条款或补充签订安全管理协议，明确双方的安全工作责任及违反规定的处罚条款	查看合同或协议
	6	要求承包方开工前，落实施工或维修方案、定人员，定工程质量标准，定检查制度，并备案	查看备案情况
	7	要求承包方法定代表人或依法代理人为安全工作第一负责人	查看相关材料
	8	明确双方现场安全管理的对接工作人员	查看相关材料
	9	对承包方进行安全教育，向承包方介绍本校的各项安全管理制度。对承包方各级领导和安全管理人员进行作业现场及环境的安全技术交底，提供安全条件，落实安全措施	查看安全教育培训记录
	10	督促承包方对全体施工人员进行安全教育，经考试合格方可进入作业现场，特种作业人员必须持证作业	查看检查记录
	11	按规定办理高处作业许可证，建立台账，对高处作业人员进行安全教育，制定安全措施并组织实施	查看高处作业台账及相关材料
	12	检查作业现场安全措施落实情况	查看检查记录
	13	做好施工安全专项检查，督促施工单位落实《外委施工安全管理办法》相关要求，对发现的安全隐患，要求施工单位进行整改，并进行复查	查看检查记录
	14	接到事故报告后，1小时内向后勤管理处和安委会办公室报告	查看相关材料
	15	落实施工安全相关工作部署	查看相关材料
工程建设承包方	1	承包方必须依法取得相应等级的各项资质和证件，特种作业人员必须持证作业	查看相关资质、证件
	2	承包方法定代表人或其依法代理人为安全工作第一责任人，配有专职安全员	查看相关资料
	3	安全生产保证体系健全，落实安全措施	查看相关资料
	4	必须严格执行学校的安全用火、用水、用电及危险作业管理制度，取得发包方许可，方可作业	查看审批文件
	5	如动用学校设备设施，必须经过相关部门同意	查看审批文件
	6	对全体施工人员进行安全教育，经考试合格方可进入作业现场	查看安全教育培训记录
	7	开工前，落实施工或维修方案、定人员，定工程质量标准，定检查制度	查看相关资料
	8	对项目负责人和安全管理人员进行作业现场及环境的安全技术交底，明确安全技术要求，提供安全施工条件，落实安全措施	查看相关记录
	9	现场施工人员须按国家规定着装和佩戴防护用品	查看作业人员安全防护

续表

部门类型	序号	安全管理职责	督查要点
工程建设承包方	10	施工和检修机械、工具符合安全要求	检查设备、机具是否符合行业规范使用要求
	11	必须遵守相关工艺规范，遵守安全技术操作规程，维修设备时必须同时维修安全防护设施和装置	查看现场
	12	有安全管理相关台账，如微网格风险等级台账，危险作业安全管理台账、职业危害因素管理台账、特种作业人员管理台账、隐患治理情况台账、"三违"行为管理台账等	查看各项台账
	13	定期召开安全生产工作例会，研讨解决安全生产问题。密切跟踪施工现场安全隐患，及时发现纠正"三违"行为，实行隐患及"三违"行为闭环管理	查看相关记录，隐患、"三违"整改书及是否闭环管理
	14	检查作业现场安全措施落实情况	查看检查记录
	15	按规定办理高处作业许可证，建立台账，对高处作业人员进行安全教育，制定安全措施并组织实施	查看高处作业台账及相关材料
	16	制定符合施工特点的应急预案及现场应急处置方案	查看应急预案
	17	依据应急预案组织开展应急演练或现场推演，并进行总结、评估和完善	查看演练记录
	18	施工单位建立健全安全生产责任制度和安全生产教育培训制度，制定安全生产规章制度和操作规程，保证安全生产所需资金的投入，对所承担的修缮工程进行定期和专项安全检查，并做好安全检查记录	查看相关材料
	19	工程施工时，项目负责人和安全生产管理人员常驻现场。项目负责人根据工程的特点组织制定安全施工措施，消除安全事故隐患	查看现场
	20	垂直运输机械作业人员、安装拆卸工、爆破作业人员、起重信号工、电工、焊工、登高架设作业人员等特种作业人员，按照国家有关规定经过专门的安全培训，并取得特种作业操作资格证书	查看相关材料
	21	《XX大学修缮工程外委施工安全管理办法》相关要求及《XX大学施工安全检查规范》其他要求	查看现场

附件14.14

XX部门施工安全检查记录表

项目名称			施工单位		
施工地点			施工单位负责人及联系方式		
检查项目	检查结果	问题隐患	整改措施		整改情况
施工方资质材料是否完备（营业执照、法人身份证、资质证书、安全生产许可证、特种作业人员资格证等复印件）					
施工方是否提供法人委托书					
是否签订安全协议					
是否对施工方进行安全教育和安全交底					
施工方是否对员工进行安全教育					
施工方是否提供入场人员名单					
入场施工人员是否配有统一标识（胸牌或工作服）					
工地是否设置了"五牌一图"					
工地是否设置围栏、警示标识、夜间警示灯等					
是否办理动火证（如有此类作业）					
是否办理高处作业证（如有此类作业）					
是否办理有限空间作业证（如有此类作					
特种作业是否持证（焊工证、电工证等）上岗					
是否按要求佩戴安全帽、系安全绳					
气瓶等管理是否规范（气瓶间距5米以上，与火源10米以上，应配备气瓶帽、减					
施工现场易燃物管理是否规范					
发包方部门是否定期进行安全检查					
所查隐患和"三违"是否得到有效治理					
施工方施工材料的选择是否符合学校要					
建筑材料及建筑垃圾的堆放是否符合要					
施工设备、材料运输过程中车辆速度是否符合要求					
机具安全（资质材料、验收检查等）					

施工单位现场管理人签字：　　　　　　检查人签字：　　　　　　　　检查时间：

十五、如何加强食品安全管理，杜绝群体性食品安全事件发生？

解决方案：建立食品安全管理体制和监督检查运行机制，制定并出台《XX大学食品安全管理办法》，明确食品安全主体责任，定期对食品加工作业现场进行安全监督检查，严厉打非治违，坚决遏制食品安全事故发生。

1. 制定并出台《XX大学食品安全管理办法》，落实食品安全主体责任，明确违章违规及发生食品安全事故的追责问责办法。具体详见附件15.1《XX大学餐饮（食品和饮用水）卫生安全管理规定》。

2. 制定并出台《XX大学食堂安全检查规范》，明确对餐饮单位卫生状况、从业人员有无健康证明、食材原材料购进索证索票和进货台账登记制度落实、食品安全主体责任落实情况等环节的督查重点，统一检查要求、检查内容及检查流程，为各级食品安全管理人员开展日常检查提供抓手。具体详见附件15.2《XX大学食堂安全检查规范》。

3. 充分发挥科技赋能作用，建立食品安全实时监控系统，通过实时监控平台，实现重点食品加工环节全部在平台监控范围内，提高食品安全监管质效，保障广大师生"舌尖上的安全"。具体详见附件15.3XX大学食品安全实时监控平台、附件15.4XX大学食品安全实时监控系统隐患台账。

4. 制定《XX大学食品安全专项督查工作方案》，定期开展食品安全专项督查，通过现场抽查，倒查各级食品安全管理岗位履职尽责情况，尽职免责、失职追责。具体详见附件15.5《XX大学食品安全专项督查工作方案》、附件15.6XX大学食堂安全专项督查项目表。

附件15.1

XX大学餐饮（食品和饮用水）卫生安全管理规定

第一条 为进一步加强学校餐饮卫生安全长效管理，预防食物中毒事故及其他食源性疾病，确保食品、饮用水卫生安全，保障师生员工身体健康，根据《中华人民共和国食品安全法》《餐饮服务食品安全操作规范》《XX省生活饮用水卫生监督管理条例》等有关法律、法规，结合学校实际，制定本规定。

第二条 在学校范围内从事餐饮和餐饮相关的生产经营及其相关活动，适用本规定。

第三条 学校的餐饮卫生安全管理实行预防为主、分级管理、层层负责、全程控制，按照"谁主管谁负责"的原则，各餐饮生产经营服务单位的管理部门承担卫生安全管理责任，各餐饮生产经营服务单位承担卫生安全直接责任。

第四条 学校成立XX大学餐饮卫生安全管理领导小组（以下简称"领导小组"），统一领导、组织、协调学校的餐饮卫生安全管理工作以及餐饮卫生安全突发事件应对工作，建立健全学校餐饮卫生安全全程监督管理协调机制，建立完善学校内餐饮安全诚信体系，落实餐饮安全监督管理责任。

领导小组组长由分管后勤的校领导担任，小组成员由安全管理委员会办公室、宣传部、团委、校长办公室、研究生院、学生工作处、公安处、后勤管理处、XX校区管理委员会、医院、后勤服务中心等部门主要负责人构成。

第五条 领导小组下设办公室，办公室设在后勤管理处，主要负责贯彻落实各项食品、饮用水卫生安全管理法律法规，组织对校内餐饮生产经营服务单位的食品、饮用水卫生安全管理工作进行监督和检查。

第六条 校医院负责对全校师生员工开展食品、饮用水安全知识的宣传教育工作，负责对食源性疾病的救治、转诊工作，并对聚集性病例进行登记并上报学校餐饮卫生领导小组。

第七条 宣传部、团委、学生工作处、研究生院等部门等应当通过各种渠道积极开展健康教育，普及食品、饮用水卫生知识，进行科学引导，教育学生养成良好的卫生习惯，增强学生自我防范意识和能力，引导学生拒绝街头无照（证）商贩出售的快餐、食品及饮用水，不食用来历不明的食品。鼓励学生组织、学生志愿者协助或者参与食品、饮用水安全宣传教育、社会监督等活动。

第八条 公安处应严格校门管理，加强校园巡逻，及时清理校园内的无证商贩。

第九条 任何单位和个人都可对违反本办法的餐饮生产经营服务行为进行检举、举报。接受举报的部门以及负责处理举报事项的部门应当对举报人的信息保密。

第十条　学校内的公用房、场地等未经批准，不得擅自出租、出借给任何单位或个人从事食品、饮用水生产经营服务活动。对于其他未经学校批准，现已经开展餐饮经营与服务活动、售卖包装类入口食品及饮品的店铺及场所，由其批准的主管部门负责饮食卫生、饮用水的安全管理责任，责任自负。

第十一条　餐饮生产经营服务单位必须持合法取得的相应合格许可证，不得无证经营和超范围经营，对其生产经营产品的卫生安全负责。餐饮生产经营服务单位应当按照法律、法规和餐饮相关安全标准从事生产经营活动，诚信自律，接受师生员工监督，承担卫生安全责任。

第十二条　餐饮生产经营服务单位应当严格按照国家有关规定，建立并执行原料、添加剂、相关产品等的采购、进出货查验、索证索票制度，建立完善餐饮安全追溯体系，保证可追溯。

第十三条　餐饮生产经营服务单位在原材料等采购过程中禁止采购以下产品：

（一）腐败变质、油脂酸败、霉变、生虫、污秽不洁、混有异物或者其他感官性状异常，含有毒有害物质或者被有毒、有害物质污染，可能对人体健康有害的食品；

（二）未经卫生检验或者检验不合格的肉类及其制品；

（三）超过保质期限或不符合食品标签规定的定型包装食品和饮品；

（四）其他不符合食品卫生标准和要求的产品。

第十四条　餐饮生产经营服务单位生产销售散装食品、饮品等，应当在销售位置以及外包装或者容器上标注食品的名称、生产日期或者生产批号、保质期等内容；经营直接入口的散装食品，应当采取防尘遮盖、设置隔离设施、提供专用取用工具等保证散装食品安全的措施。

第十五条　餐饮生产经营服务单位对外配送食品，应当使用专用封闭工具配送食品；分装、贮存、运输食品的容器、用具、温度和时间应当符合食品安全要求。

第十六条　餐饮生产经营服务单位生产经营食品应当符合食品安全标准，并遵守下列规定：

（一）食品原料、食品添加剂以及食品相关产品来源合法并符合食品安全标准；

（二）用水符合国家规定的生活饮用水卫生标准；

（三）食品添加剂使用符合有关食品安全标准；

（四）使用的洗涤剂、消毒剂等对人体安全、无害；

（五）接触食品的餐具、饮具、设备和包装材料无毒、无害、清洁，一次性使用的包装容器和材料不得回收循环使用；

（六）生产加工、贮存、运输和装卸食品的容器、工具和设备安全、无害，保持清洁，防止食品污染，并符合保证食品安全所需的温度、湿度等特殊要求，不得将食品与有毒、有害物品一同贮存、运输；

（七）从事接触直接入口食品生产加工人员应当持有有效的健康证明；

（八）法律、法规规定的其他要求。

第十七条　饮用水及相关经营服务单位应当遵守下列卫生管理要求：

（一）供水水质符合国家卫生标准；

（二）生产环境、工艺流程、供水设施、消毒管理等符合国家卫生标准；

（三）保持供水设备、设施及其周围环境整洁，定期进行巡查、清洗、保养和维护，并做好记录；

（四）供水设施、设备有相应的防护措施；

（五）使用取得卫生许可或者符合国家卫生标准的涉水产品；

（六）按照国家卫生标准开展水质检测；

（七）法律、法规、规章和国家标准规定的卫生管理要求。

第十八条 餐饮生产经营服务单位从事生产经营服务活动应当具备下列条件：

（一）有独立的食品加工操作和就餐场所，保持环境整洁，远离有毒、有害场所以及其他污染源；

（二）具有提供餐饮服务所需的冷藏、通风、防蝇、防虫、防鼠、防尘、消毒、洗涤等设备或者设施，以及存放废弃物等设备或者设施；

（三）具有食品安全管理人员和保证食品安全的规章制度；

（四）合理划分区域，能有效防止待加工食品与直接入口食品、原料与半成品、成品交叉污染，避免食品接触有毒有害不洁物品。

第十九条 餐饮生产经营服务单位应当加强餐厨废弃物的管理，建立健全餐厨废弃物管理体系，支持餐厨废弃物资源化利用和无害化处理，促进资源循环利用，保障食品安全。

第二十条 餐饮生产经营服务单位要每天进行卫生安全自检工作，建立、完善各种检查记录、台账等，接受卫生安全管理部门的监督检查。

第二十一条 建立餐饮卫生安全应急预案。餐饮生产经营服务单位发现卫生安全问题，按照以下措施立即启动应急预案：

（一）立即停止生产经营服务活动；

（二）立即向主管部门和学校报告；

（三）协助医院或政府卫生部门救治病人；

（四）保留造成食品卫生安全问题或者可能导致食品卫生安全问题的食品及原料、工具、设备和现场；

（五）配合学校或者政府卫生部门进行调查，按照学校或者政府卫生行政部门的要求提供有关材料和样品；

（六）落实学校或者政府卫生行政部门要求采取的措施，把事态控制在最小范围。

第二十二条 违反本规定，学校有处理规定的，从其规定；构成犯罪的，依法追究刑事责任。

第二十三条 违反本规定，餐饮生产经营服务单位及从业人员有下列情形之一的，给予警告，责令限期改正；逾期不改正的，通报批评；情节严重的，责令停产停业。对直接负责的主管人员和直接责任人员根据情节给予经济和纪律处理：

（一）有关卫生安全方面的规章制度不健全、责任不明确，检查、监督措施落实不到位的；

（二）生产销售供应不符合卫生标准的食品和饮用水的；

（三）采购腐败、过期变质、劣质食品或有可能影响学生健康食品的；

（四）使用不符合卫生标准的食品添加剂、食品容器、包装材料和食品加工用具、设备以及洗涤剂、消毒剂的；

（五）从业人员未依法取得健康证明上岗的；

（六）发生食物中毒事故或其他食源性疾病未采取积极措施救治的；

（七）发生食物中毒事故或事故发生后隐瞒不报、谎报的，或授意他人隐瞒、谎报，阻挠、干扰事故调查的；

（八）其他影响学校餐饮卫生安全的。

第二十四条　违反本规定，学校管理部门及管理人员有下列行为之一的，视情节对主管人员和直接责任人员给予约谈、通报批评及行政处分等：

（一）受理投诉、举报后不依法处理的；

（二）泄露举报人信息的；

（三）不履行食品安全监督管理职责，导致发生食品安全事故或者对食品安全事故不及时报告、处理的；

（四）其他履职不力、滥用职权、玩忽职守、徇私舞弊行为的。

第二十五条　本规定自发布之日起执行，原《XX大学饮食卫生管理暂行规定》（XX校字〔2005〕99号）同时废止。

附件15.2

XX大学食堂安全检查规范

一级指标	二级指标	检查项目	检查要点	检查结果 符合	不符合	不适用
1.安全制度落实情况	食品安全制度落实情况	1.1.1 设置或明确学校食品安全管理机构，纳入学校大安全体系，配备专职管理人员	台账检查 根据要求核查相关资料			
		1.1.2 制定学校食品安全管理规章制度（含食品安全应急预案）和工作计划				
		1.1.3 定期检查和不定期抽查食品安全并有完整记录				
		1.1.4 对引进的社会餐饮企业落实有关资质审查验收工作				
		1.1.5 对引进的社会餐饮企业明确食品安全责任（签订安全责任书）				
		1.1.6 食品安全责任考核与奖惩制度制定及落实情况				
2.规范管理	2.1 学校餐饮规范经营情况	2.1.1 餐饮服务部门取得相应许可	台账检查 根据现场经营情况查验相关证照			
		2.1.2 餐饮服务部门做到亮证、亮照经营				
		2.1.3 餐饮服务部门不存在超范围、超期限、异地经营问题				
		2.1.4 甜品站、出售食品饮料的校内超市（便利店）取得相应餐饮服务许可，无超范围经营情况				
		2.2.1 建立并落实从业人员健康管理制度和健康档案				
		2.2.2 从事直接入口食品工作的从业人员100%持健康证上岗				

续表

一级指标	二级指标	检查项目	检查要点	检查结果 符合	不符合	不适用
2. 规范管理	2.2 从业人员规范管理情况	2.2.3 关键岗位从业人员持培训合格证上岗	台账检查、实地抽查			
		2.2.4 开展食品安全知识和技能培训，建立培训档案				
		2.2.5 从业人员个人穿戴符合有关卫生要求				
		2.2.6 建立"实名晨检制度"，并存有完备记录				
		2.2.7 生产操作区域不能存放私人物品				
	2.3 食品原料安全落实情况	2.3.1 建立食堂采购工作的监管制度	台账检查、实地抽查。根据抽查要求，现场抽取10%的原材料确认账物对应情况			
		2.3.2 建立并落实食品原材料的采购索票索证、验收、保管、发放制度。查验供应者许可证和食品出厂检验合格证等，如实记录有关信息并保存凭证				
		2.3.3 采购的定型包装食品，商品标识误符合食品生产许可要求，在规定保质期内使用，原料外包装符合要求				
		2.3.4 食品添加剂由专人负责保管、领用、登记，并有相关记录				
		2.3.5 建立食品原料出入库查验制度				
		2.3.6 主副食品设置分类储存场所				
		2.3.7 储存散装食品，容器或外包装上标明食品名称、生产日期、保质期等信息				
		2.3.8 食品原料储存要分类、分架存放、隔离离地存放				
		2.3.9 有毒有害物品不允许与食品原料一同储存、运输				
		2.3.10 冰箱（冷库）温度存储需符合食品储存卫生要求，存放物品要分类存放，防止交叉污染；需定期除霜清洗并记录				
	2.4 餐厨垃圾规范处置落实情况	2.4.1 食堂餐厨废弃物由经相关部门许可或备案的单位或个人处理，签订合同并查验其经营资质证明	台账检查、实地抽查			
		2.4.2 食堂建立餐厨垃圾台账管理				

续表

2. 规 范 管 理						
		2.4.3 学校已开展餐厨垃圾减量化、资源化、无害化处置工作				
	2.5 食品卫生监管落实情况	2.5.1 食堂场所内外环境清洁	实地抽查			
		2.5.2 原料存储、初加工、烹调、备餐、清洗消毒等专用场所做到相对独立、布局生熟分开				
		2.5.3 墙壁、天花板、门窗保持清洁，无蜘蛛网、霉斑及明显积垢				
		2.5.4 地面平整，无积水和油污，排水沟通畅；食堂周边无污染源，进货通道与员工通道应分开				
		2.5.5 操作台、冰箱表面、脱排油烟机等加工设备有明显积垢，保持清洁并存放整齐				
		2.5.6 有消除鼠、蟑螂、苍蝇和其他有害昆虫及孳生条件的防治措施；沟盖板应符合规范，下水口设有防鼠设施				
		2.5.7 垃圾桶加盖并外观清洁				
		2.5.8 原料、半成品和成品分开存放，防止交叉污染				
		2.5.9 制作食品的设施设备及加工工具、容器等具有显著标识，按标识区分使用				
		2.5.10 肉类、水产和蔬菜类原料粗加工分类设置，内设与之对应的水池，操作台水箱正常				
		2.5.11 专间符合使用要求。专间消毒、冷藏、冷冻、空调等设施运转正常				
		2.5.12 用水符合生活饮用水标准				
		2.5.13 备餐间不应存放非直接入口食品和未经清洗处理的水果、蔬菜、杂物等				
		2.5.14 烹调后至食用超过2小时的食物，应在高于65℃或低于10℃的条件下存放				
		2.5.15 二次更衣间应落实流动水、消毒液等要求				
	2.6 食堂科学管理情况	2.6.1 学校按要求做好食堂生产安全、消防安全和治安等各项工作并落实措施	台账检查、实地抽查。 1. 高压蒸汽设备、煤气管道、冷库安全防护措施落实情况； 2. 安装厨房门禁系统及安防技防设施； 3. 消防设施设备按要求配备，定期检测、完好，并保存记录； 4. 各类机械设备有相应的操作规程并上墙			
		2.6.2 食堂建立严格的安全保卫措施（安装门禁系统和监控系统等）和制度以及应急预案；食堂非食品加工、贮存、陈列等设备非操作人员随意进入加工操作间及原料存放间				
		2.6.3 操作规程上墙，上岗前要进行培训，并保留有记录				
		2.6.4 制定治安、消防等各类发生事件的应急预案。建立临时停水停电停气等应对措施				

续表

一级指标	二级指标	检查项目	检查要点	检查结果		
				符合	不符合	不适用
3.安全程序	3.1 卫生消毒和留样落实情况	3.1.1 食品处理区配备洗手消毒设施，张贴洗手消毒方法标识	台账检查、实地抽查 1. 当餐食品100%留样，按规定做好留样菜管理情况。 2. 各类消毒措施（含紫外线灯）符合规范要求。 3. 生菜加热出售，其中心温度应大于70℃			
		3.1.2 具有餐饮具的清洗、消毒、保洁设备设施，并运转正常				
		3.1.3 消毒操作人员掌握基本消毒知识				
		3.1.4 餐具、工具消毒后存放在专用密闭保洁柜，保洁柜定期清洗、消毒				
		3.1.5 二次更衣、洗手消毒设施、空气消毒设备应规范、正常运转				
		3.1.6 食品留样符合规范				
		3.1.7 制定隔餐菜规范处置管理制度，并按规定存放及再加热出售并做好记录				
	3.2 食品添加剂规范使用情况	3.2.1 学校应督促餐饮服务部门建立健全食品调味料和食品添加剂安全管理制度	台账检查、实地抽查			
		3.2.2 食品添加剂须落实"五专"管理制度				
		3.2.3 不存在采购和使用无合法生产资质及标签不规范的食品调味料				
		3.2.4 餐饮服务部门自行配制食品调味料、甜点、饮料的，原料应符合食品安全要求，并索取相关资质、证照、检验报告等资料				
		3.2.5 餐饮服务部门使用的食品添加剂以及加工方法，应向学校监管部门报备，并及时向就餐学生公示				

附件 15.3

XX大学食品安全实时监控平台

附件 15.4

XX大学食品安全实时监控系统隐患台账

序号	隐患发现时间	隐患地点	隐患描述	隐患所属专项	整改责任部门	当前节点

附件15.5

XX大学食品安全专项督查工作方案

为全面提升学校食品安全管理和治理能力现代化水平，进一步消除食品安全隐患，降低食品安全风险，坚决维护校园稳定，特制订本食品安全专项督查工作方案。

一、组织机构

学校成立联合督查组，由后勤管理处、安委会办公室、安全督查组和食品安全专家组成。

二、督查时间

XXXX年XX月XX日

三、督查地点

后勤服务中心—餐饮服务管理中心

四、督查方式

1. 后勤服务中心负责人介绍部门食品安全管理体制和运行机制；

2. 餐饮服务管理中心负责人按照安全管理标准化建设相关要求介绍本部门食品安全管理履职情况；

3. 联合督查组查阅相关管理文档；

4. 沟通与交流；

5. 现场检查；

6. 对于检查中发现的管理问题、安全隐患及相关人员的"三违"行为，联合督查组将通过一网通办"安全隐患治理"系统向后勤服务中心进行通报；

7. 适时开展"回头看"。

附件15.6

XX大学食堂安全专项督查项目表

部门：

检查人员：   检查时间：

序号	检查项目	检查结果		
		符合	不符合	不适用
1	食堂炊具、燃气管道是否规范使用			
2	明火区域是否做到防火分隔			
3	安全出口和疏散通道是否通畅			
4	食堂内灭火器、应急照明和疏散指示标志是否齐全完好			
5	电气设备是否处于完好状态			
6	食堂排油烟管道是否按照规定进行清洗			
7	从业人员是否经安全教育培训			
8	防火巡检、巡查是否开展等情况检查			
9	是否有针对性的应急处置预案			

十六、如何加强宿舍火灾防控，养成"人走断电"好习惯？

解决方案：引发火灾事故的首要因素是火源和电源，预防宿舍火灾事故发生重中之重就是控制火源和电源，而其关键环节就是禁止吸烟和人走断电。无人情况下全部设备处于断电状态，即可从源头预防火灾事故发生，培养"人走断电"好习惯就是宿舍火灾防控的"牛鼻子"。

1. 制定《关于开展宿舍用电安全专项整治工作的通知》，明确"人走断电"标准，落实各床、各插排、各电气设备安全责任人，监督检查责任部门和安全教育培训责任部门，细化工作流程，共同发挥管理育人的作用，培养学生自觉养成"人走断电"好习惯。具体详见附件16.1《关于开展宿舍用电安全专项整治工作的通知》。

2. 制定《宿舍"人走断电""可燃物清理"专项治理工作流程》，建立工作机制，明确检查、教育、治理等全流程各环节工作责任，齐抓共管，从源头遏制宿舍火灾事故发生。具体详见附件16.2《宿舍"人走断电""可燃物清理"专项治理工作流程》。

3. 制定XX大学"人走断电"情况检查表和XX大学宿舍XX月份用电安全情况统计表，统一检查要求、检查内容、数据信息，做到信息对称、标准统一、职责清晰、要求明确。宿舍管理部门设置专岗，每月开展宿舍"人走断电"专项检查，填写XX大学"人走断电"情况检查表，每月将检查情况整理汇总成XX大学宿舍XX月份用电安全情况统计表报送学校专项安全监管部门。具体详见附件16.3XX大学"人走断电"情况检查表、附件16.4XX大学宿舍XX月份用电安全情况统计表。

4. 制定《宿舍"人走断电"专项督查工作方案》，定期开展宿舍"人走断电"专题督查，通过现场抽查，倒查各级安全管理岗位履职尽责情况，尽职免责、失职追责。具体详见附件16.5《宿舍"人走断电"专项督查工作方案》。

5. 学校定期通报宿舍"人走断电"情况，并对两次违反学校规定的人员进行专题安全教育。对出现多次违章的人员，将相关材料转交学生管理部门依规给予相应处分。具体详见附件16.6《关于宿舍"人走断电"情况的通报》、附件16.7部门"三违"行为安全教育培训记录。

附件16.1

关于开展宿舍用电安全专项整治工作的通知

各相关部门：

根据学校安全联合检查组近期抽查结果，宿舍"人走未断电"情况仍普遍存在，宿舍内充电台灯、充电宝、电脑长时间处于充电状态，加之室内堆积大量可燃物，造成宿舍内存在极大的安全隐患。为了有效防止火险火灾事故发生，保障师生生命财产安全，经学校研究决定，开展宿舍用电安全专项整治工作，现将具体内容通知如下。

一、责任落实和安全教育阶段

10月1日前，各相关部门应细化宿舍内部安全责任，明确各床、各插排安全责任人，并集中开展"人走断电"标准的宣贯和相关宿舍安全管理制度的解读。其中，各学院（部）负责本学院（部）学生宿舍，国际交流与合作处负责留学生宿舍，后勤服务中心负责教职工和食堂等外聘员工宿舍。

二、自查自纠阶段

10月15日前，各相关部门应按照标准开展宿舍用电安全自查自纠工作。"人走断电"标准为：人离开时，插排应从固定插座上拔下来，所有电器处于无电状态，或做到最后离开者关闭房间总开关。其他宿舍用电标准按有关规定执行。

三、联合检查组抽查阶段

10月16日—10月22日，联合检查组再次对宿舍"人走断电"情况进行抽查，抽查范围包括本科生、研究生、留学生、教职工、外聘员工等宿舍，抽查重点为责任制落实情况、人走断电率和"三违"行为情况。

四、通报及整改阶段

10月23日—10月31日，学校将通报抽查结果，并对未细化落实安全责任人的部门和出现"人走未断电"等"三违"行为的个人进行通报批评；同时，将对出现"三违"行为的个人集中进行安全教育培训，进一步提高其安全意识，督促其养成良好安全习惯。

五、随机抽查阶段

11月起，安全督查组将不定期对宿舍用电安全进行随机抽查和通报，对再次出现违规行为的个人，学校将按相关规定进行处理。

附件16.2

宿舍"人走断电""可燃物清理"专项治理工作流程

<table>
<tr>
<td rowspan="2">隐患排查治理——隐患排查</td>
<td>内容：宿舍"人走断电""可燃物清理"专项治理工作流程</td>
</tr>
<tr>
<td>
政策依据（材料名称并附相关材料）：
1.《关于加强高等学校学生公寓安全管理的若干意见》
2.《关于开展宿舍用电安全专项整治工作的通知》
3.《关于开展"可燃物清理"专项行动的通知》
4.《XX大学消防安全责任追究细则》
</td>
</tr>
<tr>
<td></td>
<td>
工作流程：

 1. 宿舍管理部门设置专岗，开展宿舍"人走断电""可燃物清理"专项安全检查：

 检查人员进行宿舍用电专项安全检查时，发现"人走不断电""可燃物清理不达标"的"三违"行为时，记录相关人员部门、姓名、人员类别等信息，填写XX大学宿舍用电安全情况检查表，并对检查情况进行拍照或录像；检查人员每天将检查情况整理后，报宿舍管理部门。

 2. 宿舍管理部门定期对检查情况进行统计分析，并向相关部门进行信息反馈：

 （1）每两周向"三违"人员所在部门反馈"三违"行为人员名单（用电安全责任人落实不到位的按学生办公室主任违章处理）；

 （2）每月10日向安委会办公室反馈累计两次以上出现"三违"行为人员名单及对应的影像资料。

 3. "三违"行为人员所在部门，根据反馈检查结果，按照《XX大学"三违"行为检查管理办法》《XX大学消防安全责任追究细则》相关要求，对违反"人走断电""可燃物清理"相关规定的人员进行批评教育；对二次违章人员按照部门相关制度追责问责，并责令违章人员作出书面检查，相关材料报安委会办公室备案。

 4. 安委会办公室工作人员将宿舍管理部门的检查情况，整理数据重新计算"人走断电"比例（断电比例=断电人数/检查人数）、可燃物清理达标比例，绘制直方图，按校内部门来文报安委会办公室主任审阅，审阅通过后，将宿舍"人走断电"和可燃物清理情况、两次"三违"人员名单，在"安委办及督查组"微信工作群内通报。

 5. 根据服务一线联系人分工，各对口部门负责人将宿舍"人走断电"和可燃物清理情况向所负责的部门进行反馈，未断电和不达标比例高于5%的部门（部门本科生、研究生的未断电和不达标比例高于5%）需对安全管理人员（以主管安全负责人为主）进行约谈，并留存约谈记录；同时，对照宿舍"人走断电"和"可燃物清理"安全管理情况督查表（详见附件），倒查部门管理履职情况，对于督查发现的管理隐患，按照《安全检查及隐患治理工作流程》执行。

 6. 安委会办公室副主任及负责教育培训的工作人员组织对两次违反"人走断电"规定和可燃物清理不达标的"三违"人员进行安全教育并留存教育培训记录。

 7. 对三次及以上违反"人走断电"规定和可燃物清理不达标的"三违"人员，调查核实信息无误后，相关支撑材料转学生处、研究生院或人事处，请相关职能部门根据《XX大学消防安全责任追究细则》等相关制度对相关责任人和责任部门进行追责问责。

 8. 学校将定期通报宿舍"人走断电"和可燃物清理情况；督促各部位工作人员履行岗位职责；督促师生不断提高安全意识，培养良好的安全行为习惯。
</td>
</tr>
</table>

附件16.3

XX大学"人走断电"情况检查表

部门名称：

检查时间：　　年　　月　　日

序号	宿舍名称	房间号	宿舍人数	人员类别	1床（下1）	2床（下2）	3床（下3）	4床（上1）	5床（上2）	6床（上3）	备注
					姓名	姓名	姓名	姓名	姓名	姓名	
1											
2											
3											
4											
5											
6											
7											
8											
9											

备注：1. 未断电的填写姓名；2. 进门左起为1床，编号以顺时针由小变大；3. 人员类别：本科生（例本1）、硕士生（例研1）、博士生、教工、外聘人员；4. 备注是否按床按设备落实安全责任人。

附件16.4

XX大学宿舍XX月份用电安全情况统计表

序号	学 院	检查情况					
		学生类型	检查人数	人未走人数	人走断电人数	人走未断电人数	人走未断电百分比
	合计						

附件16.5

宿舍"人走断电"专项督查工作方案

为进一步消除消防安全隐患，降低消防安全事故发生，根据《XX大学消防安全专项整治三年行动实施细则之"人走断电"专项督查行动实施方案》要求，2021年开展"回头看"阶段主要包括对检查中发现的隐患及"三违"行为跟踪督查、一盯到底，确保专项整治工作落到实处。主要内容如下。

一、复查工作阶段（5月15—25日）

1. 分组情况

一组成员：公安处相关负责人员、XXX、XXX、XXX；

二组成员：公安处相关负责人员、XXX、XXX、XXX。

2. 复查范围

对第一阶段两次抽查发现的问题部位进行复查。

二、第二次抽查阶段（6月1—10日）

对未抽查的部位进行第三次随机抽查，如校机关办公室等。

1. 督查一组将对机关办公室"人走断电"情况及办公室与机房用电安全情况进行现场抽查。

2. 督查二组将对教学科研单位办公室、学生自习室"人走断电"情况及各房间应急备用钥匙管理情况进行现场抽查。

具体部门名单及拟定时间安排另行确定。

三、督办整改阶段（6月11—30日）

对复查抽查中发现的隐患问题进行挂牌督办。

附件16.6

关于宿舍"人走断电"情况的通报

各部门：

"人走不断电"是宿舍火灾发生的主要原因，"人走断电"是全流程防控火灾的第一关。2017年起，学校开展了宿舍"人走未断电"专项治理，建立了工作机制，细化了责任分工，明确了"人走断电"标准，在全校师生共同努力下，宿舍火灾事故得到了有效遏制。为进一步消除火灾隐患，遏制火灾事故发生，切实保障师生生命财产安全，为学校事业安全发展提供强有力的保障，现将各相关部门宿舍"人走断电"情况通报如下。

一、"人走断电"情况

2023年10月至2024年3月，全校宿舍平均"人走断电"率为97.8%（平均每月约800人"人走未断电"），其中20个涉及学生宿舍的部门中，11个部门"人走断电"率各月均高于95%；9个部门部分月份"人走断电"率低于95%，其中3个部门连续两个月"人走断电"率低于95%，存在"对火灾隐患经相关部门通知后不及时采取措施消除的"情况。（具体情况详见附件）

二、相关要求

1. 请相关部门按照《XX大学"三违"行为检查管理办法》《XX大学消防安全责任追究细则》相关要求，对违反"人走断电"相关规定的人员进行批评教育，并责令3月份违章人员作出书面检查，对二次违章人员（另行通知）按照部门相关制度追责问责，相关材料报安委会办公室备案；

2. 请各部门举一反三，进一步加大安全教育和违章治理力度，不断督促广大师生员工自觉养成良好的安全行为习惯；

3. 为建立长效工作机制，学校将定期对"人走未断电"情况进行实名通报，如再次发现存在"对火灾隐患经相关部门通知后不及时采取措施消除的"情况，将按照《XX大学消防安全责任追究细则》相关要求严肃追责问责。

附件：宿舍"人走断电"情况表

附件 16.7

部门"三违"行为安全教育培训记录

培训时间		培训地点	
培训主题		主讲人	

参加人员：（本人签字或附签到表）

培训内容：

备注：

十七、如何推进可燃物清理工作，避免火险事件升级为火灾事故？

解决方案：可燃物大量堆积在火源、电源、电气设备等附近，极易导致火险事件变为火灾事故。通过开展"可燃物清理"专项行动，组织全员力量消除火灾隐患，即可大大降低火灾事故发生概率。

1. 制定并下发《关于开展"可燃物清理"专项行动的通知》，明确"可燃物清理"工作标准，建立自查、复查、督查责任体系和工作机制，共同履职尽责，守护校园安全。具体详见附件17.1《关于开展"可燃物清理"专项行动的通知》。

2. 制定《"可燃物清理"专项行动工作流程》，明确将学校复查阶段发现的问题纳入系统管理，并对相关问题进行通报。同时，明确"回头看"阶段发现的问题，对相关责任人和责任部门进行实名通报，并依规进行事前追责。具体详见附件16.2《宿舍"人走断电""可燃物清理"专项治理工作流程》、附件17.2《XX大学关于"可燃物清理"专项整治情况的通报》、附件17.3《关于"可燃物清理"专项行动"回头看"情况的通报》。

3. 制定《XX大学"可燃物清理"专项督查工作方案》，定期开展"可燃物清理"专项督查，通过对实验室、学生自习室、学生寝室、办公室等重点部位的现场抽查，倒查各级安全管理岗位履职尽责情况，尽职免责、失职追责。具体详见附件17.4《XX大学"可燃物清理"专项督查工作方案》、附件17.5"可燃物清理"专项督查项目表。

附件 17.1

关于开展"可燃物清理"专项行动的通知

各部门：

可燃物大量堆积在火源、电源、电气设备等附近，极易导致火险事件变为火灾事故。为坚决杜绝火灾事故发生，保障师生员工生命财产安全，为学校事业发展营造安全稳定的校园环境，经学校研究，决定在全校范围内开展"可燃物清理"专项行动，现将具体要求通知如下。

一、概念及工作标准

1. 可燃物概念及种类

凡是能与空气中的氧或其他氧化剂起燃烧化学反应的物质称为可燃物。可燃物按照其物理状态分为气体可燃物、液体可燃物和固体可燃物三种类别。因可燃物种类繁多，不胜枚举，如不能确定是否属于可燃物，可上网查询。

2. 工作标准

（1）火源周围（10米以内）禁止存放可燃物；

（2）电源及带电设备周围（0.5米以内）禁止存放可燃物；

（3）动火作业及设备设施国家有明确要求的，按相关要求执行；

（4）设置专区存放可燃物并远离火源、电源及电气设备。

二、工作安排

本次专项行动从2023年11月17日开始，到2024年3月底结束，分五个阶段：

（一）部署动员阶段（2023年11月17—23日）

各部门按照通知要求，对"可燃物清理"专项行动进行部署和动员，确保将工作标准通知到每一名师生员工。鉴于学生寝室和研究生学习室相关问题突出，相关部门应进行专题部署，重点治理。

（二）自查自纠阶段（2023年11月24日—12月8日）

全校师生员工对照本通知要求，对涉及的火源、电源及电气设备进行对标自查自改。因特殊原因个人不能自行达标的，达标前务必采取有效防护措施，并书面上报所在部门，说明具体原因，部门研究制订整改方案。

（三）部门抽查阶段（2023年12月9—22日）

各部门应对师生员工自查自纠情况进行抽查，部门要将抽查结果进行通报。对于没有按时上报特殊原因且拒不落实通知要求的，应按部门"三违"相关规定进行处理。因极特殊原因，部门不能实现达标的，书面报送安委会办公室，学校研究制订整改方案。

（四）学校督查阶段（2023年12月23日—2024年1月5日）

学校安委会办公室、公安处和安全督查组将成立专项检查组，通过抽查发现问题，并倒查部门履职情况（动员部署、自查自纠、防护措施、抽查情况、通报情况及整改方案落实情况等），监督检查结果将进行专题通报。

（五）"回头看"阶段（2024年3月1—30日）

专项检查组将通过抽查方式进行本次专项行动"回头看"，对落实学校工作部署不力、履职不到位的个人和部门，将严肃进行追责问责。

附件17.2

XX大学关于"可燃物清理"专项整治情况的通报

各部门：

为进一步消除消防安全隐患，坚决杜绝火灾事故发生，保障师生员工生命财产安全，2023年12月23日至2024年1月5日，学校开展了"可燃物清理"专项行动，以实验室、学生自习室、学生寝室、办公室等点位为重点，对相关部门的现场治理情况和履职情况开展了专项督查。现将督查情况通报如下。

一、整体情况

全校大部分部门能够严格按照要求对"可燃物清理"专项行动进行部署和动员；涉及学生寝室和研究生学习室的相关部门多数进行了专题部署、重点治理；组织策划了本部门的自查自纠，并对相关情况开展了抽查和通报。

在抽查的23个签状部门中，共有18个部门逐项落实了"可燃物清理"专项行动，其中有13个部门可燃物清理抽查的达标比例为100%。但在督查过程中，也发现了一些管理隐患和清理不达标的"三违"行为，需要相关部门扎实做好整改和治理工作。

二、存在的问题

（一）管理隐患方面

督查发现，有6个部门未按照要求进行部署，其中5个部门完全未落实各项要求；7个涉及学生寝室和研究生学习室的部门，没有进行专题部署；在全校处级部门中，累计有21个部门存在专项行动落实不到位的管理隐患。

（二）"三违"行为方面

督查发现，部分师生未按要求进行可燃物清理，存在"电源附近存放大量可燃物"的"三违"行为，共涉及11个部门，累计29条，约60人次。

三、相关要求

（一）提高政治站位，认清严峻形势

各部门要保持清醒认识，充分认清当前安全工作面临的严峻形势，切实增强做好安全工作的责任感和紧迫感。岁末年初，诱发安全事故因素增多，历来是事故易发多发期，要牢固树立"隐患就是事故"的理念，从源头上防范化解各类风险隐患。紧盯实验室、学生自习室、学生寝室等重点部位，采取有效措施，做到"守土有责、守土负责、守土尽责"，坚决杜绝安全事故发生。

（二）聚焦"可燃物清理"问题，全力推动整改

各相关部门要对照督查发现的管理隐患及"三违"行为，即知即改、立行立改，加强"三违"人员安全教育，务必按照"举一反三"原则进行彻底排查，并在规定期限内一并完成整改。

（三）强化督导问责，压紧压实责任

各相关部门主要负责人要以隐患问题整改为契机，对本部门安全工作进行再谋划、再动员、再部署、再落实，确保责任落实到位、隐患排查到位、风险化解到位，严格遏制可燃物清理不达标比例。

2024年3月1日起，联合督查组将通过抽查方式进行本次专项行动"回头看"，并对"回头看"的督查情况在全校范围内实名通报。

特此通报。

附件17.3

关于"可燃物清理"专项行动"回头看"情况的通报

各部门：

可燃物大量堆积在火源、电源、电气设备等附近，极易导致火险事件变为火灾事故。为坚决杜绝火灾事故发生，保障师生员工生命财产安全，为学校事业发展营造安全稳定的校园环境，2023年12月起，学校开展了"可燃物清理"专项行动。按照专项行动工作安排，2024年3月，专项检查组通过抽查方式进行本次专项行动"回头看"。现将有关情况通报如下。

一、整体情况

专项检查组对全校72个部门的可燃物清理情况和履职情况进行了"回头看"，重点抽查了一定数量的实验室、学生自习室、学生寝室、办公室等重点部位。通过"回头看"发现，全校大部分部门能够严格按照《关于开展"可燃物清理"专项行动的通知》《XX大学关于"可燃物清理"专项整治情况的通报》（以下简称《通报》）中的相关要求，做好落实工作。其中，59个部门抽查部位可燃物清理达标率为100%，有8个部门达标率为90%以上，5个部门达标率为90%及以下，具体情况详见"可燃物清理"回头看情况统计表（附件）。

二、相关要求

（一）严厉打非治违，严肃追责问责

各相关部门应根据《XX大学消防安全责任追究细则》中第四条第（八）项"对火灾隐患经相关部门通知后不及时采取措施消除的"规定和本次"回头看"发现的违规行为，责令相关责任人作出书面检查，并按照《XX大学"三违"行为检查管理办法》中相关处理规定，对标追责问责。同时，深挖问题根源，下重手狠招消除人的不安全行为，拿出过硬措施，加大部门"三违"行为治理力度，切实维护好师生生命安全。

（二）建立长效机制，压紧压实责任

请各部门立即开展警示教育，将此通报传达到每一名师生员工，并将可燃物清理列为日查、周查和月查重点内容之一，举一反三，常抓不懈，坚决消除可燃物清理不达标火灾隐患，杜绝火灾事故发生。如再次发现相关火灾隐患和部门履职不到位的情况，将按照《XX大学消防安全责任追究细则》《XX大学"三违"行为检查管理办法》相关规定给予进一步处理。

特此通报。

附件："可燃物清理"回头看情况统计表

附件17.4

XX大学"可燃物清理"专项督查工作方案

为落实《关于开展"可燃物清理"专项行动的通知》要求，进一步消除消防安全隐患，坚决杜绝火灾事故发生，保障师生员工生命财产安全，特制订本专项督查工作方案。

一、组织机构

学校成立联合督查组，由公安处、安委会办公室和安全督查组组成。具体情况如下。

（一）督查一组

成员：XXX、XXX、公安处

（二）督查二组

成员：XXX、XXX、XXX

（三）督查三组

成员：XXX、XXX

二、督查时间及督查范围

2023年12月23日至2024年1月5日，联合督查组对尚未进行现场检查的签状部门，以及校机关、直属部门开展全面排查，重点点位为实验室、学生自习室、学生寝室、办公室。（具体时间安排及任务分工详见附件一）

三、相关要求

（一）对尚未进行现场检查的签状部门，各督查组需对照"可燃物清理"专项督查项目表（详见附件二）对标督查相关部门履职情况，并根据现场抽查暴露的可燃物清理问题，对部门专项行动的不达标比例进行汇总统计。

（二）各督查组需填写"可燃物清理"专项督查明细表（文件另附）记录现场抽查结果。

（三）对校机关及直属部门，各督查组以现场抽查为主，坚持问题导向、效果导向，对发现的隐患及"三违"问题及时通过相关流程进行上报。

（四）联合督查组发现的问题，将通过学校"一网通办"的"安全隐患治理工作流程"或"三违行为治理流程"向相关责任部门通报；对于"可燃物清理"专项督查结果，学校将进行专题通报。

附件17.5

"可燃物清理"专项督查项目表

检查部门：

序号	房间类型	房间号	是否达标	存在的问题	备注
1					
2					
3					
4					
5					
6					

注：1. 督查人员可自行选定拟抽查的房间类型（办公室、实验室、研究生自习室或其他类型），抽查数量共计10个。

2. 达标画√，不达标画X。

检查人员（签字）：

时间：

十八、如何加强 24 小时运行设备管理，及早发现设备引发的火灾事故？

解决方案：因工作需要不能断电的 24 小时运行设备极易引发火灾事故，通过开展 24 小时运行设备专项治理，落实 24 小时运行设备的防护措施，可以有效遏制因带电设备引发的火灾事故。

1. 制定并下发《关于开展消防安全专项治理工作的通知》，明确 24 小时运行设备范围及防护标准，建立 24 小时运行设备台账，确定设备安全责任人，建立审批工作机制，推动落实人防技防等工作措施。附件 18.1《关于开展消防安全专项治理工作的通知》、附件 18.2 "24 小时运行设备台账"。

2. 制定《24 小时运行设备专项治理工作流程》，明确将学校复查阶段发现的问题纳入系统管理，并对相关问题进行通报。同时，明确 "回头看" 阶段发现的问题，对相关责任人和责任部门进行实名通报，并依规进行事前追责。《24 小时运行设备专项治理复查情况通报》及《24 小时运行设备专项治理 "回头看" 情况通报》可参考附件 17.2 及附件 17.3。

3. 制定《24 小时运行设备专项督查工作方案》，定期开展 24 小时运行设备专项督查，通过现场抽查，倒查各级安全管理岗位履职尽责情况，尽职免责、失职追责。具体详见附件 18.3《24 小时运行设备专项督查工作方案》、附件 18.4 "24 小时运行设备专项督查表"。

附件18.1

关于开展消防安全专项治理工作的通知

各部门：

为坚决遏制火灾事故发生，保障师生生命财产安全，切实维护学校安全稳定，根据《教育部办公厅关于组织开展全国教育系统安全风险隐患排查工作的通知》（教电〔2024〕30号）和省教育厅安全工作视频调度会等相关要求，学校决定即日起开展消防安全专项治理工作。现就有关要求通知如下。

本次专项治理工作从2024年1月29日开始，到3月底结束，分三个阶段：

一、自查自纠阶段（1月29日—2月8日）

1. 各部门应对照《XX大学消防安全管理规定》和《关于开展"可燃物清理"专项行动的通知》等相关通知要求，组织开展安全隐患自查自改，重点包括：

（1）是否存在人走不断电的问题；

（2）是否存在可燃物清理不达标的问题；

（3）是否存在24小时运行设备防护措施未落实的问题；

（4）是否存在违规用火用电用气和违规采用易燃可燃装修材料问题；

（5）是否存在室内易燃废弃物垃圾未清理问题；

（6）是否存在供电用电设施设备老化不规范问题。

2. 后勤服务中心和两校区管委会应联合相关物业公司，对照《XX大学消防安全管理规定》和《XX大学宿舍安全检查规范》的相关要求，对公共区域消防安全情况进行自查自改，重点包括：

（1）是否存在学生宿舍住宿人员超过标准问题；

（2）是否存在堵塞、占用和封闭安全出口、疏散通道的问题；

（3）是否针对夜间住宿特点制定应急疏散预案并组织培训演练；

（4）是否明确夜间值班教职工、保安、宿舍管理员等扑救初起火灾和组织疏散的工作分工。

3. 公安处联合相关维保公司，对照《XX大学消防安全管理规定》和《XX大学宿舍安全检查规范》的相关要求，对消火栓、灭火器、烟感、喷淋、应急灯和应急指示牌等消防设施情况进行自查自改，重点为：是否按要求设置消防设施并确保完好有效。

4. 各部门应对检查发现的问题立查立改，因特殊原因不能自行整改的，整改完成前务必采取有效防护措施，并书面报送公安处，公安处将组织研究制订整改方案。

二、学校抽查阶段（2月18日—3月1日）

公安处、安委会办公室和安全督查组将成立专项检查组，通过抽查发现问题，并倒查部门履职情况（自查自纠情况、整改情况、防护措施落实情况等），督查结果将进行专题通报。

三、"回头看"阶段（3月18日—3月29日）

专项检查组将通过抽查方式进行本次专项治理工作"回头看"，对落实学校工作部署不力、履职不到位的个人和部门，将严肃进行追责问责。

附件18.2

24小时运行设备台账

校区	楼宇	房间号	实验室名称	24小时运行设备	防护措施	网格化安全负责人	运行周期:截止日期	部门

附件18.3

24小时运行设备专项督查工作方案

24小时运行设备不能做到人走断电，是造成火灾事故发生的重要隐患之一。为进一步落实24小时运行设备的人防技防管控措施，彻底消除消防安全隐患，杜绝火灾事故发生，切实保障师生员工生命财产安全和学校事业安全发展，特制订24小时运行设备专项督查工作方案。具体安排如下。

一、组织机构

学校成立联合督查组，由安委会办公室、公安处和安全督查组组成。具体情况如下：

（一）督查一组：XXX、XXX

（二）督查二组：XXX、XXX

（三）督查三组：XXX、XXX

二、工作安排

本次专项行动从4月15日开始，到5月底结束，分三个阶段：

（一）学校督查阶段（4月15—26日）

联合督查组对照"24小时运行设备专项督查表"（详见附件），对全校各部门24小时运行设备管控情况进行全面排查，发现问题录入隐患或"三违"系统，学校将对排查情况进行通报。具体分工详见下表：

分组	督查部位	督查内容
督查一组	直属部门、产业	24小时运行设备管控情况
督查二组	学院、实验室	24小时运行设备管控情况
督查三组	校机关	24小时运行设备管控情况

（二）部门整改阶段（4月28日—5月17日）

各部门针对隐患和"三违"系统中的问题，举一反三进行专项整治，实现对本部门24小时运行设备管控全覆盖，落细落实落好各项管控措施。对部门不能自行整改的，部门应在整改到位前做好有效防护并书面报送学校相关专项监管部门，由学校研究制订整改方案。

（三）"回头看"阶段（5月20—31日）

联合督查组通过抽查方式进行本次专项行动"回头看"，对火灾隐患（24小时运行设备管控不到位）通报后不及时采取措施消除的部门和个人，将依据《XX大学消防安全责任追究细则》严肃进行追责问责。

附件18.4

24小时运行设备专项督查表

检查部门：   检查时间：

序号	督查项目	督查结果			备注
		符合	不符合	不适用	
1. 管理 情况	1.1 部门是否有24小时运行设备				
	1.2 部门是否建立了审批制度和台账				
2. 技防 情况	2.1 房间内是否有烟感报警等技防系统且有效				
	2.2 没有烟感报警的，是否已向公安处申请增设烟感报警系统				
3. 人防 情况	3.1 部门是否定期对24小时运行设备点位及防护措施情况进行抽查				
	3.2 微网格责任人是否坚持对24小时运行设备点位进行日查，及时发现并消除安全隐患				检查多个点位的，各点位情况分别在检查结果中记录

十九、如何加强易燃、易爆和有毒实验气体管理，有效预防燃、爆、中毒事故发生?

解决方案：通过开展易燃、易爆和有毒实验气体专项治理，建立实验气体采购、贮存、使用台账，确保气瓶质量有保、源头可溯。通过组织各级岗位对标对表排查，有效治理易燃易爆有毒实验气体安全隐患，保障师生生命财产安全。

1. 制定并下发《关于开展实验气体采购环节专项治理工作的通知》，建立实验气体采购、贮存、使用台账，确保气瓶质量有保、源头可溯。具体详见附件19.1《关于开展实验气体采购环节专项治理工作的通知》、附件19.2XX大学实验气体验收登记表、附件19.3实验气瓶安全管理台账。

2. 制定《易燃、易爆和有毒实验气体专项治理工作流程》，明确将学校复查阶段发现的问题纳入系统管理，并对相关问题进行通报。同时，明确"回头看"阶段发现的问题，对相关责任人和责任部门进行实名通报，并依规进行事前追责。具体详见附件19.4《XX大学关于易燃易爆和有毒化学品抽查情况的通报》，《易燃、易爆和有毒实验气体专项治理"回头看"情况通报》可参考附件17.3。

3. 制定《XX大学易燃易爆和有毒化学品专项督查工作方案》，定期开展易燃、易爆和有毒实验气体专项督查，通过现场抽查，倒查各级安全管理岗位履职尽责情况，尽职免责、失职追责。具体详见附件19.5《XX大学易燃易爆和有毒化学品专项督查工作方案》、附件19.6易燃易爆和有毒化学品（气体）专项督查情况表。

附件19.1

关于开展实验气体采购环节专项治理工作的通知

各相关部门：

为进一步加强实验气体安全管理，全面排查并消除实验气体采购环节安全隐患，保障师生生命财产安全，营造安全稳定的校园环境，经学校研究决定，开展实验气体采购环节专项治理工作。现将具体内容通知如下。

一、标准落实和安全教育阶段

6月15日前，各相关部门应集中开展实验气体采购环节安全标准的宣贯和《XX大学"三违"行为检查管理办法》《XX大学实验室技术安全责任追究办法（暂行）》《XX大学实验室危险化学品安全管理办法（暂行）》等制度的解读。

根据学校下发的《XX大学实验室安全检查规范》等文件和相关化学品安全技术说明书（MSDS）有关规定，实验气体购买环节主要安全标准为：

1. 根据市质监局的规定，因个人或学校不具备办理气瓶的特种设备使用登记证资质，因此各部门应采取租借气瓶的方式从合格供应商处（有营业执照且未超限经营）购买实验气体，并且须签订安全协议。

2. 气瓶运输车辆应有道路运输许可证方可进入校园，气瓶运输人员应有从业资格证并配备押运人员。

3. 实验气体到货后，网格化安全责任人应负责审核验收，并详细填写XX大学实验气体验收登记表（见附件），同时对应验收登记表在瓶身明确顺序号，确保实物与验收登记表一一对应。

二、自查自纠阶段

6月25日前，各相关部门应进一步明确网格化责任人职责，认真填写XX大学实验气体验收登记表，并按标准开展本部门实验气体的专项检查工作，并对发现的问题及时整改。

三、联合检查组抽查阶段

6月26—30日，学校安委会办公室、安全督查组、资产与实验室管理处、公安处联合成立检查组，对实验气体使用情况进行抽查，抽查重点为部门安全教育及自查自纠落实情况（管理档案）和违反标准的"三违"行为情况。

四、通报及整改阶段

7月，学校将通报抽查结果，并对自查自纠落实不到位的部门和出现"三违"行为的个人进行通报批评；同时，请部门对出现"三违"行为的个人进行安全教育培训；对发现两次"三违"行为的个人，学校将统一进行安全教育，进一步提高其安全意识，督促其养成良好的安全习惯。

五、随机抽查阶段

7月起，安全督查组将不定期对实验气体使用情况进行随机抽查和通报，对再次出现违规行为的个人，学校将按相关规定进行处理。

六、其他

因实验气体危险性大、品种多样、管理复杂，请各相关部门本着对师生生命财产安全和学校事业高度负责的态度，责任到人，按照《XX大学实验室安全检查规范》（8.6实验气体管理），加大对实验气体的对标管理力度，消除安全隐患，向管理要安全。

附件：XX大学实验气体验收登记表

附件 19.2

XX大学实验气体验收登记表

部门（公章）：

序号	气体名称	供货单位（留存加盖公章的营业执照复印件）	运输单位（留存加盖公章的道路运输许可证复印件）	存放地点或使用地点	瓶身标注的下次检验时间（见样图）	是否签订安全协议	对相关方是否进行安全教育（留存书面材料）	安全附件是否齐全（气瓶帽、防震圈）	送货人（签字，留存从业人员资质复印件）	验收人（签字）	验收时间

注：1. 序号应与气瓶顺序号一一对应；

2. 识别瓶身标注的下次检验时间详见样图。

十九、如何加强易燃、易爆和有毒实验气体管理，有效预防燃、爆、中毒事故发生？

附件19.3

实验气瓶安全管理台账

序号	部门	地点	安全责任人	气体名称	气体属性	数量	下次检验时间	租赁单位	下次压力表检验时间	是否张贴操作规程	租赁单位是否有资质	相关方是否进行安全教育	安全配套设施是否齐全

附件19.4

××大学关于易燃易爆和有毒化学品抽查情况的通报

各部门：

易燃易爆和有毒化学品是实验室发生事故的最主要原因，一旦管控不到位，发生燃爆和中毒事故，极易造成大面积人员伤亡和给学校声誉造成极大影响。为了有效遏制相关事故发生，安委会办公室联合资产与实验室管理处和学校安全督查组对易燃易爆和有毒化学品存储和使用情况进行了抽查，共计抽查21个实验室，发现违反教育部和学校相关要求57条（详见附表）。

抽查情况反映出相关部门在易燃易爆和有毒化学品安全管理方面履职不到位，主要表现在：

一、微网格安全责任人根据《高等学校实验室安全检查项目表（2023）》对标对表检查不到位（详见附表）。

二、部门月查和小网格周查流于形式，均未对标对表发现微网格存在违反教育部和学校相关要求的情况。

三、部门对小、微网格安全责任人和危险性实验项目负责人的教育培训不到位，相关人员安全意识淡薄，对可能发生的燃爆和中毒事故缺乏研判，未找准事故发生的风险点，未能对风险点进行有效管控，对发生事故应急措施是否有效缺少演练。

四、部门对学校通报的事故、隐患和"三违"行为举一反三不到位，未能有效杜绝相同或类似隐患和"三违"行为发生。

请各部门以"时时放心不下"责任感和"隐患就是事故"的理念，以及对师生负责、对学校事业安全发展负责的政治责任，针对上述问题立即举一反三，对照教育部和学校相关要求，全面系统进行易燃易爆和有毒化学品专项排查整治，摸清家底、精准定位，并建立易燃易爆和有毒化学品使用审批工作机制，严格对标审核，符合相关要求的实验室方可开展实验，以有力的举措坚决遏制危化品燃爆和中毒事故发生。同时，请各部门进一步加强本部门消防安全等其他领域安全管理，以部门安全助力学校安全。

3月1日起，学校将进行易燃易爆和有毒化学品专项督查，督查情况将在全校范围内实名通报。

附件：易燃易爆有毒化学品专项抽查情况表

附件19.5

XX大学易燃易爆和有毒化学品专项督查工作方案

为全面提升学校危化品安全管理和治理能力现代化水平，进一步消除易燃易爆和有毒化学品安全隐患，降低事故发生率，坚决维护校园稳定，特制订本工作方案。

一、组织机构

学校成立易燃易爆和有毒化学品专项督查组，由安委会办公室、资产与实验室管理处和学校安全督查二组组成。

二、督查范围及时间安排

在寒假期间（1—3月），对资产与实验室管理处提供的涉及易燃易爆和有毒化学品（含气体）实验室进行抽查（重点是假期运行的实验室）。

三、督查内容及方式

1. 专项督查组对相关微网格对照《实验室安全检查规范》中涉及易燃易爆和有毒化学品的条款，对标对表进行"体检式"的现场检查，通过发现物的不安全状态和人的不安全行为，倒查管理履职情况。

2. 在进行现场督查时，专项督查组还应对相关微网格的可燃物清理情况和24小时设备防控措施落实情况进行督查。

3. 对于检查中发现的管理问题、安全隐患及相关人员的"三违"行为，专项督查组将列入"安全隐患治理"和"三违行为治理"系统管理。

4. 专项督查组应将督查情况每周进行小结并报安委会办公室。开学后将针对本次专项督查工作开展"回头看"，并将"回头看"情况进行实名通报。

附件 19.6

易燃易爆和有毒化学品（气体）专项督查情况表

序号	部门	实验室达标率	是否按要求建立台账和审批工作机制	是否涉及的实验室全部进行对标审核	未通过审核的实验室整改完成前是否暂停实验	是否存在对标不细、未查出问题情况	存在问题实验室房间号
				督查内容			
1	材料学院（7—8日）						
2	理学院（9日）						
3	资土学院（10日）						
4	RAL实验室（10日）						
5	生命学院（11日）						
6	DAO实验室（13日）						
7	信息学院（13日）						
8	分析测试中心（14日）						
9	冶金学院（15日）						

二十、如何加强危险性实验项目风险辨识与管控，有效遏制实验项目安全事故发生？

解决方案：在科研立项审批过程中增加风险辨识与管控环节，建立健全项目风险评估与管控机制，将实验项目安全管理关口前移。建立危险性实验项目审批工作机制，填写《XX学院危险性实验项目安全操作指导书》，落实风险辨识与管控措施、安全风险告知及应急防护措施等要求，有效遏制实验项目安全事故发生。

1. 建立科研立项风险辨识与管控工作机制，在科研立项审批过程中填写项目风险辨识与管控表，将实验项目安全管理关口前移。具体详见附件20.1XX大学科研（实验）项目风险辨识与管控措施表。

2. 制定《XX学院危险性实验项目安全操作指导书》，并建立危险性实验审批工作机制，落实实验项目安全主体责任，全面加强实验项目安全风险防控和隐患治理，规范实验项目安全操作。具体详见附件20.2《XX学院危险性实验项目安全操作指导书》。

3. 制定《危险性实验项目专项治理工作流程》，明确将学校复查阶段发现的问题纳入系统管理，并对相关问题进行通报。同时，明确"回头看"阶段发现的问题，对相关责任人和责任部门进行实名通报，并依规进行事前追责。《危险性实验项目专项治理复查情况通报》及《危险性实验项目专项治理"回头看"情况通报》可参考附件17.2及附件17.3。

4. 制定《危险性实验项目专题督查工作方案》，定期开展危险性实验项目专题督查，通过现场抽查，倒查各级安全管理岗位履职尽责情况，尽职免责、失职追责。《危险性实验项目专题督查工作方案》及危险性实验项目专题督查项目表可参考附件19.5及附件19.6。

附件20.1

XX大学科研（实验）项目风险辨识与管控措施表

项目名称 及科研（实验）项目地点	
可能发生事故类型	☐火灾　　　☐触电　　　☐机械伤害 ☐中毒　　　☐窒息　　　☐物体打击 ☐高处坠落　☐车辆伤害　☐起重伤害 ☐职业性皮肤病　☐眼病　　☐化学中毒 ☐放射性疾病　☐空气污染　☐土地污染 ☐水体污染　☐其他事故：_____
危险因素（危险源）	
预防事故发生的措施	
需配备的应急防护用品	☐灭火器　☐灭火毯　　☐急救药箱 ☐护目镜　☐防毒面具　☐喷淋 ☐洗眼器　☐沙桶沙子　☐气体检测仪 ☐其他用品：_____

填表人：　　　　　　　　　　　　　　　　　　填表时间：

附件 **20.2**

XX学院危险性实验项目安全操作指导书

可设置院标

实验项目名称：＿＿＿＿＿＿＿＿＿

实验项目负责人：＿＿＿＿＿＿＿＿＿

年　月　日

说 明

一、凡涉及危险性实验项目均须填写此表。

二、"危险性实验项目"指使用易燃易爆强腐蚀性危险化学品、管制类化学品、易燃易爆有毒气体、病原微生物及携带致病原体的实验动物、辐射源及射线装置、同位素及核材料、危险性机械加工装置、金属加工（熔融、热处理、焊接等）、压力容器（≥1.6 MPa）、强磁与激光设备、高电压设备（＞380 V）、大电流设备（＞100 A）、特种设备等的实验项目。

三、"选型理由"要求列举至少三个生产厂家的同类型仪器的技术指标和价格，并对主要技术指标进行重点比较；应以列表形式对主要技术指标和价格进行比较后，再做总结性论述，充分说明最后选定仪器设备类型的理由；国内外唯一生产厂家（无其他同类仪器设备可比较）的，应简要说明该生产厂家的产品生产情况、拟购产品在国内外的使用情况。

四、"校内同类仪器的分布及使用情况，可否利用已有设备开展工作"应详细填写同类仪器的型号规格、分布和使用率的调研情况，以及不能提供共享或不能适应任务要求的重要原因。（校内仪器设备分布情况可向资产与实验室管理处咨询，咨询电话XXXXXXXX。）

五、"仪器设备的管理方式"除仪器设备具体管理方式外，还应说明该仪器是否纳入学校贵重仪器共享平台，以及对校内或校外的开放意见。

六、项目负责人须如实填写各项内容，如填写内容较多，可另加附页。

七、此表一式两份，一份放置于实验室备查，一份上报学院备案。

实验项目基本情况	实验地点			实验起止时间			安全责任人		
	实验项目类型	□ 易燃易爆强腐蚀性危险化学品 □ 易燃易爆有毒气体 □ 金属加工（熔融、热处理、焊接等） □ 其他				□ 管制类化学品 □ 无防护装置高速设备 □ 高压设备			
	MSDS	□有 □无	通宵实验		□是 □否	实验指导教师姓名			
	参加实验人数				每班(次)参加人数				
	参加实验人员姓名								

实验操作规程及风险分析	
配备的防护用品及相应防控措施	

现场应急处置方案	
事故应急处置演练 （时间、地点、参加人员、内容、图片）	
参加实验人员教育培训情况 （时间、地点、人员、内容、图片）	
所在部门意见	部门负责人（签字）：　　　（单位公章） 　　　　　　　　　　　年　月　日

参考文献

[1] 全国人民代表大会常务委员会.中华人民共和国安全生产法[M].北京:中国民主法制出版社,2021.

[2] 中国安全生产协会.企业安全生产标准化基本规范:GB/T 33000—2016[S].北京:中国标准出版社,2017.

[3] 国务院办公厅.突发事件应急预案管理办法[EB/OL].(2024-01-31)[2024-05-18]. https://www.gov.cn/gongbao/2024/issue_11186/202402/content_6934548.html.

[4] 国务院.生产安全事故报告和调查处理条例[EB/OL].(2007-04-19)[2024-05-18]. https://www.gov.cn/zhengce/2007-04/19/content_2602474.htm.

[5] 国家安全生产监督管理总局.建设项目安全设施"三同时"监督管理办法[EB/OL].(2015-04-02)[2024-05-18].http://www.mem.gov.cn/gk/gwgg/agwzlfl/zjl_01/201504/t20150402_233762.shtml.

[6] 全国人民代表大会常务委员会.中华人民共和国特种设备安全法[M].北京:中国民主法制出版社,2013.

[7] 全国人民代表大会常务委员会.中华人民共和国消防法[M].北京:中国法制出版社,2019.

[8] 国务院.生产安全事故报告和调查处理条例[M].北京:中国法制出版社,2007.

[9] 国家安全生产监督管理总局.生产安全事故应急预案管理办法[EB/OL].(2016-06-03)[2024-05-18].https://www.gov.cn/zhengce/2016-06/03/content_5712841.htm.

[10] 国务院安委会办公室.国务院安委会办公室关于印发标本兼治遏制重特大事故工作指南的通知[EB/OL].(2016-04-29)[2024-05-18].http://www.mem.gov.cn/gk/gwgg/agwzlfl/gfxwj/2016/201604/t20160429_242834.shtml.

[11] 国务院.国务院关于进一步加强企业安全生产工作的通知[EB/OL].(2010-07-19)[2024-05-18].https://www.gov.cn/gongbao/content/2010/content_1671244.htm.

[12] 国务院.国务院关于全面加强应急管理工作的意见[EB/OL].(2006-06-15)[2024-05-18].https://www.gov.cn/gongbao/content/2006/content_352222.htm.

[13] 辽宁省人民政府.辽宁省人民政府突发公共事件总体应急预案[EB/OL].(2014-02-20)[2024-05-18].https://www.gov.cn/zhuanti/2014-02/20/content_2616052.htm.

[14] 全国人民代表大会常务委员会.中华人民共和国食品安全法[EB/OL].(2021-04-29)[2024-05-18].https://flk.npc.gov.cn/detail2.html?ZmY4MDgxODE3YWIyMmUwYzAxN2FiZDhkODVhMjA1ZjE.

[15] 中共中央办公厅,国务院办公厅.地方党政领导干部安全生产责任制规定[EB/OL].(2018-04-18)[2024-05-18].https://www.gov.cn/zhengce/2018-04/18/content_5283814.htm.

[16] 国家安全监管总局.国家安全监管总局关于印发企业安全生产责任体系五落实

五到位规定的通知[EB/OL].（2015-03-19）[2024-05-18]. http://www.mem.gov.cn/gk/gwgg/agwzlfl/gfxwj/2015/201503/t20150319_242887.shtml.

[17] 国家安全监管总局办公厅. 国家安全监管总局办公厅关于印发《生产安全事故统计管理办法》的通知[EB/OL].（2016-07-28）[2024-05-18]. https://www.mem.gov.cn/gk/gwgg/201607/t20160728_241566.shtml.

[18] 国家安全生产监督管理总局. 安全生产培训管理办法[EB/OL].（2015-05-29）[2024-05-18]. https://www.gov.cn/zhengce/2012-01/19/content_5712826.htm.

[19] 国家安全生产监督管理总局. 生产安全事故信息报告和处置办法[EB/OL].（2009-06-16）[2024-05-18]. https://www.gov.cn/zhengce/2009-06/16/content_5712822.htm.

[20] 辽宁省人民代表大会常务委员会. 辽宁省安全生产条例[EB/OL].（2022-04-21）[2024-05-18]. https://flk.npc.gov.cn/detail2.html?ZmY4MDgxODE4MGUwYTVkMDAxODExM2Y2YzNiMzBkZTE

NiMzBkZTE.